W0040734

Josef Kausemann
Geheimnis des Leidens
Das Leben Hiobs

Josef Kausemann

Geheimnis des Leidens
Das Leben Hiobs

Zeitlos lesenswert

Kausemann, Josef
Geheimnis des Leidens
Das Leben Hiobs

ISBN 3-89436-277-4

© Copyright 1990 und 2001:
Christliche Verlagsgesellschaft Dillenburg
(Überarbeitete Neuauflage in der Reihe »Zeitlos lesenswert«)

Satz: Enns Schrift & Bild, Bielefeld
Umschlaggestaltung: Eberhard Platte, Wuppertal
Druck: GGP Media, Pößneck

Printed in Germany

Inhalt

Vorwort

Es gibt wohl kaum ein zweites Buch, das so viele Segens-spuren hinterlassen hat, wie das Buch der Leiden Hiobs. Die Ewigkeit wird offenbaren, wie viele Kranke, Be-drückte, Mutlose und Verzweifelte aus dieser leidvollen Geschichte eines Dulders neue Zuversicht schöpften.

Wir können dem allweisen Gott nicht genug danken, dass er ungeschminkt die Gottesfurcht, das Aufbegehren, die Niederlagen und Siege dieses Schwergeprüften hat niederschreiben lassen. Dadurch sind wir in den Stand versetzt worden, die oft eigenartigen Wege und Führun-gen Gottes besser zu verstehen. Es wird uns gezeigt, dass der Allgütige nur das eine Ziel in seinen Plänen verfolgt, die Seinen zu segnen. Wer den Spuren Hiobs folgt, gerät ins Staunen über die Weisheit des Herrn, wie er immer deutlicher den Gegenstand seines Segens einengt, um ihn zuletzt im Zerbruch zu ungeahnten Segnungen und zu wunderbaren Erfahrungen zu führen.

Was dem Buch eine weitere besondere Note verleiht, ist der Blick in die Bereiche der Ewigkeit. Wir finden den Widersacher, der das Volk Gottes verklagt, der Gott he-rausfordert, der ihn geradezu reizt, den gottesfürchtigen Hiob in den Schmelztiegel der Prüfungen zu werfen. Wir mögen uns über Gottes Einwilligung wundern. Er gibt seinen Knecht innerhalb bestimmter Grenzen in die Hand des Teufels. Dieser will Hiob zur Preisgabe seines Glaubens und seiner Gottesfurcht bringen. Dabei ahnt er nicht, dass er nur vom Höchsten benutzt wird, den Gegenstand der Freude Gottes zu noch tieferen Segnungen zu leiten. Satan steht schließlich da als der Besiegte, als der, der eine schwere Niederlage einstecken muss, als der unendlich Blamierte.

Hiob kommt zu einer tiefen Erkenntnis der menschlichen Armut, Schwachheit und Sündhaftigkeit. Beim Anruf Gottes zerbricht er. Er findet Gnade und Vergebung und wird zum Mittler für die, die ihn quälten und überhaupt nicht verstanden.

Wir wünschen allen Lesern den Segen des Herrn und reichen geistlichen Gewinn, allen Leidenden und Angefochtenen Trost, Mut und die Erfahrungen dieses schwer geprüften Mannes Hiob.

Im August 1989
Josef Kausemann

TEIL I

(Kapitel 1,1 – 2,10)

Hiob – ein Mann der Vorzeit

Der gesegnete Gottesmann Hiob hat manchem Schriftforscher Kopfzerbrechen verursacht. Man hat gerätselt, in welcher Zeit er wohl gelebt hat. Im Allgemeinen datiert man Hiob in das erste Jahrtausend nach der Sintflut. Da Gott ihm nach seiner Leidenszeit noch 140 Jahre schenkte, schätzt man sein erreichtes Gesamtalter auf zweihundert Jahre. Wenn wir feststellen, dass nach der Flut das durchschnittliche Lebensalter der Menschen mehr und mehr abnahm, könnte die Lebenszeit Hiobs durchaus vor oder in die Tage Tarahs (Vater Abrahams) gelegt werden.

Wie dem auch sei, Hiob war ein Mann, dessen schwere Prüfungszeit und die Vorgeschichte, wie es dazu kam, der Geist Gottes festhielt. Vielen hat das Buch über diesen Mann Mut, Trost und Zuversicht vermittelt. In Hesekiel 14 wird sein Name zweimal zusammen mit Noah und Daniel erwähnt, ein Zeichen der Wertschätzung dieses Mannes in den Augen Gottes. In Jakobus 5,11 lesen wir über seine Geduld und sein Ausharren: »*Siehe, wir preisen die glückselig, welche ausgeharrt haben. Von dem Ausharren Hiobs habt ihr gehört, und das Ende des Herrn habt ihr gesehen, dass der Herr voll innigen Mitgefühls und barmherzig ist.*«

Wir finden im Buch Hiob keine Erwähnung eines Ortes, an dem Gottesdienste durchgeführt wurden. Solche fanden innerhalb der Familie statt, in der das Familienoberhaupt als Priester auftrat. In jenen Tagen wurden Brandopfer für Sünden dargebracht. So opferte Hiob für seine Kinder aus der Sorge heraus, sie könnten bei ihren Festfeiern gesündigt haben. Im 42. Kapitel gibt Gott den drei Freunden Hiobs Anweisung, zu Hiob zu gehen und Brandopfer darzubringen, weil sie nicht in geziemender Art mit dem von Gott Geprüften geredet hatten.

In den Anordnungen Gottes an Israel gehörte das Brandopfer Gott ganz allein. Es war ein freiwilliges Opfer, das, als Ganzes verbrannt, zu einem Wohlgeruch zu Gott emporstieg. Wer gesündigt hatte, musste ein Sündopfer darbringen. Zum ersten Mal lesen wir von einem Brandopfer, wie Hiob es darbrachte, bei Noah. Hier war es ein Dankopfer, von dem festgestellt wird: *»Und der Herr roch den lieblichen Geruch, und der Herr sprach in seinem Herzen: Nicht mehr will ich hinfort den Erdboden verfluchen um des Menschen willen ...«*

Auch aus diesen Überlegungen sehen Schriftforscher das Leben Hiobs im Zeitalter nach der Flut. Nun, wir brauchen keine Beweise, wann, wie und wo Hiob gelebt hat, wir glauben den göttlichen Aussprüchen und sind von der Inspiration der ganzen Bibel völlig überzeugt. Wir wissen, Hiob hat gelebt und uns ein eindrucksvolles Zeugnis hinterlassen. Gott sei Dank, dass er uns dieses Buch geschenkt hat.

Das Zeugnis Gottes über seinen Knecht

Hiob, dessen Name allgemein mit »Angefeindeter« übersetzt wird, bedeutet in der syrischen Sprache »Geliebter«. Diese Namensdeutung ist die schönste, weil sie dem Zeugnis, das Gott über diesen Mann niedergeschrieben hat, am besten entspricht. Wir lesen von ihm nach der Nennung seines Wohnortes: *»Selbiger Mann war voll-*

kommen (*unsträflich, untadelig*) *und rechtschaffen und gottesfürchtig und das Böse meidend.*«

Welch eine Auszeichnung! Welch ein Lob aus dem Mund des Allwissenden! Später wiederholt der Herr diese Charakterisierung noch einmal gegenüber Satan und fügt hinzu: »*... seinesgleichen ist kein Mann auf Erden!*« Gott betreibt keine Schönfärberei! Er, die personifizierte Wahrheit, kann nur absolute Wirklichkeiten aussprechen. Psalm 12 stellt fest: »*Die Worte des Herrn sind reine Worte, Silber, das geläutert in dem Schmelztiegel zur Erde fließt, siebenmal gereinigt.*« Fällt der Höchste ein Urteil über einen Menschen, so ist es unverblümt, mit allen Vorzügen und Fehlern. Eliphas, der Temaniter, der später Hiob verleumdete, musste das Verhalten jenes Mannes mit den Worten rühmen: »*Siehe, du hast viele unterwiesen und erschlaffte Hände stärktest du; den Strauchelnden richteten deine Worte auf und sinkende Knie hast du befestigt*« (Hiob 4,3-4). Hiob selbst konnte bezeugen: »*Denn ich befreite den Elenden, der um Hilfe rief, und die Waise, die keinen Helfer hatte. Der Segen des Umkommenden kam über mich, und das Herz der Witwe machte ich jubelnd*« (Hiob 29,12-13).

Zu Hiobs gutem Zeugnis gehörte auch seine Mildtätigkeit, denn seinen großen Reichtum verwaltete er vorbildlich, indem er an andere weitergab. Gottes Urteil war richtig, wenn Hiob auch ein Mensch blieb, der in der Schule Gottes lernen musste.

Wie mag Gott über uns urteilen? Sieht er ganze Aufrichtigkeit und Hingabe bei uns? Sind wir Menschen, die unsträflich und untadelig in ihrem Benehmen, in ihrem Tun und Lassen sind? Dann wird uns einst das Wort des

Herrn entgegenschallen: »*Wohl dir, du guter und getreuer Knecht, über weniges warst du getreu, über vieles werde ich dich setzen!*«

Hiobs Haus, Gesinde und Familie

Gott hatte seinen Knecht überaus gesegnet. Er war verheiratet und hatte sieben Söhne und drei Töchter. Sein Gesinde und sein Herdenbestand machten ihn zu einem der Reichsten jener Tage. Die Bibel stellt sogar fest: »*Selbiger Mann war größer als alle Söhne des Ostens.*« Irdische Güter Besitz waren bei den Alten damals, wie auch später in Israel, ein Beweis für besonderen Segens Gottes.

In Psalm 128 ruft der Schreiber über diese Gottesgunst aus: »*Deine Frau wird gleich einem fruchtbaren Weinstock sein im Inneren deines Hauses, deine Söhne gleich Ölbaumsprossen rings um deinen Tisch. Siehe, also wird gesegnet sein der Mann, der den Herrn fürchtet.*«

Heute hat sich diese Einstellung verändert. Kinder werden selten noch als Geschenk Gottes angesehen. Sie hindern angeblich den Lebensgenuss. Man sucht die Gemütlichkeit und will möglichst viel für sich selbst auskosten. Weil aber alles vom Segen Gottes abhängt, ist ein solches Leben oft hohl, inhaltslos und ohne echte Zufriedenheit.

Hiobs Sorge um seine Kinder

Die zehn Geschwister hatten eine herzliche Gemeinschaft untereinander. Sie luden sich abwechselnd zu Festfeiern und Gastmählern ein. Diese Eintracht ist eine weitere positive Aussage, die zur Ehre Hiobs gereicht. Wenn zehn junge Leute in Frieden miteinander feiern können, weist das auf eine gute Erziehung hin. Wo Harmonie, Liebe und Übereinstimmung herrschen, wohnt der Segen Gottes. Das Vorbild der Eltern prägt die Kinder, und die Sorge Hiobs um das geistliche Wohl seiner Familie muss einen starken Eindruck auf sie gemacht haben.

In der Bibel heißt es: »*Und es geschah, wenn die Tage des Gastmahls umgegangen waren, so sandte Hiob hin (ließ er die Kinder holen) und heiligte sie; und er stand des Morgens früh auf und opferte Brandopfer nach ihrer aller Zahl; denn Hiob sprach: Vielleicht haben meine Kinder gesündigt und sich im Herzen von Gott losgesagt. Also tat Hiob allezeit.*« Welch eine edle Gesinnung! Dieser gottesfürchtige Mann hielt seine Augen offen über seine Nachkommen. Er kannte die Gefahren solcher Feste und war deshalb besorgt: »Vielleicht haben meine Kinder gesündigt!« Auch ohne einen Beweis ihrer Schuld zu haben, beugte er durch Brandopfer vor und opferte für etwaige Sünden seiner Kinder. Hier wird etwas von der tiefen Frömmigkeit dieses Mannes sichtbar.

Wir bekommen einen überzeugenden Einblick in das Haus Hiobs und in seine Familie. Es lief alles in guter Art und Weise ab. Harmonie im Hause, Eintracht unter den Kindern, Wohlstand und Reichtum, der alles erlaubte! So reihte sich Fest an Fest. Was hätte hier wohl geschehen können? Von welcher Seite wäre ein Einbruch in diese ungestörte Idylle vorstellbar? Wer konnte ahnen, dass der Gegenspieler Gottes alles genau beobachtete? Dieser Ränkespieler hasste das Gotteszeugnis auf der Erde, weil man in der Familie und im Haus Hiobs ein Stück Paradies zu entdecken schien. Manches zeigte auch gewisse Parallelen zum Garten Eden. Doch bei Gott gibt es keine vollkommenen Menschen. Hiob mochte vielleicht mit sich und seinem Haus zufrieden sein und dankbar alles genießen, was der Herr ihm geschenkt hatte, doch der Gott aller Gnade hielt für seinen Knecht noch einen weit größeren Segen bereit. Hierfür war Hiob aber noch nicht zubereitet. Im »Hernach«, im späteren Rückblick konnte er es begreifen: Zum Segen gereichte mir bitteres Leid. Jetzt war das noch nicht so weit. Jetzt trug der Mann noch an einem unerklärbaren Druck, an etwas, das er nicht erklären konnte. Später in seinen Übungen sprach er es aus: »*Denn ich fürchtete einen Schrecken, und er traf mich, und vor dem mir bangte, das kam über mich. Ich war nicht ruhig und ich rastete nicht und ruhte nicht, da kam das Toben*« (Hiob 3,25-26).

Wie ein Alpdruck lag ein Vorahnen auf ihm. Er fürchtete sich, eine hereinbrechende Katastrophe könnte sein irdisches Glück zerstören und ihm den geschenkten Segen rauben. Diese Vorahnung raubte ihm manche stille Stunde, und im Geist sah er sich, wenn das Befürchtete eintreffen sollte, als hilflosen, armen, gebrochenen Mann.

Hiob liefert uns allen ein Beispiel: Irdisches Glück ist wie Glas, das sehr leicht zerbricht; wie kann es ein Menschenherz restlos ausfüllen. Klar verständlich erklärt uns die Bibel diese Tatsache: »*Die reich werden wollen, fallen in Versuchung und Fallstrick und in viele unvernünftige und schädliche Lüste, welche die Menschen versenken in Verderben und Untergang. Denn die Geldliebe ist eine Wurzel alles Bösen ...*« Zufriedenheit, Genügsamkeit machen allein das Herz glücklich. Darum lesen wir auch den

19

wichtigen Hinweis: »*Wenn wir aber Nahrung und Bede-ckung haben, so wollen wir uns daran begnügen.*«

Hiobs Furcht war berechtigt. Ein grimmiger Feind umschlich sein Anwesen, er suchte eine Lücke, um ein-brechen zu können. Diese Oase des Friedens, dieses Stück Paradies eines Gottesfürchtigen war ihm ein Dorn im Auge.

Ein Lichtstrahl des Evangeliums

In dem Buch Hiob, dem vielleicht ältesten der ganzen Bibel, erkennen wir, was später als Evangelium völlig ans Licht tritt: Das sind die Gedanken der Liebe Gottes mit den Menschen. Die einzelne Seele ist ihm überaus wichtig und kostbar. Alles setzt er ein, Himmel und Erde und auch die Unterwelt bewegt er, um sein Ziel zu erreichen. Der Gott aller Gnade hat dabei stets die Absicht, den Men-schen zu segnen und an sein liebendes Herz zu ziehen.

Irdische Wohlfahrt und aller Reichtum sind wie nichts geachtet, wenn es sich um das Wohl, um die Erlösung sei-nes Geschöpfes handelt. Dabei bedient Gott sich sogar seines Widersachers; dabei erlaubt er ihm auch, bis zum Äußersten zu gehen, wenn dadurch der Gegenstand der liebenden Gedanken Gottes zu den höchsten Segnungen geführt wird. Alles darf Hiob genommen werden, nur nicht das Leben. Ist das erreicht und steht der Mensch nackt, hilflos und verloren vor seinem Retter, kann die Gnade zum größten Triumph, zur Neugeburt führen. Außer dem angefochtenen Hiob haben unsagbar viele die Antwort Gottes auf ihren Ruf: »Nackt und bloß, o kleid' mich doch! Elend, ach erbarm' dich doch!« erfahren. Über allem, was auch im Leben geschehen mag, steht der Wunderbare mit Gedanken der Liebe und des Friedens. Nie sind wir einem grausamen Schicksal ausgeliefert, sondern hinter allem steht der segnende, helfende und barmherzige Gott, der nicht den Tod des Sünders will, sondern dass er umkehre und lebe. Unnennbaren Wert hat jede einzelne Menschenseele vor Gott, und groß sind die Mächte, die um sie ringen. Welch ein Triumph des Sieges, wenn Gott einen einzigen Menschen, der verloren war, in seine Gemeinschaft gebracht hat. Freude ist dann über diesen Sünder, der Buße getan hat, die Himmel geraten seinetwegen in Bewegung.

Eines aber fehlt dir!

Aus dem Geständnis Hiobs, das schon anklang, aus seiner Vorahnung geht hervor, dass ihm trotz seiner Frömmigkeit und Gottesfurcht etwas Wichtiges fehlte. Der Apostel Johannes schreibt hierzu: »*Furcht ist nicht in der Liebe, sondern die vollkommene Liebe treibt die Furcht aus, denn die Furcht hat Pein. Wer sich aber fürchtet, ist nicht vollendet in der Liebe.*«

Es fehlte Hiob an der Erkenntnis, dass Gott seine Geschöpfe unaussprechlich liebt und alles einsetzt, um sie zu segnen. Weiter war ihm noch verborgen, dass Leidenswege Segenswege sind und selbst schwere Prüfungen nur Liebesabsichten zum Wohl des Menschen sind. Wie sehr wird am Ende der Tage die Menschheit staunen, wenn sie sehen muss, dass alles, selbst der Zorn Gottes, dazu diente, seine Heilspläne zu verwirklichen. In Jeremia 30,24 weist der Prophet darauf hin: *»Nicht wenden wird sich die Glut des Zornes des Herrn, bis er getan und bis er ausgeführt hat die Gedanken seines Herzens. Am Ende der Tage werdet ihr dessen inne werden.«*

Bei Hiob müssen wir festhalten, dass er zu jener Zeit noch auf einer niedrigen Glaubensstufe stand. Bei unmündigen Gläubigen kann man oft erkennen, dass sie wohl Gott dankbar sind für alle Darreichungen und Segnungen, aber an diesen Gaben mehr hängen als an dem Gebenden. Auch bei Hiob war das der Fall. Wenn wir das 29. Kapitel dieses Buches lesen, finden wir, dass er sich der guten Werke rühmt und auf sie baut. Darum war ihm der Gedanke völlig fremd, dass Gott ihn trotz schwerer Schläge noch lieben würde und der Verlust aller Besitztümer ein Angeld auf größere Segnungen war. Gott wollte Hiob ein Leben schenken, das völlig in ihm ruhte und alles Genüge in ihm fand. Hiob musste lernen, dass ein tadelloser Wandel und eigene gute Werke nicht das Fundament des Segens sein konnten, sondern allein die grenzenlose Liebe Gottes.

Eine aufschlussreiche Versammlung

Um Menschen zu segnen, geht Gott oft seltsame Wege. Im Buch Hiob wird ein wenig der Schleier gelüftet und wir dürfen einem Gespräch zwischen dem Herrn und Satan lauschen. Sechsmal spricht Gott in der Hiobsgeschichte diesen Durcheinanderwürfler an. Sechs ist die Zahl des Menschen, und Gott geht es darum, einen Menschen zu höherer Erkenntnis und in tiefere Segnungen zu führen.

Dankbar dürfen wir für das Buch Hiob sein, denn es zeigt uns – wie auch viele andere Stellen der Heiligen Schrift –, dass die Bibel inspiriert, vom Geist Gottes diktiert ist. Welcher Mensch wäre imstande, das Außerirdische, das, was im Himmel geschieht, zu beobachten und niederzuschreiben. Der Geist Gottes muss dem Schreiber auf irgendeine Weise diese eigenartige Zusammenkunft im Himmel geoffenbart haben. Wir finden hier einen Beweis für das, was Petrus schreibt: *»Denn die Weissagung wurde niemals durch den Willen des Menschen hervorgebracht, sondern heilige Männer Gottes redeten getrieben vom Heiligen Geist.«*

Die Bibel berichtet von mehreren himmlischen Ratsversammlungen. In 1. Könige 22,19 lesen wir über eine solche Zusammenkunft, die sich mit Ahab beschäftigt. Dieser soll überredet werden, nach Ramoth-Gilead in den Kampf zu ziehen, damit er dort umkomme. Ein Lügengeist übernimmt diese Aufgabe. Auch hier handelt es sich um Satan oder einen seiner Vasallen.

In Sacharja 3,1 tritt Satan gegen den Hohenpriester Josua auf in einer solchen Konferenz und widersteht ihm. Satan im Himmel! Er hat noch Zugang und Zutritt in Gottes Nähe. Weil er weiß, dass er wenig Zeit hat, verklagt er fortwährend die Brüder, das heißt: die Erlösten.

Diese Aussagen sind wichtig, weil viele mit einem frommen Märchen aufwarten, als wäre der Teufel schon im feurigen Pfuhl. Satan ist ein sehr intelligentes, hochrangiges, aber gefallenes Wesen. Er freut sich, wenn man ihn völlig unterschätzend mit Hörnern, Schwanz und Pferdefüßen darstellt. Solange man ihn verharmlost, kann er sein teuflisches Werk bei vielen leichter durchführen.

»Michael, der Erzengel, wagte nicht, ein lästerndes Urteil über ihn zu fällen, sondern sprach: Der Herr schelte dich!« (Judas 9-10).

Satan schlich nicht durch die Hintertür, er kam auch nicht als Einzelgänger oder als ungebetener Gast, sondern er stand inmitten der himmlischen Wesen. Er wurde nicht von den anderen ängstlich gemieden oder beiseite gedrängt, sondern er hielt sich vor dem Herrn auf und hatte Zutritt zu dem allmächtigen Gott. Gleich den Übrigen nahm er ohne Furcht an dieser so wichtigen Besprechung teil. Ja, der Widersacher war sogar eine Hauptperson, mit der Gott das Gespräch begann.

Eine eigenartige Frage

Die Versammelten standen vor dem Herrn, und alle mussten warten, bis der Herr das Wort ergriff. Satan musste Rechenschaft ablegen über sein Treiben. »Wo kommst du her?«, lautete die Frage Gottes. Majestätisch richtete der Erhabene seine Frage an einen Untertanen. Wusste der Allwissende das nicht? Ganz gewiss! Doch die Anrede zeigt, mit wem seine Geschöpfe zu tun haben. Gott kann und wird Verantwortung von allen fordern. Er kann, wen er will, vor sein Tribunal stellen. Wehe dem, der keine Antwort weiß, wenn er die Ablehnung des großen Heils begründen soll.

Satan wagte es nicht, als Vater der Lüge aufzutreten. Wahrheitsgemäß sagte er: *»Vom Durchstreifen der Erde und vom Umherwandeln auf ihr.«*

Auch aus dieser Äußerung geht hervor, dass Satan, obwohl er ein Geistwesen ist, nie allgegenwärtig sein kann. Das vermag nur Gott und sein Sohn Jesus Christus. Der Teufel ist ein erschaffenes Wesen, dessen Fähigkeit eingeschränkt ist trotz seiner teuflischen Macht, mit der er die Menschen verführt. Der Begriff »umherschweifen« beweist, dass er viel Zeit verwendet und seine Absichten nichts Gutes ahnen lassen. Petrus schreibt, dass Satan wie ein brüllender Löwe sucht, wenn er verschlingen kann. Der Teufel passt sich an; auch wenn er als Engel des Lichts auftritt, ist sein Begehren immer, Menschen zu verderben. List und Brutalität sind Werkzeuge, die er benutzt. Wie mancher hat durch seine Beeinflussung gottloser Menschen schon als Märtyrer sein Leben lassen müssen. In vielen Ländern wurden die Gläubigen brutal verfolgt oder unter entsetzlichen Bedingungen in Arbeitslager gesteckt. Doch im Reich des Antichristen wird Satans verderbliches Spiel seinen Höhepunkt erreichen. Im Leben Hiobs werden wir noch sehen, dass er beide Methoden – List und Brutalität – angewandt hat!

Wichtig ist jedoch festzuhalten, dass Satan nur wirken kann, wenn Gott das zulässt. Bei Hiob sehen wir, dass Gott selbst seinen Knecht läutert. Es ist tröstlich, dass in dieser gefallenen Welt, wo täglich so viele Tragödien und furchtbare Ereignisse geschehen, der Widersacher nur so weit gehen darf, wie Gott es ihm erlaubt.

Gottes zweite Frage

Sie lautete: »*Hast du Acht gehabt auf meinen Knecht Hiob? Denn seinesgleichen ist kein Mann auf Erden, voll-*

kommen, rechtschaffen, gottesfürchtig und das Böse meidend.« Gott legte bei dieser Feststellung Hiob den Ehrentitel »mein Knecht« bei. Wir dürfen sagen, dass dieser Mann sich bemühte, seinem Gott zu dienen.

Die Frage beinhaltet ein Zweifaches: 1. Satan wurde gegen Hiob gereizt, und 2. entlockte ihm der Herr eine Antwort, aus der hervorging, dass er den Knecht Gottes mit tödlichem Hass beobachtet hatte. Als Gott das Augenmerk auf Hiob lenkte, kam spontan die Absicht des Gegenspielers zu Tage. Der Teufel hatte auf Hiob nicht nur Acht gegeben, sondern auch versucht, ihn anzugreifen, denn andernfalls hätte er nicht von einer Umzäunung Gottes sprechen können. Diese Einfriedung Hiobs hatte Satan seine ganze Ohnmacht vorgestellt. Gott hielt seine Hand über seinen Knecht und damit war der Widersacher zum Scheitern verurteilt. Das ist tröstlich für alle, die durch Übungen und Nöte gehen müssen. Jedes Geschehen steht unter dem Wort: Es kann mir nur geschehen, was Gott vorgesehen und was mir nützlich ist! Jetzt fand Satan eine gute Möglichkeit zu einem Urteil über diesen Gottesmann. Seine bitterbösen Worte sind eine Anklage gegen Gott.

Anklage gegen Gott

Der Teufel antwortete dem Herrn: »*Ist es umsonst, dass Hiob Gott fürchtet? Hast du nicht selbst ihn und sein Haus und alles, was er hat, ringsum eingezäunt? Du hast das Werk seiner Hände gesegnet, und sein Besitztum hat sich ausgebreitet im Lande.*« Mit diesen Worten verrät Satan seine grimmige Feindschaft und seinen Hass gegen den Mann Gottes! Wie oft mag er den gesamten Besitz Hiobs umkreist und nach einem Schlupfloch Ausschau gehalten haben, um unbemerkt eindringen zu können. Überall fand er Widerstand. Deshalb klagt er an; er hatte resigniert. Es gab keine Einstiegsmöglichkeit. So warf er dem Herrn vor, dass er es Hiob leicht mache, gottesfürchtig zu sein und ihm zu vertrauen. »Du hältst deine Hand über ihn; du mehrst seinen Reichtum, du segnest seiner Hände Werk, du behütest ihn vor allem Unglück, darum ist sein Glaube an dich nicht umsonst; du belohnst ihn ja fürstlich!«

Diese hinterhältige Art der Verdächtigungen des Verklägers hat zu allen Zeiten den Erlösten, den Glaubenden gegolten. »Die halten alle zu dir, weil du sie mit deinem Reichtum belohnst! Sie wären auch schön dumm, wenn sie sich von dir lösten. Würdest du sie nicht so sehr segnen, würde sich schnell herausstellen, ob sie sich nicht bald von dir lossagten. Mir würden sie dann alle zufallen. Strecke einmal deine Hand aus und taste alles an, was sie haben, sie werden sich offen von dir abwenden.«

Satans verderbliche Absicht

Die Taktik des Bösen bleibt sich immer gleich. Mit allen Mitteln, die ihm zur Verfügung stehen, will er den Glauben der Erlösten zerstören. Er will sie mürbe machen. Anfechtungen, Leiden und Trübsale sollen Zweifel hervorrufen. Die Liebe und Güte Gottes soll in Frage gestellt werden. »Gib diesen Hiob einmal in meine Hand, und du wirst dich wundern, was aus seinem Vertrauen wird!« Die

Absicht Satans bestand darin, die gesamte Habe Hiobs völlig zu vernichten und seine Kinder umzubringen, um dadurch Hiobs Glauben zu vernichten. Sehr gerne hätte er diesen fürchterlichen Schlag schon ausgeführt, denn ein gottwohlgefälliges Glaubensleben ist diesem Despot ein Gräuel. Wie gut, dass eigenmächtiges Handeln wider die Gläubigen für ihn unmöglich ist.

Diese wunderbare Tatsache wird uns gerade im Buch Hiob vorgestellt. *»Wer im Schirm des Höchsten sitzt, wird bleiben im Schatten des Allmächtigen«*, sagt der Psalmist. Wir dürfen in allen Lagen unseres Lebens freudig singen: »Mag der Feinde Schar auch toben, Satan selbst uns klagen an. Jesu Hände sind erhoben, wer ist's, der uns schaden kann?« In der Haltung Satans wurde auch seine Abhängigkeit von Gott deutlich. Sehr zurückhaltend war er in seinen Plänen gegen Hiob. Er musste alles Gott überlassen. »Strecke du einmal deine Hand nach ihm aus. Taste du ihn einmal an«, lauteten seine Worte. Erst als Gott ihn in die Pflicht nahm, gab Satan seinen teuflischen Plan bekannt. Er musste Gott jede Durchführung überlassen, er musste auf ihn warten. Erst mit den Worten: *»Siehe, alles was er hat, ist in deiner Hand«*, gab Gott Satan die Erlaubnis zum Angriff.

Die Erlaubnis zum Angriff

Wir staunen über das Gespräch Gottes mit Satan. Gott reagiert gleichsam auf dessen Einwände. Er wies ihn nicht in seine Schranken, schalt ihn auch nicht wegen seiner Dreistigkeit, sondern gab den ganzen Besitz seines geliebten Knechts in die bösartigen Hände seines Gegenspielers. Wenn wir nicht um den Ausgang dieser Tragödie wüssten, bliebe uns Gottes Handeln ein unlösbares Rätsel. Doch wie bei allen Menschen war auch bei Hiob alles genau durchdacht und festgelegt. Die Schranken in dem Handlungsspielraum des Teufels waren aufgerichtet: Bis hierher und nicht weiter! Und nicht nur im »Hernach«, als der Segen Gottes allen Besitz bei Hiob verdoppelte, finden wir den Sinn des Handelns Gottes, sondern auch während des Ablaufs der Prüfungen wird die weise Absicht Gottes immer deutlicher.

Gott plagt nicht aus Freude, sondern seine Liebe treibt ihn, durch Züchtigungen die friedsame Frucht der Gerechtigkeit bei den Seinen zu bewirken. Jemand hat versucht, das Tun Gottes in Verse zu fassen:

Leiden macht im Glauben gründlich,
macht gebeugt, barmherzig, kindlich;
Leiden, wer ist deiner wert?
Hier nennt man dich eine Bürde,
droben bist du eine Würde,
die nicht jedem widerfährt.

Gott ist Kenner der Herzen. Er wusste genau, wo und wie er bei Hiob ansetzen musste. Der letzte Rest seines Selbstvertrauens sollte beseitigt werden. Man kann treu in der Nachfolge und gottesfürchtig in allem Tun sein und doch in einer gewissen Eigenliebe leben und mit sich zufrieden sein. »*Gott aber wohnt in der Höhe und im Heiligtum und bei denen, die zerbrochenen und zerschlagenen Geistes sind*«, sagt der Prophet. Bei Hiob fiel schon auf, dass er für seine Kinder opferte, aber nicht für sich selbst. War er überzeugt, dass dies für ihn nicht nötig war? Meinte er, Gott könnte mit ihm zufrieden sein? Wir wissen es nicht, auch steht uns kein Urteil zu. Gott kannte die schwache Stelle im Leben seines Knechtes und wollte ihn aus Liebe zu ihm zu größeren Segnungen führen.

Gott gibt dem Unvermögenden Kraft und Stärke

Wenn Satan nun an sein scheußliches Werk gehen darf, sind seinem Wirken doch Grenzen gesetzt. Wie gerne hätte der Feind diesen Gottesknecht beseitigt. Seine Hingabe und Treue waren ihm zuwider. Doch der, welcher alle Fäden im Leben seiner Kinder in seiner starken Hand hält, hatte Satan klare Weisung erteilt: »Strecke nach Hiob selbst deine Hand nicht aus! Alles ist in deiner Hand, nur sein Leben taste nicht an!« Die Umzäunung blieb als Schutzwall um den Mann Gottes. Satan war sicher zufrieden, denn mit einer solchen Möglichkeit, diesen Frommen anzugreifen zu dürfen, hatte er wohl kaum gerechnet. Wenn er Hiobs Reichtum und seine Kinder vernichten konnte, würde Hiob sich sicher von Gott lossagen.

Gott aber ist treu. Wohl verfolgt er seine Ziele, aber immer zum Segen und zum Besten seiner Geliebten. Hiob war in der Hand Gottes. Nie würde Gott zulassen, dass die Tragkraft seines Knechtes über dessen Vermögen hinaus belastet würde. Der Herr wird immer den Ausgang schaffen, damit wir alle Prüfungen ertragen können.

Von den Absichten Gottes hatte der Feind jedoch keine Ahnung. Es war und blieb ihm verborgen, als er zu der erlaubten Aufgabe schritt, dass Gott seinen Frommen nie aus der Hand geben würde. Im Gegenteil, sein Knecht würde durch die Übungen noch fester an ihn gebunden werden. Weil der Herr ihn festhielt, konnte Hiob nicht von Gott abfallen. Es ist so wichtig, dass auch wir in allen Prüfungen festhalten: »Seiner Hand entreißt mich nichts! Wer will diesen Trost mir rauben? Mein Erbarmer selbst verspricht's, sollt ich seinem Wort nicht glauben? Jesus lässt mich ewig nicht, das ist meine Zuversicht!«

Wie kostbar ist der Gedanke, dass Satan, der Gegenspieler Gottes, ihm zu Diensten stehen muss, wenn es um die Erfüllung seiner Heilspläne geht. Satan wollte den Glauben Hiobs zerstören, aber seine Angriffe führten zur Stärkung und Befestigung des Vertrauens. Die Gottesgemeinschaft wurde noch inniger bei dem großen Verlust, der Hiob zugefügt wurde. Es ist gut, dass wir uns dieses Ergebnis fest einprägen, bevor wir uns mit dem grausamen Geschehen beschäftigen.

Satans Zerstörungswerk

»Und Satan ging vom Angesicht des Herrn hinweg«, lautet der Übergang zu den grausigen Ereignissen. Jetzt oder nie, wird der Ränkespieler gedacht haben! Nun ist der Fromme in meiner Hand, und meine Schläge gegen ihn werden meinen Triumph krönen.

»Und es geschah eines Tages ...« Die zehn Kinder Hiobs feierten wieder ein Gastmahl. Da kam der erste Bote und brachte Hiob die Nachricht vom Verlust seiner Rinder und Eselinnen. Sämtliche Tiere waren ihm geraubt worden, die Knechte ermordet. Satan schlug nicht alles auf einmal, er handelte nicht planlos, sondern verteilte seine Angriffe auf vier Schläge, wobei der Ablauf auf Steigerung angelegt war.

Der Bote hatte noch nicht ausgeredet, als auch schon der zweite mit dem Hinweis eintraf: »Feuer Gottes fiel vom Himmel und verzehrte das Kleinvieh, auch die Knechte kamen um.« Schon stand der dritte Bote vor dem Angefochtenen und rief: »Die Chaldäer bildeten drei Haufen und sind über die Kamele hergefallen und haben sie fortgetrieben und die Knechte wurden getötet.« Hiob kam kaum zum Atmen, als ihn die schmerzlichste Nachricht erreichte: »Die Kinder, die sich zum Festmahl versammelt hatten, wurden lebendig vom einstürzenden Haus begraben. Alle zehn kamen unter den Trümmern des durch einen starken Wind verursachten Einsturzes um.«

List, Heimtücke und Brutalität vereinigte der furchtbare Feind Hiobs, um in solchen Zermürbungsmanövern den Glauben dieses Mannes zu erschüttern. Der Plan des Teufels hatte nur ein Ziel: Hiob sollte so verbittert werden, dass er sich gegen Gott aussprach. Satan wollte eine Anklage Hiobs gegen Gott erpressen: »Wenn du, o Gott, das siehst, was mir begegnet, ohne einzugreifen und mich zu beschützen, dann haben wir beide nichts mehr miteinander zu schaffen. Von einem Gott, der kein Mitleid mit mir hat, sage ich mich los!«

Bei manchen Menschen hat der Widersacher Gottes eine solche Anklage erreicht. Viele haben die Fäuste gegen den Höchsten geballt und in ohnmächtiger Wut den

Allmächtigen auf die Anklagebank zitiert. Aus vielen Kehlen erscholl es verbittert: »Warum, warum? Warum mir? Warum hat man mich so geschlagen und mir so bitteres Unrecht zugefügt?«

Leider spielt der Mensch sich so großsprecherisch auf, als wäre ein Verbrechen an ihm geschehen! Wenn er doch ahnen würde, dass Gott in seiner Liebe nur alles einsetzt, um ihn zum Nachdenken zu bringen über sein Leben ohne Gott und ohne Hoffnung in dieser Welt! In der Ewigkeit, wenn der Vorhang weggezogen wird, werden die Menschen staunend die Absichten des barmherzigen Gottes erkennen, der nur Gedanken der Liebe und des Friedens und nicht zum Unglück hat.

Hiobs Sieg über den Angriff Satans

Wer dieses Buch zum ersten Mal liest, hält unwillkürlich bei der Lektüre den Atem an. Schlag auf Schlag traf den Gottesmann die Brutalität des Feindes der Menschen. Seine teuflische Absicht haben wir uns vor Augen gestellt. Probleme kann der Leser haben bei dem Gedanken, dass Gott selbst dieses Zerstörungswerk in Gang gebracht hat. Mit göttlicher Allmacht hätte er ohne weiteres die Absichten des Widersachers zurückweisen und jedes anklagende Wort verbieten können. Hatte Gott seinem Knecht nicht das schönste Zeugnis vor der großen Ratsversammlung ausgestellt? Und nun gibt er diesen Mann in die Hand seines größten Feindes? Ohne Gottes Zulassung hätte er Hiob kein Haar krümmen dürfen. Jetzt aber hatte er Menschen und Naturgewalten in die Hand Satans gegeben, um ihn das entsetzliche Werk der Vernichtung durchführen zu lassen. Mancher hat schon versucht, sich über dieses erschütternde Ereignis Gedanken zu machen.

Halten wir immer fest, dass Gott nie einen Menschen quält. Führt er ihn in Zucht und Gericht, hat er immer die Absicht, sein Geschöpf zur Einsicht zu bringen. *»Sollte der Richter der ganzen Erde nicht Recht üben!«,* rief einst Abraham. Gott ist vollkommen in all seinem Tun. Nie unterläuft ihm ein Fehler. Wie mancher hat zum Ruhm des Allmächtigen in tiefen Nöten ausgerufen: »Zum Heile ward mir bitteres Leid. Liebevoll zogst du meine Seele aus der Grube der Vernichtung, und alle meine Sünden hast du hinter deinen Rücken geworfen.«

Führt der Herr seine Geliebten in den Schmelztiegel der Leiden, will er sie nur segnen und seiner Heiligkeit teilhaftig werden lassen. Es ist in jeder Lage so wichtig festzuhalten: Gott kann nur handeln um seiner selbst willen. Alles, was er tut, muss ihn ehren. Von ihm geht alles aus und zu ihm kehrt alles zu seinem Ruhm zurück. Auch hat Gott besonders im Buch Hiob gewisse Beispiele niederschreiben lassen. Sie sollen uns zeigen, was seine Kraft in dem Schwachen bewirken kann, wenn ein Gotteskind sich in sein Erbarmen fallen lässt.

Solche Exempel sollen aber auch anderen zum Zeugnis und zur Aufmunterung dienen. Wie viel Trost im Anschauen der Übungen Hiobs in bange Herzen geflossen ist, wird die Ewigkeit einmal offenbaren.

Jemand schreibt: »Im ganzen Alten Testament gibt es keine Gestalt, der man sich mit größerem Vertrauen und größerem Freimut nähern kann als Hiob. Ich lese dieses Buch nicht, wie man andere Bücher liest, mit den Augen nur, ich lese es mit dem Herzen. Wie ein Kind sein Lehrbuch unter den Kopf legt, um sicher zu sein, dass es seine Lektion nicht vergessen hat, wenn es am Morgen erwacht, so habe auch ich dieses Buch nachts bei mir. Jedes Wort aus ihm ist Nahrung und Kleidung, ist Heilkraft für meine Seele« (aus: Hiob. Ein Buch der Bibel für unsere Zeit gedeutet. Friedrich Wittig Verlag Hamburg).

Diese Worte fand jemand, als ihm in einer großen Erschütterung seines Lebens das Buch Hiob zum Trost und Halt geworden war.

Dann dienen die Erlebnisse Hiobs zur Befreiung von angeborenen Bindungen. Wir sahen schon, dass Hiob trotz vorbildlicher Gottesfurcht das Letzte noch fehlte: die Befreiung von sich selbst, vom eigenen Ich. Erst am Ende, nachdem er die Leiden durchstanden und in Selbsterkenntnis bereut hatte, war sein Leben reich gesegnet.

Dieses krankhafte Selbstbewusstsein raubt uns manche Segnung. Es ist für unseren Herrn oft eine langwierige Arbeit, bis er uns zur Selbstaufgabe gebracht hat. Manchmal hat er die Wurzel bloßgelegt, doch in einem unbewachten Augenblick schießt das Unkraut wieder auf. Eva von Tiele-Winckler betete, was auch wir als Kinder Gottes täglich praktizieren sollten:

Herr, gib mir, was mich führt zu dir!
Herr, nimm mir, was mich trennt von dir!
Herr, nimm mich mir und gib mich ganz zu Eigen dir!

Hiobs Antwort auf den schweren Verlust

Die Reaktion Hiobs auf seine quälende Heimsuchung war einmalig vorbildlich. Er verzehrte sich nicht in Selbstmitleid. Er machte Gott keine Vorwürfe. Er verwünschte weder seine Feinde noch die Naturkatastrophen, sondern er verherrlichte Gott. Wir lesen: *»Und Hiob stand auf und zerriss sein Gewand und schor sein Haupt; und er fiel zur Erde nieder und betete an. Und er sprach: Nackt bin ich aus meiner Mutter Schoß gekommen und nackt werde ich dahin zurückkehren; der Herr hat gegeben, der Herr hat genommen, der Name des Herrn sei gepriesen! Bei diesem allem sündigte Hiob nicht und schrieb Gott nichts Ungereimtes zu.«*

Welch ein erhabenes Zeugnis! Wie spricht Hiobs Verhalten von einer tiefen Gottesfurcht, von einem seligen Ruhen in den Führungen seines Gottes. In seiner unendlich starken Anfechtung blieb der treue Mann bewahrt, weil er die rechte Blickrichtung hatte. Wer in Trauer und Schmerz sich mit seiner eigenen Person beschäftigt, wer nur noch den Schmerz und den Verlust sieht, muss verzweifeln. Selbstmitleid führt zur Verbitterung. Wer aber verlangend nach oben schaut, findet Trost, Kraft und Ruhe des Herzens bei seinem Erlöser. Darum gehört auch der Lobgesang in das Leid. Unser geliebter Herr Jesus sang ein Loblied mit seinen Jüngern, ehe er hinausging zum Ölberg. Sehen wir auf unseren Herrn, können wir ein Loblied singen, selbst wenn unser Herz blutet und unsere Augen weinen.

Diesen Lobgesang sehen wir bei Hiob. Der Name des Herrn sei gepriesen! Er kann keinen Fehler machen. Sein

Tun ist stets gesegnet, auch wenn es hart uns scheint, sein Blick voll Trost begegnet dem, der gebeugt hier weint!

Hiob betet an im Leid

Voller Spannung wird der Gegenspieler Gottes die Szene beobachtet haben, als Hiob im Schmerz mit zerrissenem Gewand auf der Erde lag. Jetzt musste die Lossage von Gott kommen. Aber wie erschüttert wird er sich abgewandt haben, als Hiob sich vor seinem Gott neigte und ihn anbetete. Keinesfalls war Hiob nur ein innerlich zusammengebrochener Mann, der allein den Verlust seiner Kinder und seiner Habe sah, sondern er nahm das schwere Geschehen letztlich aus der Hand seines Gottes an. Statt mit Gott zu hadern, gibt er in dreifacher Weise sein Einverständnis zu den Zulassungen Gottes zu erkennen. Staunend dürfen wir zuhören und erfahren, was die Gnade und der Beistand Gottes vermag: »*Der Herr hat gegeben!*« Aus seiner Hand haben wir alles empfangen; der Geber hat das erste Anrecht an allem Besitz. Er kann nach seinem Gutdünken mit seinen Geschenken verfahren.

»*Der Herr hat genommen!*« Sein Handeln ist stets gerecht; in allem hat er unser Bestes im Plan. Wer will ihm verwehren, das Seine zurückzufordern?

Die Bibel spricht oft von diesem göttlichen Kreislauf: »*Von ihm, für ihn und zu ihm hin sind alle Dinge geschaffen*«, und auch Paulus fügt hinzu: »*Ihm sei die Herrlichkeit in Ewigkeit! Amen.*«

»*Der Name des Herrn sei gepriesen!*« Diese Huldigung drückt Hiobs Anbetung aus. Er gibt Gott die Ehre, der alles zurückgenommen hatte, was er seinem Knecht vorher schenken konnte.

Hiob ist ein Mann des Glaubens. Das müssen wir anerkennen. Ein solcher Beweis des Glaubens hätte vor diesem Verlust von Hiob nicht erbracht werden können. Eine Gelegenheit, Gott aus unvorstellbarer Notlage anzubeten, hatte Hiob bis jetzt nicht erlebt. Hatte dieser Gottesmann bisher um seine Habe gebangt, hatte er nun durch den völligen Verlust gelernt, dass Gott allein Geber aller Gaben ist und ihm alles als Eigentum gehört. Dem Angefochtenen war die Erkenntnis gekommen, dass er nackt, wie er in die Welt gekommen war, diese auch wieder verlassen würde. Wohl allen, die dem Wort zustimmen:

> »Sei zum Geben stets bereit;
> miss nicht kärglich deine Gaben!
> Denn in deinem letzten Kleid,
> wirst du keine Taschen haben!«

Es ist traurig, wenn ein Kind Gottes in einer irdischen Gesinnung lebt, wenn das Trachte4n nach Geld, Gut und Reichtum Lebensinhalt ist. Die ewig bleibenden Werte sind nur in Jesus Christus zu finden. Dieser Schatz konnte dem Hiob und kann auch uns nie angetastet werden. Irdischer Besitz ist uns zur Verwaltung anvertraut. Hiob wurde ein losgelöster Mann, den vergänglicher Besitz nicht fesseln konnte. Wie beschämend ist es, wenn auf uns die Worte passen:

> Der Geizhals ist im Tod noch karg.
> Zwei Blicke wirft er nach dem Sarg.

Und tausend wirft er mit Entsetzen
nach den mit Angst verwahrten Schätzen.
O schwere Last der Eitelkeit!
Um schlecht zu leben, schwer zu sterben,
sucht man sich Güter zu erwerben.
Verdient ein solches Glück wohl Neid?

Hiobs rechte Schau

Es ist für uns so lehrreich, dieses von Gott geschenkte Vorbild anzuschauen und ihm zuzuhören. Der Herr ist es, der gegeben; der Herr ist es, der genommen hat – nicht die Sabäer, die Feinde, das Unwetter, der Sturm! Es ist die Hand Gottes, die auf ihm liegt. Hiob beachtete jene Mächte und damit – auch unbewusst – den Satan, diesen Ränkeschmied, den eigentlichen Zerstörer seines Wohlstandes, nicht. Er wusste sich in Gottes Hand und sah daher auch die Ursache aller Ereignisse in seinem Gott. Diese Tatsache wird am Ende des Buches nochmals bestätigt: »... *alle seine Brüder ... trösteten ihn über all das Unglück, welches der Herr über ihn gebracht hatte*« (42,11).

Mit dieser Haltung hat Hiob uns das rechte Verständnis über Leid von Gotteskindern auf dieser Erde vermittelt. Wir dürfen hier sogar eine Schau auf das Geschick der ganzen Menschheit erblicken, denn am Ende der leidvollen Reise durch diese Welt wird der Tröster jede Träne von unseren Augen abwischen. Doch bis zu dieser gesegneten Stunde hält der Allesbewirkende die Fäden selbst in seiner starken, liebevollen Hand.

Weiter erfreut uns die Tatsache, dass Hiob nie bei Gott

ein »Warum?« anmeldet. In den anfänglichen Übungen kam nie eine solche Frage aus seinem schwer verwundeten Herzen. Im tiefen Leid pries er den herrlichen Namen Gottes und neigte sich anbetend in den Staub. Diese Glaubenshaltung ist für uns nachahmenswert. Diese Einstellung, dieses Ruhen in Gott ist für uns ein erstrebenswertes Ziel. Nie sind wir Zufällen oder einem Schicksal ausgeliefert, sondern alles, was geschehen ist und geschehen wird, hat allein in Gott Grund und Ursache. »Er wirkt alles nach dem Rat seines Willens« (Eph 1,11). Dabei steht auch das Böse unter seiner Macht und in seiner Verfügungsgewalt; er setzt alles ein zur Erfüllung seiner Heilsgedanken.

Satans Absicht war kläglich misslungen. Statt Absage an Gott führte das Leid Hiob zur Anbetung. Die harten Schläge, die der Teufel an Hiob austeilte, kamen als Bumerang auf ihn zurück. Er triumphierte nicht über die Niederlage eines Menschen, sondern erlebte in ohnmächtigem Zorn die Anbetung und Verherrlichung Gottes. Wie sehr wird dieser Feind der Menschen wütend geworden sein! Satan musste dazu beitragen, dass der treue Knecht Gottes sich noch fester an seinen Herrn und Helfer klammerte. Gott stärkte seinen Geliebten im Leid so sehr, dass Hiob nicht nur »Ja« zu den Schlägen sagte, sondern Gott noch im Leid huldigte, pries und anbetete.

Es ist herrlich zu wissen, dass der Herr, der Gott alles Trostes und der Vater der Erbarmungen, sich der Seinen annimmt. Mag kommen, was will, wir sind nie verlassen, nie kann er uns versäumen. Wir sind ihm so wertvoll, dass unser Leid auch sein liebendes Herz trifft. Zu allen Zeiten hat der Feind gegen das Volk Gottes gewütet und versucht, die Gläubigen auszuschalten oder umzubringen.

Vergangenheit und Gegenwart haben bewiesen, wie viele in den Verfolgungen, Folterungen und selbst im Märtyrertod zu Glaubenshelden wurden. Diese Treue, diese Hingabe bis zum Letzten waren Auswirkungen der Kraft Gottes, die in dem Schwachen sich mächtig erweist. Hierhin gehört auch das Wort des Psalmisten: »*Wie deine Tage, so deine Kraft!*« Werden besondere Kräfte erforderlich, beweist der Herr, dass seine Zusagen unbereubar sind.

Der Schreiber hat einmal eine tief ergreifende Begebenheit gelesen. Bei einer der letzten römischen Christenverfolgungen wollte man eine Mutter zum Widerruf zwingen, indem man ihren Knaben zur Enthauptung schleppte. Die Frau sollte wählen: ihren Herrn verleugnen und das Kind retten, oder ihm die Treue halten und das Bekenntnis ihres Glaubens mit dem Tod des Kindes bezahlen. Was mag sich im Inneren der Mutter wohl abgespielt haben? Die Kraft von oben erfüllte sie. Mit blutendem Herzen sprang sie zur Richtstätte, breitete ihr Kleid aus, und indem sie das Haupt des Knaben mit ihrem Kleid auffing, rief sie laut: »Kostbar ist in den Augen des Herrn der Tod seiner Frommen!«

»Dies ist der Sieg, der die Welt überwunden hat: unser Glaube.«

Gottes Freude über seinen Knecht

Der Herr wird die Anbetung Hiobs nach den schweren Prüfungen mit Wohlgefallen zur Kenntnis genommen haben. Der Psalmist bestätigt im Auftrag Gottes: »*Wer Lob (Dank) opfert, verherrlicht mich, und wer seinen Weg*

41

einrichtet, ihn werde ich das Heil Gottes sehen lassen.«
Nach der Huldigung durch seinen Knecht anerkennt
Gott Hiobs Verhalten: *»Bei diesem allem sündigte Hiob
nicht und schrieb Gott nichts Ungereimtes zu.«* Vor aller
Welt und für alle Zeiten hat Gott dieses Lob ausgesprochen. Wie mancher hat in Trübsalen Mut und Zuversicht
geschöpft, wenn er von der guten Reaktion dieses Mannes hörte: »Mein Knecht hat recht getan, geredet und
gehandelt«, so steht es niedergeschrieben durch den Grif-
fel des Allmächtigen. Er hatte den Leidgeprüften ausgerüstet, damit der Feind nicht nur eine Niederlage einstecken musste, sondern auch der Sieg Gottes durch einen
schwachen Menschen sichtbar wurde. Was von Gott
kommt, kehrt zu ihm zurück, ehrt und verherrlicht ihn.
Der Plan des Feindes wurde ins Gegenteil verkehrt. Nicht
Abfall von Gott wurde sichtbar, sondern die schweren
Verluste banden Hiob noch inniger und fester an seinen
Gott. Der Feind musste helfen, den Gottesmann im
Glauben erstarken zu lassen.

Hatte seine Niederlage den Satan entmutigt? Keines-
falls! Die ihm gestellte Aufgabe führt er mit fanatischer
Verbissenheit weiter. Der endgültige Ausgang aller Atta-
cken war dem Teufel verborgen, sonst hätte er sicher die
Waffen gestreckt. Satan musste angreifen, bis Gott alle
Leiden Hiobs in völligen Segen umgewandelt hatte.

Satans erneuter Angriff

Die zweite Prüfung Hiobs wurde wiederum im Himmel
eingeleitet. Wie beim ersten Vorgehen, hören wir auch

jetzt von einer eigenartigen Zusammenkunft der Söhne Gottes; unter ihnen erschien ebenfalls wieder Satan vor dem Herrn. Im Buch Hiob finden wir dreimal die Erwähnung der Söhne Gottes. Hierbei muss es sich wohl um Engel handeln, die vielleicht zu einer höheren Kategorie zu zählen sind. Wir kennen Erzengel, Seraphinen, Mächte, Gewalten und andere Abteilungen von himmlischen Bewohnern. In Hiob 38 lesen wir von diesen »Söhnen Gottes«, als der Herr Hiob fragte: »*Wo warst du, als ich die Erde gründete ... als die Morgensterne miteinander jubelten und alle Söhne Gottes jauchzten?*« Aus diesem Text geht klar hervor, dass es sich um himmlische Wesen handelt.

In dieser neuen Ratsversammlung musste Satan wieder Rede und Antwort stehen. Gegenstand des Gesprächs war auch jetzt Hiob, dem Gott wie schon früher dasselbe gute Zeugnis ausstellte mit dem Zusatz: »*... und noch hält er fest an seiner Vollkommenheit (Unsträflichkeit), wiewohl du mich wider ihn gereizt hast, ihn ohne Ursache zu verschlingen.*« Mit diesen Worten hält Gott dem Teufel seine Niederlage, aber auch sein verderbliches Handeln vor. Doch der Gegenspieler war keineswegs bereit, den aufgenommenen Kampf einzustellen. Mit frecher Stirn stand er vor dem Herrn und rief ihm zu: »*Haut um Haut, ja alles, was der Mensch hat, gibt er um sein Leben. Aber strecke einmal deine Hand aus und taste sein Gebein und Fleisch an, ob er sich nicht offen von dir lossagen wird.*«

Wieder dieses Ansinnen, wieder ein Vernichtungskampf gegen den treuen Knecht Gottes! Welch eine raffinierte Herausforderung an Gott! Und doch – auch hier steht hinter dem Geschehen die ordnende Hand Gottes.

Aus dieser Forderung Satans mag der Schein entstehen, als wäre er der Aktive, der das Handeln diktiert. Doch das trügt. Gott gibt die Durchführung seiner Pläne nie aus der Hand. Kein Haar fällt vom Haupt der Seinen ohne Gottes Willen.

Auch jetzt erlaubte er Satan, seinen Knecht weiter zu läutern und zu prüfen. Wiederum aber gibt Gott die Einschränkung »... *nur schone seines Lebens*«. Diese Schranken konnten dem »Menschenmörder von Anfang« nicht gefallen. Sehr gerne hätte er diesen Gottesmann beseitigt. Da aber keiner die Absichten des Despoten besser kannte als Gott, schränkte er dessen Möglichkeiten genau ein. Mit der Vernichtung des Angegriffenen wäre der Triumph des Herrn, sich in dem Leidgeprüften ein ihn verherrlichendes Beispiel zu setzen, gescheitert. Dieses Exempel bestand darin, dass Hiob in den tiefsten Tiefen der Schmerzen und Nöte im »Dennoch« des Glaubens an Gott festhielt. Die furchtbarsten Qualen durften nicht zum Tode führen. Gott stärkte seinen Geliebten, indem er ihm verborgene Kräfte zuführte. Hiob wurde für den zweiten Schlag gerüstet.

Hiob, der Mann der Schmerzen

Nach Gottes Erlaubnis ging Satan sofort an sein teuflisches Werk. Er schlug Hiob mit bösen Geschwüren von der Fußsohle bis zum Scheitel. Wie einfach liest sich dieser Hinweis, was er aber in sich birgt, ist kaum zu beschreiben. Wer selbst schon Geschwüre gehabt hat weiß, welche Schmerzen ein einziges verursacht. Dieser bedauernswerte Mann war von schmerzenden, eiternden Beulen am ganzen Körper befallen. Es heißt: Er nahm einen Scherben, um sich damit den Eiter abzuschaben. Dabei saß der Knecht Gottes in der Asche. Besondere Wonne hat allein der Teufel an den Qualen der Erlösten, am Leid seiner Todfeinde. Es wäre in dieser Welt nicht zum Aushalten, wenn Satan nach Willkür mit uns verfahren dürfte. Gott aber hält seine treue Hand über seine Geliebten.

Da saß nun der Geplagte in der Asche, in die die Unreinheit der Wunden tropfte und der Eiter geschabt wurde. Können wir uns von dem Elend dieses Mannes eine Vorstellung machen? Der Schmerz, die Not, die Qual Hiobs war so beispiellos, dass seine eingetroffenen Freunde sieben Tage und sieben Nächte neben ihm saßen und keiner ein Wort hervorbringen konnte. Ja, bei ihrer Ankunft, als sie das Elend des Mannes sahen, erhoben sie ihre Stimme und weinten.

Für Hiobs Situation könnten wir ein Wort aus den Klageliedern anführen: »*Merkt ihr es nicht, alle, die ihr des Weges zieht? Schaut und seht, ob ein Schmerz sei wie mein Schmerz, der mir angetan worden ist.*« Hier kann nur der Glaube sich durchringen und sagen: »*Alle seine Wege sind recht. Ein Gott der Treue und ohne Trug, gerecht und gerade ist er!*«

Hiobs Weggenossin

Zu den körperlichen Schmerzen gesellten sich bald auch die seelischen. Statt herzliches Mitleid, Trost und Beistand zu spenden, kam die Frau Hiobs, die ein Fleisch mit ihrem Mann war, mit bitteren Vorwürfen. Wir lesen: *»Da sprach seine Frau zu ihm: Hältst du noch fest an deiner Vollkommenheit? Sage dich los von Gott und stirb!«*

Erschreckend ist der geistliche Tiefstand, der aus diesen Worten klingt. »Sage dich los von Gott!« Hier liegt eine unbegreifliche Tragik vor. Ob die Frau mit Gott haderte und ihm zuerst Vorbehalte gemacht hat? Wir wissen es nicht. War sie am Herrn irre geworden? Hatte Bitterkeit ihr das klare Denkvermögen geraubt? Wenn wir uns das Bild vorzustellen versuchen, das ihr ständig vor Augen stand, sind wir vorsichtiger mit unserem Urteil. Da lag ihr Mann, ein völlig Besitzloser, seiner Kinder beraubt, sein Körper über und über mit eitrigen, bösen Geschwüren bedeckt. Er saß als Ausgestoßener, den man nicht anschauen mochte, in der Asche und schabte mit einem Scherben seine Eiterbeulen. Der geschundene Körper, dessen Haut schwarz geworden war, bot einen Anblick des Entsetzens. Was war Hiob noch geblieben? Nur seine Lebensgefährtin! Doch die Frau war von den Leiden ihres Mannes so verwirrt, dass sie ihm die Trennung von Gott empfahl.

Der Ärmsten fehlte die tiefere Schau. Sie blieb am Sichtbaren hängen und hatte die falsche Blickrichtung, weil sie das sah, was vor Augen war, und nicht Gott, der alle Fäden in seiner mächtigen Hand hält. Wer kennt solche Situationen nicht? Wer hat nicht schon verzweifelt am Bett eines geliebten Menschen gesessen, dessen schmerzvolles Stöhnen uns ins Herz drang? Wer betete nicht schon bei den Qualen eines Krebskranken: Herr, erlöse ihn von seiner Qual; lass es genug sein! Dass der Tod eine Erlösung sein kann, ist eine bewiesene Tatsache.

Doch die Aufforderung: »Sage dich los von Gott und stirb!« kann nie gut geheißen werden.

Hinter den Worten stand der Verführer

Wenn wir die Taktik des Feindes überdenken, können wir den Ausruf der Frau besser entschuldigen. Satan malte ihr nur die Ungerechtigkeit Gottes vor die Augen und säte dadurch Bitterkeit in ihr Herz. »Steter Tropfen höhlt den Stein«, sagt ein Sprichwort. Immer dieses Bild vor ihr, immer dieses Stöhnen des Gequälten, immer dieselbe Einflüsterung, und eines Tages hatte der Ränkespieler leichtes Spiel. Die innere Widerstandskraft war erlahmt, die böse Saat ging auf.

Warum hatte Satan die Frau verschont, sie leben lassen? Sie wäre genauso in seiner Hand gewesen wie die Kinder Hiobs und sein Anwesen. War es sein teuflischer Plan, sie in sein verderbliches Werk einzuspannen? Wozu ließ der Feind die Frau am Leben? Die Antwort liegt vielleicht in dem Rat, den sie ihrem Manne gab: »Sage dich los von Gott und stirb!« Wie furchtbar, wenn der Teufel Macht über uns bekommt! Wenn wir ihm nur den kleinen Finger reichen, hat er uns ganz schnell in seinem Bann. Der Rat der Frau passte haargenau in den Plan des Feindes. Das Leben Hiobs durfte der Menschenmörder nicht antasten, nun hoffte er, durch dessen Frau zu seinem verderblichen Ziel zu kommen. Die eigene Frau, alles, was Hiob geblieben war, wurde seine Versucherin. Unendlich schwer musste diese weitere Probe den Mann belasten. Wie reagierte er?

Hiob, der Ausgerüstete

Mit tiefer Wehmut muss der Knecht Gottes seine Lebens-gefährtin angeschaut haben! Kein Zorn, kein Missmut über das unmögliche Ansinnen wurde in ihm wach, son-dern vielmehr Mitleid. Seine Antwort lautete: »*Du re-dest, wie eine der Törinnen redet. Wir sollten das Gute von Gott annehmen, und das Böse sollten wir nicht auch annehmen?*«

Dieser Mann besaß wahrlich eine große innere Kraft. Er sagte nicht: Du bist eine Törin, sondern du redest wie eine Törin. Satan musste in diesen Worten sein eigenes Urteil vernehmen, denn alle, die sich von ihm gebrauchen lassen, sind Ruhelose und Toren. Die Erwiderung Hiobs an seine Frau muss wie ein Peitschenhieb den Widersa-cher getroffen haben. Der Angefochtene ruhte im Willen Gottes. Gottes Hand, die das Gute, die den Segen ge-schenkt hatte, gab nun das Widerwärtige. Seine Güte und Gnade kann aber nur vermitteln, was seinen Kindern zum Besten dient. Satan, der auch jetzt mit einer anderen Reaktion gerechnet hatte, wurde bitter enttäuscht. Statt Auflehnung gegen den Höchsten, statt zu murren und Gott anzuklagen, kam eine völlige Gottergebenheit zum Ausdruck. Wie köstlich ist der Ausspruch des Psalmisten, der genau auf Hiob passt: »*Vergeht mein Fleisch und mein Herz – meines Herzens Fels und mein Teil ist Gott auf ewig.*« Bei dem Leidenden kam es fast buchstäblich dazu, dass Herz und Fleisch vergingen.

Weil Hiob Gott die Treue hielt und dem Feind eine erneute Niederlage beibrachte, empfing er bei seiner zwei-ten Prüfung gleiches Lob und gleiche Anerkennung wie bei der ersten. Zusätzlich finden wir bei der Beurteilung nach der zweiten Prüfung, dass Hiob nicht mit seinen Lippen sündigte. Dabei war die Gefahr so groß, dass er seine Frau grob angefahren oder mit Gott gehadert hätte. Die Gnade, die Hiob ausrüstete, führte ihn zum Sieg.

Wenn Gott uns solche Leitbilder aufzeichnen ließ, sollen wir aus ihnen lernen. Wer seine Zunge hütet, beweist eine Kraft in sich, die allein ein Überwinden möglich macht. Diese Fülle steht uns stets zur Verfügung. Glücklich sind alle, die Gnade um Gnade aus diesem Vollmaß nehmen. Gerade in den scheinbar unbedeutenden Ereignissen des Lebens liegt oft das häufigste Versagen.

Dann lehrt uns dieser Gottesmann, dass alles, was uns zerstört, von unserem Gott kommt. »Sollten wir das Gute und nicht auch das Böse annehmen?« Hiob beweist dem Gegenspieler, dass nicht er die letzte Ursache aller Anfechtungen war. Satan war nur der Vollstrecker eines Auftrages; alles, was er unternahm, geschah nur unter der Zulassung dessen, der auch Hiob in diesen Übungen stärkte. Satan kann nur ausführen, was Gott in seinem weisen Plan längst festgelegt hat. Er muss dem Allmächtigen voll zur Verfügung stehen. Darum wird jede Durchführung des göttlichen Vorsatzes stets zu seiner Verherrlichung und zum Segen seiner Geliebten dienen müssen. Wenn wir doch auch in allen Übungen und Anfechtungen diese Tatsache beherzigen würden, wie viel Mutlosigkeit, wie viel Jammern und Klagen würde in den Reihen der Gotteskinder verstummen. Alles, restlos alles, was uns trifft, muss zuerst am Herzen Gottes vorbei. Was aber von Gott ausgeht, kehrt zu seiner Verherrlichung zu ihm wieder zurück. Gott kann nicht anders: Was er tut, tut er um seiner selbst willen. Der Einzelne ist nur ein kleines Rädchen in dem großen Getriebe dieser Welt. Alles läuft präzise und genau durchdacht ab und hinter allem Geschehen sehen wir die ordnende Hand Gottes. Hiob konnte jetzt noch nichts ahnen von dem reichen Segen, der hinter allen Prüfungen auf ihn wartete. Er sah nur die Gegenwart und die bestand aus Leiden, Schmerzen und Ängsten. Auch wusste er nichts über Kraftzuflüsse, die ihn stärkten. Nur im »Hernach« lag sein Segen bereit. Das meint auch der Schreiber des Hebräerbriefs im 12. Kapitel: *»Hernach gibt sie (die Züchtigung) die friedsame Frucht der Gerechtigkeit, und zwar denen, die durch sie geübt sind!«*

Wir sollten stets bedenken, dass die Leiden der Jetztzeit nicht wert sind, verglichen zu werden mit der zukünftigen Herrlichkeit, die an uns geoffenbart werden soll. Hiob lehrt uns, dass wir in allen Übungen beobachtet werden. Die obere und die untere Welt sind beteiligt und warten auf den Ausgang. Paulus schreibt: *»... damit jetzt den Mächten und Gewalten in der Himmelswelt durch die Gemeinde die mannigfaltige Weisheit Gottes kundgetan werde.«* Wie Hiob damals sind wir heute in unserem Tun und Verhalten ein Schauspiel, das beobachtet wird. Wer bleibt Sieger? Wer trägt den Ruhm davon? Gott oder Satan? Sagen wir »Ja« zu den Führungen des Herrn, werden wir still bei der Durchführung seines weisen Plans, gereicht unser Verhalten zur Verherrlichung Gottes, weil von ihm allein die Kraft zum Überwinden kommt. Es ehrt unseren Gott sehr, wenn er einen schwachen Menschen zur großen Glaubensüberzeugung führen kann.

Von hier an hören wir im ganzen Buch Hiob weiter nichts mehr von Satan. Er hatte nicht gesiegt, sondern in seinem Vorhaben eine empfindliche Niederlage erlitten. Auch Hiob war noch nicht so weit, dass er den reichen Segen, der mit seinen bestandenen Prüfungen in Verbindung stand, entgegennehmen konnte. Der Herzenkenner wusste, dass die Läuterungen noch nicht abgebrochen werden konnten, wenn Gottes gestecktes Ziel erreicht werden sollte. Gott kennt das arglistige Herz des Menschen. Es ist oft für ihn ein schweres Stück Arbeit, bis er einen Menschen zum inneren Zerbruch geführt hat. Wie schnell hätte Hiob sich erheben, mit sich zufrieden sein können! Hatte er nicht etwas aufzuzeigen? Alles war ihm genommen worden, aber kein Wort der Klage war über seine Lippen gekommen. »Ich bin ohne Murren durch die Anfechtungen gegangen. Wer kann sich neben mich stellen, denn ich bin ein reiner und vollkommener Mann!« Wie nahe liegt dieser Eigenruhm! Wer kennt nicht das trügerische Herz, das sich so gern im Selbstvertrauen sonnt!

Mit dem Weggang Satans vom Angesicht Gottes endet der erste Teil des Buches Hiob. Von Kapitel 2,11 bis 31,40 reicht der zweite Teil, der eingeleitet wird von jenen drei Menschen, die eng mit dem Ergehen Hiobs verbunden waren. Doch bevor wir uns mit diesen Freunden beschäftigen, wollen wir noch einen evangelistischen Gedanken dieses Buches aufzeigen.

Das Bild eines Menschen ohne Erlösung

Wir sahen Hiob mit Geschwüren bedeckt in der Asche sitzen und mit einem Scherben sich schaben. Dieses Bild können wir auf einen Menschen deuten, der sich selber so weit erkannt hat, dass er meint: »Ganz so, wie ich sein sollte, bin ich noch nicht; ich will aber alles tun, um mich zu ändern und zu bessern.« Er hat seine eigene totale Unfähigkeit noch nicht begriffen. Die bösen Beulen, den furchtbaren Ausschlag, das heißt: Diese und jene schwere Sünde will er noch mit seinen Möglichkeiten abschaben, beseitigen. Er versteht noch nicht, dass alles Unreine aus seinem Herzen kommt, in dem die Wurzel alles Bösen liegt. Dorthin langt kein Scherben, und eine Erneuerung des Herzens ist so nie zu erreichen.

Die verderbte und sündhafte Natur in uns, die Quelle alles Bösen und Schlechten, muss vor Gott erkannt und bloßgelegt werden. Unser uns angeborener Zustand ist so unbrauchbar, dass an ihm nie etwas zu überarbeiten oder zu korrigieren ist. Wir sind nicht nur unrein und verderbt vor Gott, wir sind hoffnungslos verlorene, erlösungsbedürftige Menschen. Ohne innere Erneuerung gibt es keine Heilung vom Todesaussatz. Am Schluss des Buches finden wir Hiob wieder in der Asche. Jetzt hat er seine Lektion gelernt. Er hat keinen Scherben mehr in der Hand, um sich zu schaben; er hat sich im Licht Gottes gesehen und ruft dem Heiligen zu: *»Ich verabscheue mich und bereue in Staub und Asche.«* Nicht nur sein Handeln verurteilt er, sondern sich selbst. Für solche Menschen ist das Heil, die Erlösung da, denn *»der Sohn des Menschen ist gekommen, zu suchen und zu erretten, was verloren ist.«*

Es ist eine irrige Ansicht zu meinen, der Mensch sei ein Sünder, weil er sündigt; vielmehr sündigt der Mensch, weil er ein Sünder ist. Als Sünder wird er in diese Welt hineingeboren, weil er die Sünde geerbt hat. Die Bibel spricht in diesem Zusammenhang von drei Zurechnungen:

1. wurde die Sünde Adams zugerechnet, weil in ihm Adams gesamte Nachkommenschaft sündigte, d. h. Adams Sünde, dieser Zustand vererbt sich von Generation zu Generation.

2. Die von mir geerbte Sünde wurde Christus, meinem Erlöser, zugerechnet. Er wurde zur Sünde (zu dem, was ich bin) gemacht.

3. Weil die Sünde in Christus von Gott gerichtet wurde, ist auch die letzte Zurechnung möglich, dass die Gerechtigkeit Gottes mir zugerechnet wird, wenn ich an Jesus Christus, das ewige Leben, glaube.

Die Bibel sagt: »*Das ganze Haupt ist krank; das ganze Herz ist siech.*« Darum gibt es keine Möglichkeit, Gott in irgendeiner Weise zufriedenstellen oder sein Wohlwollen erreichen zu können: Wir müssen erst von neuem geboren werden!

Gott benutzte drei Freunde Hiobs, um ihn zur Selbsterkenntnis zu führen. Sieben Tage sitzen sie vor ihrem so schwer geschlagenen Genossen, schauen seine Wunden und sein Elend. Dann erheben sie ihre Stimme und weinen in tiefem Mitgefühl. Das war für Hiob zu viel, das konnte er nicht verkraften. Er – ein Gegenstand des Mitleids, des tiefsten Bedauerns? Das konnte er nicht einfach wegstellen. Gegen diese Anteilnahme lehnte sich sein ganzes Herz auf, sein getroffener Stolz regte sich. Hatte er nicht die schwersten Schläge in vorbildlicher Geduld ergeben getragen? Nun will man ihn beweinen, Mitleid mit ihm haben? Soll er, der gerechte Hiob, der so viel Gutes getan hat, am Ende noch zu einem Sünder, zu einem von Gott Geschlagenen und Verlassenen abgestempelt werden? Hiob lehnte sich auf. Plötzlich öffnete der Mann seinen Mund und verfluchte den Tag seiner Geburt, laut rechtfertigte und beklagte er sich bitter.

Der wahre Schmerzensmann Jesus Christus

Wir sehen, dass Hiob trotz seiner Gottesfurcht und trotz des erhabenen Zeugnisses, das Gott ihm ausstellte, ein Mensch war wie alle anderen, belastet mit Schwächen und Fehlern. Nur einer überragte alle. Das ist unser wunderbarer Herr und Erlöser. Als er in unvergleichbar schwerere Leiden ging, hören wir seine Ergebenheit: *»Vater, dein Wille geschehe!«* Am Schandholz auf Golgatha hing er zwischen den Verbrechern. Die Menschen höhnten und verspotteten ihn, sie spieen dem Reinen ins Angesicht. Er musste klagen: *»Der Hohn hat mein Herz gebrochen und ich bin ganz elend. Ich habe auf Mitleid gewartet, und da war keins, auf Tröster, und ich habe keine gefunden!«* In den tiefsten Nöten des Gottesgerichts, als er für uns zur Sünde gemacht wurde, gab er Gott die Ehre: *»Du bist heilig, der du wohnst unter den Lobgesängen Israels.«* *»Der, gescholten, nicht wiederschalt, leidend, nicht drohte, sondern sich dem übergab, der recht richtet.«* So ist er der Eine, der Einzigartige, der im Feuer des Gerichts Gottes als das reine Gold sich bewährte. An ihm war nichts zu läutern. In allem gereichte sein Leben und Sterben zur Verherrlichung Gottes, des Vaters.

Jeder andere, mag er noch so tadellos im Befolgen der göttlichen Gebote sein, wird versagen, wenn er in den Schmelztiegel geworfen wird, es wird offenbar, dass das Herz des Menschen nicht aus reinem, gediegenem Gold ist. Immer werden Schwächen sichtbar wie auch bei Hiob, diesem gottergebenen Schmerzensmann.

Einer blieb in allen Anfechtungen unveränderlich was er war: der Sohn Gottes, der Einzige, der für uns vor Gott eintreten konnte. Sollte uns Erlösung zuteil werde, konnte dies nur durch Gott selbst, der in Christus war, ermöglicht werden. Gott konnte nur durch Gott zufriedengestellt werden. Nur ein Opfer, das er selbst brachte, konnte für uns genügen, Gott erfreuen und verherrlichen. Dankbar dürfen ihm unsere Herzen entgegenschlagen! Sein Angebot besteht auch heute noch. Aus Gnaden wird der Mensch gerecht durch den Glauben an den Bahnbrecher unserer Seligkeit. Wer an ihn glaubt, hat ewiges Leben, er kommt nicht ins Gericht!

Der Widersacher steht auf der Lauer

Keiner weiß besser, wann die Zeit für einen Angriff am günstigsten ist. Besonders wenn wir durch Krankheiten, Entbehrungen, Anfechtungen und seelische Belastungen gehen müssen, kommt der Ränkespieler mit seinen Versuchungen und Einflüsterungen. Ein Ziel steht ihm ständig vor Augen. Er will das Gotteskind mutlos machen und zum Hadern über Gottes Führungen bringen. Immer versucht Satan, den Blick des Leidenden auf den kranken Körper, auf erlittenes Unrecht oder auf die belastenden Umstände zu richten. Wehe, wenn uns die Schau auf unseren treuen, liebenden Herrn verdunkelt wird! Unbemerkt träufelt der Teufel dann einen Tropfen Bitterkeit nach dem anderen in unser Herz. Wir sehen nur noch uns, unsere Nöte und Ängste und nicht mehr den, der trösten und helfen will. Unser Herr erlegt auf, aber er hilft auch tragen. Deshalb ist es wichtig, das innere Gemerk für die Stimme des himmlischen Vaters zu haben. Wie ermutigend sind seine Aufmunterungen: *»Ich werde dich nie (auf keinen Fall, unter keinen Umständen, niemals) versäumen noch verlassen! Keine Versuchung hat euch ergriffen als nur eine menschliche; Gott aber ist treu, der nicht zulassen wird, dass ihr über euer Vermögen versucht werdet, sondern mit der Versuchung auch den Ausgang schaffen wird, so dass ihr sie ertragen könnt. Der aber die Herzen erforscht, weiß, was der Sinn des Geistes ist, denn er verwendet sich für Heilige gottgemäß. Wir wissen aber, dass denen, die Gott lieben, alle Dinge zum Guten mitwirken, denen, die nach Vorsatz berufen sind. Denn ich halte dafür, dass die Leiden der Jetztzeit nicht wert sind, verglichen zu werden mit der zukünftigen Herrlichkeit, die an uns geoffenbart werden soll. Gepriesen sei der Gott und Vater unseres Herrn Jesus Christus, der Vater der Erbarmungen und der Gott alles Trostes, der uns tröstet in all unserer Drangsal, damit wir die trösten können, die in allerlei Drangsal sind, durch den Trost, mit dem wir selbst von Gott getröstet werden.«*

So könnten wir fortfahren und Verheißung an Verheißung, Zusagen an Zusagen unseres Gottes reihen. Er ist ständig um uns besorgt. Als Gotteskinder sind wir in allem reich gemacht, vollkommen versorgt. Wohin wir auch in den Übungen, die uns getroffen haben, blicken, überall will uns die Güte Gottes ermuntern. Fünffach umgeben uns die göttlichen Tröstungen: 1. Gott ist für uns, wer will wider uns sein! 2. Der Herr Jesus ist bei uns alle Tage, was will uns Satan, was will uns ein Mensch tun? 3. Der Heilige Geist ist in uns! Er ist der vom Vater gesandte Tröster, Berater und Beistand! 4. Die Engel Gottes sind um uns! Sie sind ausgesandt zum Dienst um derer willen, die das Heil ererben sollen. 5. Alle Dinge müssen denen zum Besten dienen, die nach Gottes Vorsatz berufen sind, berufen zu Gottes ewigem Reich und seiner eigenen Herrlichkeit!

Darum darf uns der Feind nicht verzagt oder mutlos machen. Wir sind nie und nimmer einem blinden Schicksal ausgeliefert, sondern stehen im Schutz des Allmächtigen. Darum nochmals der Hinweis: Es kommt immer auf die Blickrichtung an. *»Sie blickten auf ihn, und ihre Angesichter wurden erheitert!«*

Ein Kind Gottes darf aber auch nicht leichtfertig werden und sich gehen lassen. Elisa warnte einst den König von Israel: *»Hüte dich, diesen Ort zu vernachlässigen, von dort kommen die Syrer«* (d. h. dort bricht der Feind mit Vorliebe in unser Leben ein). Der Satan kennt genau unsere schwachen Seiten, dort hat er leichtes Spiel, uns eine Glaubensniederlage beizubringen.

Der betrachtete Zeitabschnitt in der Geschichte Hiobs zeigt auch Parallelen zur Versuchung unseres Herrn Jesus in der Wüste durch Satan. Dort wagte sich Satan an den Sohn Gottes heran. Doch ganz schnell musste er eine

Niederlage einstecken. Als Satan den Kampfplatz besiegt verlassen musste, lesen wir: »*Als der Teufel jede Versuchung vollendet hatte, wich er bis zu einer anderen Zeit von ihm.*« Selbst in Bezug auf den Herrn Jesus blieb der Feind auf der Lauer und wollte den Herrn bei anderer Gelegenheit neu auf die Probe stellen.

Genauso handelte Satan mit Hiob. Diese Taktik hat er nie verlernt. Deshalb sind wir zu keiner Zeit vor dem versteckten Ränkespiel des Meisters der Lüge sicher. Was sagt die Bibel? »*Satan, euer Widersacher, geht umher wie ein brüllender Löwe und sucht, wen er verschlinge.*« Gerne kommt er als »Engel des Lichts«, weil wir ihn in dieser Tarnung nicht erwarten. Darum: Wachet und betet! Das Fleisch ist schwach. Wir wollen dem Rat des Dichters folgen:

Drum blick' ich nur auf ihn,
o seliger Gewinn!
Mein Jesus liebt mich ganz gewiss,
das ist mein Paradies!

TEIL II

(Kapitel 2,11 – 31,40)

Kapitel 2,11 – Kapitel 3,26

Hiob bricht das bedrückende Schweigen

Drei Menschen, die mit Hiob eng befreundet waren, prägen diesen Abschnitt des biblischen Buches. Diese Männer verabredeten sich und kamen zu ihrem Freund, um ihre Teilnahme an seinem Geschick auszudrücken. Als sie Hiob in seinem Elend in der Asche sitzen sahen, verschlug ihnen sein Schicksal die Sprache. Sie zerrissen ihre Kleider, streuten Staub auf ihre Häupter und weinten. Hiobs Aussehen war so entstellt, dass sie ihn zunächst nicht einmal erkannten. Sieben Tage saßen sie bei dem Schwergeprüften, ohne ein einziges Wort zu sprechen.

Nach dem Verlust seiner Kinder und der Abkehr seiner Frau blieben Hiob nur noch diese drei treuen Freunde. Sie litten sehr mit ihm. Diese weisen Männer besaßen eine für die damalige Zeit beachtliche Gotteserkenntnis. Aber es ist eigenartig: Auch diese echte Freundschaft wurde später zerstört. Hiob verlor seine Freunde. Nichts mehr blieb ihm. Doch, auch wenn er es noch nicht ahnen konnte, Gott nahm ihm alles, um ihm das tiefste Gotterleben zu schenken und die größten Segnungen.

Kein Wort des Trostes kam den Männern über die Lippen. Für Hiob wurde die Lage unerträglich. Er öffnete den Mund. Doch was sprach er aus? Er verfluchte den Tag seiner Geburt. Wir kennen diesen Mann nicht mehr wieder. Zweimal hatte er die Angriffe des Teufels siegreich zurückgewiesen und Gott in den schwersten Wegen angebetet, sind das nicht ganz befremdende Worte? Vor uns steht ein lebensmüder Dulder. Der Tag seiner Geburt erschien ihm als größter Unglückstag, den er nur noch verwünschen konnte. Würde Hiob nun doch noch dem Rat seiner Frau folgen? Würde er sich von Gott doch noch lossagen? Ein Wendepunkt war in seiner Leidensgeschichte eingetreten. Welche Not musste diesen Mann befallen haben, dass er nun hinausschreit: *»Es verschwinde der Tag, an dem ich geboren wurde, und die Nacht, welche sprach: Ein Knäblein ist geboren ... Warum starb ich nicht von Mutterleibe an, kam aus dem Schoß hervor und verschied? Weshalb kamen Knie mir entgegen, und wozu Brüste, dass ich sog?«*

Spiralenförmig bewegten sich die Gedanken Hiobs um das tausendfache »Warum«, das plötzlich in ihm aufgebrochen war. Besser nie geboren, als ein Leben in solcher Qual! Armer Hiob! Er tappte nun völlig im Dunkeln. Er konnte den Ausgang des Tunnels noch nicht erblicken und schon gar nicht erkennen, dass Gott die Länge der Trübsal festgelegt hatte und die Prüfungen ein Angeld für reiche Segnungen waren. Der Höchste hatte noch eine große Aufgabe für seinen Knecht. Sein Beispiel sollte für alle Zeiten Schule machen und vielen ein Ansporn zum Ausharren sein. In den tiefsten Tiefen Überwinder durch den Glauben zu werden ist Gottes wunderbares Ziel mit uns, das ehrt und erfreut ihn. Für den Allmächtigen gibt es kein unwertes Leben. Menschen, denen die Last ihres Lebens zu schwer werden will, liebt der Herr besonders. An ihnen will er sich verherrlichen. Jedes von ihm geschenkte Leben hat einen göttlichen Sinn, auch wenn es in den Augen der Menschen sinnlos scheint. Die Ewigkeit wird einmal alle Geheimnisse unseres Daseins im hellsten Licht aufleuchten lassen. Welch ein Trost liegt in diesem

Gedanken für Eltern, die sich der Pflege solcher Kinder hingeben müssen, von denen der Unglaube behauptet, sie wären besser nach der Geburt gestorben. Was Gott zulässt, ist nie sinnlos. Wir werden staunen, wenn Gott uns das »Warum« seiner Wege erklärt. Deshalb ist es besser, die Hand auf den Mund zu legen, wie Hiob dies später bekennen muss, als ein vorschnelles Urteil zu fällen. Der große Dulder Hiob hat mit seinen Ängsten für alle Zeiten ein klares Vermächtnis hinterlassen, das laut und deutlich verkündet: »Bei Gott hat jedes Leben seinen Sinn, seinen Zweck und sein Ziel!«

In der Ewigkeit wird einmal der Schleier, der über so vielen Rätseln unseres Lebens liegt, weggezogen. Nichts bleibt ungeklärt, und die Erlösten werden in heiliger Bewunderung vor dem großen Gott stehen und seine Weisheit anbeten.

Gott wird jede Finsternis aufhellen und die geheimsten Taten ans Licht rücken. Auch über jeden leichtfertigen Menschen, der glaubte, in seiner Hand läge die Macht über ungeborenes Leben, das er aus Bequemlichkeit im Mutterleib mordete, kommt Gottes unerbittliches und gerechtes Gericht.

Und dennoch bleibe ich bei dir!

Hiob befreite sein Herz von aller angesammelten Not. Trotz ungeklärtem »Warum« und »Weshalb«, das der Gequälte hervorstieß, trotz ungelöster Rätsel, die er nicht beiseite schieben konnte, hielt er doch fest an seinem Gott. Seinen Aufschrei richtete der Angefochtene an ihn.

Obgleich er den Tag seiner Geburt verwünschte, sagte er sich doch nicht los von Gott. Kein Wort kam über seine Lippen, aus denen zu entnehmen wäre, dass Hiob dem Allmächtigen flucht oder dass er ihn verleugnet hätte. Leider war der Dank über Gottes Führung nicht mehr zu hören, doch trotz aller Bitterkeit beinhaltete Hiobs Reden die Gewissheit, dass Gott der Lenker aller Geschicke ist. Er allein verfügt über alles und *»gibt dem Mühseligen Licht, und Leben denen, die bitterer Seele sind; die auf den Tod harren, und er ist nicht da, und die nach ihm graben, mehr als nach verborgenen Schätzen«.* Und nochmals ruft Hiob: *»Warum handelt Gott so dem Manne gegenüber, dessen Weg (Geschick) ihm verborgen ist und den Gott eingeschlossen hat ringsum?«* (3,20-23). Trotz vieler offener Fragen war Hiob überzeugt, dass Gott sein Leben regierte und leitete. Keineswegs hat er Gott den Rücken zugewandt.

Natürlich war Hiob nicht der Starke, der aus eigener Kraft das Festhalten an Gott ermöglichte, sondern die Hand des Höchsten hielt seinen Knecht in allen Stürmen fest. Hiob erfuhr, was wir oft und gern gesungen haben: »In allen Stürmen, in aller Not wird er dich beschirmen: der treue Gott!« Als der Herr Hiob in diese Läuterungen entließ, nahm er diesen Dulder desto fester in seine starke, mächtige Hand. Hiob wurde *»mehr als Überwinder durch den, der ihn stark machte!«*

Im weiteren Verlauf der Geschichte Hiobs wird uns deutlich, was wir in Sprüche 13,12 lesen: *»Lang hingezogenes Harren macht das Herz krank.«* Dreizehn mal lesen wir im Buch Hiob von Harren. Dieses Wort enthält ein gespanntes Warten, ein sehnsüchtiges Ausschauen auf

Beendigung der Prüfungen. Die Länge eines schmerzlichen Geschehens kann den Gottesfürchtigsten verzagt werden lassen. Das geschah auch bei Hiob, als er bis an die Grenze des Tragbaren in Prüfungen stand. Während seiner Leiden müssen wir erleben, dass selbst dieser Mann sich zeitweise von Gott entfernte, weil ihm der Blick durch seine Qualen verdunkelt war. Jedoch wirkte sich die Gegenwart Gottes immer wieder wie ein anziehender Magnet auf Hiob aus. Je schwächer sein Knecht wurde, desto stärker hielt die mächtige Gotteshand ihn von dem alles mitreißenden Strom der Mutlosigkeit zurück. Wenn man den Ereignissen eine Überschrift geben sollte, müsste diese heißen: »Wo die Not am größten, ist Gott am nächsten!« Das Auge Gottes ruhte unablässig auf seinem Knecht, und die für Hiob verborgene Hand hielt ihn fest auch in den schwersten Stürmen. Hiob erlebte, was von Abraham berichtet wird: »... *er wurde gestärkt im Glauben, weil er Gott die Ehre gab.*« Auch Abraham stärkte sich nicht selbst, er wurde von Gott gestärkt! Der Patriarch erhielt zusätzliche Kraft, damit er die wunderbare Verheißung Gottes zu dessen Verherrlichung im Glauben festhalten konnte. Dieser Zustrom an Glaubensstärkungen wurde auch bei Hiob nie unterbrochen. Ob der Mann fast in seinem Leid erstickte, ob er angesichts seines geschundenen Körpers in Worte der Verzweiflung ausbrach, die Gnade überströmte alles Schreien der menschlichen Angst. Hiob harrte aus, obwohl menschlich gesehen alles hoffnungslos war.

Gott hat uns das Verhalten dieses Mannes als Leitbild aufzeichnen lassen, damit wir in unseren Übungen das Geheimnis der Gotteskraft, ohne die auch Hiob nicht durchgekommen wäre, erfahren lernen. Paulus schreibt ein kühnes Wort an die Römer: »*... wir rühmen uns auch in den Trübsalen, da wir wissen, dass die Trübsal (Drangsal) Ausharren bewirkt, das Ausharren aber Bewährung (Erfahrung).*« Das ist jene Erfahrung: »Größer als der Helfer, ist die Not ja nicht!« Verlangt Gott viel, ist auch entsprechende Kraft vorhanden. Immer steht die ganze Fülle Gottes für uns offen. Die Märtyrer waren keine Übermenschen, die aus eigener Kraft mit Frohlocken in den furchtbarsten Tod gingen, sie erlebten aber ganz realistisch, dass Gott in dem Schwachen mächtig ist.

David konnte aus seinen Lebenserfahrungen berichten: »*Mit meinem Gott kann ich gegen eine Schar anrennen; mit meinem Gott kann ich über eine Mauer springen*« (Ps 18,29).

Kapitel 4 – 5

Ein leidiger Tröster

Hiob hatte die Toten beneidet, seinen Jammer hinausgeschleudert und von seiner Vorahnung berichtet: »*Denn ich fürchtete einen Schrecken, und er traf mich, und vor dem mir bangte, das kam über mich.*« Als Hiob innehielt, glaubte Eliphas, der Temaniter, seine Antwort vorbringen zu müssen. Vorsichtig fragte er: »*Wenn man ein Wort an dich versucht, wird es dich verdrießen? Doch die Worte zurückzuhalten, wer vermöchte es?*« Um seinem Freund das Zuhören zu erleichtern, stellte er Hiob vier gute Taten vor: »*Siehe, du hast viele unterwiesen, erschlaffte Hände stärktest du; den Strauchelnden richteten deine Worte auf und sinkende Knie hast du aufgerichtet.*«

Diese Tatsachen benutze Eliphas jedoch, um Hiob Versagen zu unterstellen. Er meinte sinngemäß: »Siehst du, man kann ganz gut anderen, die in Schwierigkeiten kommen, beistehen. Man kann andere aufrichten und trösten, doch wenn man selbst in Problemen steckt wie du jetzt, versagt man. Dann verdrießt dich deine Lage und du bist bestürzt.«

Eliphas und auch die beiden anderen Freunde verstanden die Absichten Gottes mit dem Leidgeprüften nicht. Ihre Reden enthielten manche Wahrheiten, aber ihr Trost ging am Ziel vorbei. Die Worte, die der erste Redner vorstellte, brachten kein Licht und keine Hilfe in die Not Hiobs. Eliphas wollte mit seinen Erfahrungen die Wege Gottes erklären: »*So wie ich es gesehen habe: die Unheil pflügen und Mühsal säen, ernten es. Durch den Odem Gottes kommen sie um, und durch den Hauch seiner Nase vergehen sie.*« Nach Eliphas' Ansicht musste Hiob nun ernten, was er ausgestreut hatte. Alles, was er verschuldet hatte, kam auf seinen Kopf zurück! Wie sollen unsere Erfahrungen, die ganz unzureichend sind, die oft seltsamen, aber heiligen Wege Gottes erklären? Diese Regierungswege sind frei von Irrtümern, sie sind im Heiligtum vorgeplant und aufgezeichnet. Wer will mit seinem endlichen Geist den Unendlichen erklären und sein Tun verstehen? Da muss der Gerechte, das Kind Gottes, oft durch die tiefsten Tiefen menschlicher Nöte, und der Gottlose scheint von jedem Leid unbehelligt zu bleiben. Vor dieser Schwierigkeit stand einst Asaph, als er den 73. Psalm schrieb. Ratlos hielt er fest, was er vor Augen hatte: »*Meine Züchtigung ist jeden Morgen da, und der Gesetzlose lebt sorglos und erwirbt Reichtum.*« Doch als der Psalmist in Gottes Gegenwart ging, erkannte er seine Torheit. Er sah das Ende derer, die ohne Gott in die Ewigkeit gingen; sofort konnte er wieder mit glücklichem Herzen die Gnade Gottes rühmen.

Licht kann in dieses Erdendunkel nur eindringen, wenn der Blick auf den großen Lenker unserer Geschicke nicht beschattet ist. In der Gegenwart des Herrn ist das kleine, ängstliche Herz ruhig und still; Gottes Tun mit uns können wir dann auch verstehen. Auch bei gutem Willen gibt es doch nur wenige wirkliche Tröster. Immer besteht die Gefahr, alle gut gemeinten Worte aus der Distanz des unbeteiligten Zuschauers vorzubringen. Echtes Mitleid bedeutet ungeheucheltes, Anteil nehmendes Mitleiden.

Der Rat Eliphas ging darauf hinaus, Hiob zu der Erkenntnis zu bringen, dass noch nie ein Unschuldiger getroffen wurde. Er solle sich an seinen Gott wenden und seine Leiden als Zuchtmittel annehmen. Gott schlage wohl Wunden, aber er verbinde sie auch. Eliphas erklärte eine Vision, die er gehabt hatte: »*Und zu mir gelangte verstohlen ein Wort, und mein Ohr vernahm ein Geflüster davon ... Sollte ein Mensch gerechter sein als Gott, oder ein Mann reiner als der ihn gemacht hat? Siehe, auf seine Knechte vertraut er nicht, und seinen Engeln legt er Irrtum zur Last; wie viel mehr denen, die in Lehmhäusern wohnen, deren Grund im Staube ist! ... Rufe doch, ob einer da ist, der dir antwortet! Und an welchen der Heiligen willst du dich wenden? Denn den Narren erwürgt der Gram, und den Einfältigen tötet das Eisen.*«

Solche Worte eines »Trösters« konnten unmöglich den schwer Geschlagenen erreichen. Eliphas Rede zielt auf die Vergänglichkeit alles Seins hin. Korrekt zeigt er die Erhabenheit Gottes auf, doch in keiner Weise versteht er etwas von dessen Absicht, seinen Knecht durch diese Übungen zu den größten Segnungen führen zu wollen.

Gott straft seine Kinder nie, jede Strafe trug sein geliebter Sohn am Kreuz. Dort hat er die ganze Schuld der Menschen gesühnt. Nicht eine einzige Sünde blieb ungerichtet, das gilt für alle unsere Sünden von der Geburt bis zum letzten Atemzug. Der Vater züchtigt sein Kind. In dem Wort »Zucht« liegt der Sinn des »Ziehens« oder auch »Näherziehens« enthalten.

Eliphas hatte eine ganz andere Schau. Deshalb sprach er immer wieder von seinen Erfahrungen und schloss seine erste Rede mit dem Hinweis: *»Siehe dieses, wir haben es erforscht, so ist es; höre es, und du, merke es dir!«* Vorausgegangen war die Bemerkung: *»Glückselig der Mensch, den Gott straft!«*

Wie konnte in solchen Hinweisen Trost sein? Hiob wusste, dass er in der Zucht Gottes stand. Doch das »Warum« war ihm verborgen. Auf das »Hernach« wies ihn ebenfalls niemand seiner Freunde hin.

Mit Bestürzung stellen wir fest: Das schöne Zeugnis, das Eliphas anfangs Hiob ausgestellt hatte, schlug schnell in schwere Vorwürfe um. Ein hartherziger, kalter Verkläger stand plötzlich vor dem Leidgeprüften. Alle Vorhaltungen gipfelten darin: »Bei dir muss Schuld vorliegen! Hiob, du bekommst, was du verdient hast. Nimm alles als Strafe Gottes auf und du wirst endlich mit deinen Anklagen fertig sein!« Wir fragen angesichts solcher Beschuldigungen: Was war mit dem Freund geschehen? Wer gab ihm die Berechtigung zu solch einem Auftritt? Wer machte ihn zum kalten Richter, dessen Worte nicht nur den Dulder verletzten, sondern auch die anderen Freunde so negativ beeinflussten, dass sie in ähnlicher Weise Hiob dann angriffen? Wir können auch hier wieder nur den Widersacher Gottes, Satan, erkennen. Er wurde aktiv und benutzte die besten Freunde Hiobs, um diesen leiderfüllten Mann noch mehr zu reizen.

Es war ihm schon gelungen, die eigene Frau gegen ihren Gatten aufzuwiegeln und die Ehegemeinschaft zu zerstören. Jetzt zerschlug er auch noch alte Freundschaften. Gerade Eliphas, der zunächst Hiob zugetan war, lässt sich, wie aus seinen weiteren Reden deutlich wird, als Werkzeug für die Machenschaften Satans benutzen. Wir hören nichts von seinem Glauben, sondern nur von seinen Lebenserfahrungen. Die Richtschnur seiner Beurteilung Hiobs war das, was er gesehen, gehört und erlebt hatte. Damit bot er dem Feind einen willkommenen Anknüpfungspunkt.

Die Vision dieses Trösters

Wir wiesen schon darauf hin, dass es in seiner Rede heißt: *»In Gedanken, welche Nachtgesichte hervorrufen, wenn tiefer Schlaf die Menschen befällt, kam Schauer über mich und Beben und durchschauerte alle meine Gebeine; und ein Geist zog vor meinem Angesicht vorüber, das Haar meines Leibes starrte empor. Er stand da und ich erkannte sein Aussehen nicht ...«* Diese Worte sind aufschlussreich.

Wir bekommen durch sie über den raschen Wechsel in der Gesinnung dieses Mannes rechtes Licht. Das Hören einer Stimme und die verschleierte Erscheinung eines Geistes waren nichts anderes als Einwirkungen des Verderbers. Hier kam er zu Eliphas als ein Engel des Lichts mit frommen Worten: »*Sollte der Mensch gerechter sein als Gott ...*« Leider wertete Eliphas die Vision als ein wichtiges geistliches Erlebnis, als eine Eingebung göttlicher Gedanken zur Beurteilung der schmerzlichen Lage Hiobs. Unbemerkt hatte der Feind Macht über den Freund bekommen und konnte ihn benutzen, um Hiob zu reizen. Eliphas wurde selbst irregeführt und führte die übrigen Freunde in die Irre. Paulus spricht von solchen Gedanken in der Endzeit: »*Böse Menschen und Betrüger aber werden zu Schlimmerem fortschreiten, indem sie verführen und verführt werden*« (2Tim 3,13). In Kolosser 2,18 lesen wir: »*Lasst euch von niemandem um den Kampfpreis bringen, der seinen eigenen Willen tut in Demut und Anbetung der Engel, der auf Dinge eingeht, die er in Visionen gesehen hat ...*«

Der leidige Tröster wollte, bekleidet mit dem Mantel der Demut, den Schiedsrichter spielen. Er meinte, die Sache Hiobs recht beurteilen zu können. Dazu prahlte er mit einem Nachtgesicht und mit dem, was er vermeintlich durch einen Engel gehört hatte. Traurig aber war, dass Satan nun durch einen Freund Hiobs das zu erreichen suchte, was ihm bis jetzt nicht gelungen war.

Satan, ein Meister des Ränkespiels

Wir staunen über das, was der Teufel anstellt und einsetzt, um einen einzigen Menschen gegen Gott aufzuwiegeln. Alle Mittel benutzt er, um Hiob mutlos und verzagt zu machen und das eine Ziel zu erreichen, ihn dahin zu bringen, dass er sich von Gott lossage. Dazu nimmt Satan auch die Lichtgestalt eines Engels an und versucht bei Eliphas, Gott selbst zu kopieren. Wir müssen uns erinnern, dass in den Tagen Hiobs und der Patriarchen und auch in den Anfängen der Menschheit Gott sich in Gesichten und Erscheinungen offenbart. Die Menschen besaßen noch nicht das Wort Gottes, in dem Gott seine Pläne, sein Werk und seinen Willen uns mitgeteilt hat. Deshalb tat Gott seine Gedanken und Absichten auch in Visionen kund. Hierzu nennen wir einige Beispiele: »*Nach diesen Dingen geschah das Wort des Herrn zu Abram in einem Gesicht ...*« (1Mo 15,1). In 1. Mose 20,3 lesen wir: »*Und Gott kam zu Abimelech in einem Traum der Nacht und sprach zu ihm ...*« Der König erhielt dann Anweisungen wegen der Frau Abrams. Im 6. Vers heißt es nochmals: »*Und er sprach zu ihm im Traum ...*« Auch warnte Gott Laban, den Schwiegervater Jakobs, »*in einem Traum der Nacht*« vor bösem Reden gegen Jakob. Gott redete zu Josef und zum Pharao in Träumen und Gesichten, ebenfalls zu den ägyptischen Beamten im Gefängnis usw. Später hören wir aus dem Mund Elihus den Hinweis: »*Im Traum, im Nachtgesicht, wenn tiefer Schlaf die Menschen befällt, im Schlummer auf dem Lager: dann öffnet er das Ohr der Menschen und besiegelt die Unterweisung, die er ihnen gibt, um den Menschen von seinem Tun abzuwen-*

den, *und auf dass er Übermut vor dem Manne verberge;*
dass er seine Seele zurückhalte von der Grube und sein
Leben vom Rennen ins Geschoss.«

Es gehörte aber ein geistliches Urteilsvermögen dazu,
Satan zu erkennen, wenn er Gott imitierte. Wir sehen, wie
er Eliphas treffend irreführte. Als dieser in der Nacht der
Vision eine Stimme hörte, hielt er die Aussagen selbstverständlich für Gottes Stimme. Vielleicht war er noch stolz
darauf, dass ihm die Gnade einer solchen Offenbarung
widerfuhr. Geisterunterscheidung war Eliphas fremd, weil
er nicht geprüft hatte, und das wurde ihm in der Beurteilung Hiobs zum Verhängnis. Der Freund kam unter den
Einfluss des Durcheinanderwürflers; er geriet in seinen
Bann und meinte dabei, eine Botschaft Gottes empfangen
zu haben, die er weitergeben müsse.

Der Rat Eliphas – ein Beweis
falscher Offenbarungen

Dieser »Tröster« beurteilte die Lage Hiobs völlig falsch,
weil er sich durch die List des Teufels zu einer irrigen
Schau hatte verführen lassen. Bei den Beschuldigungen an
den Schwergeprüften hätte er seinem Freund ratgebend
einen Ausweg zeigen müssen. Gott klagt nie einen Menschen an, ohne ihm den Weg zur Heilung zu zeigen. Eliphas aber stieß den Gequälten noch tiefer in Elend und
seelische Not. *»Sollte ein Mann reiner sein als der ihn*
gemacht hat? ... Ist es nicht so? Wird ihr Zeltstrick an
ihnen weggerissen, so sterben sie und nicht die Weisheit.
Rufe doch, ob einer da ist, der dir antwortet! Und an wel-

chen der Heiligen willst du dich wenden? Denn den Nar-
ren erwürgt der Gram und den Einfältigen tötet die Er-
bitterung.«

Kein Wort der Aufrichtung ist zu hören. Wusste Eliphas nicht um ein Opfern für Sünden? Wusste er nicht,
dass Hiob immer wieder aus Furcht, seine Kinder könnten gesündigt haben, ein Brandopfer darbrachte? Wenn er
Hiob der Unreinheit bezichtigte, musste er nicht den Leidenden ermuntern, alles unter das zudeckende, sühnende
Blut des Opfers zu legen? In einem solchen Hinweis wäre
Hilfe, Trost und Aufmunterung gefunden worden.

Doch der Geist der Finsternis verfolgte andere Absichten. In seinen Einflüsterungen lagen Beschuldigungen, die Hiob in völlige Verzweiflung stürzen sollten.

Ernste Warnungen entnehmen wir diesen Hinweisen!
Die betrügerischen Geister sind in der Endzeit wirksamer
denn je. Sogar Gläubige stehen in der Gefahr, in die Schlingen dieser irreführenden Dämonen zu geraten. Leider
gibt es auch heute noch solche, die sich durch Stimmen
beeinflussen lassen. Sie halten oft Mitteilungen verfüh-
rischer Wesen aus der Unterwelt für neue, tiefere Offenbarungen des Herrn. Wie viele neutestamentliche »Seher«
sind schon aufgetreten mit neuen »Erkenntnissen«! Wir
wollen uns vorsehen nicht nur vor den Irrgeistern selbst,
sondern auch vor denen, die sich von ihnen benutzen lassen. Es gibt keine Offenbarungen mehr über das geschriebene Wort Gottes hinaus. Gott hat sein Wort vollendet.
Alles, was wir wissen sollen, hat er uns durch seinen Geist
niederschreiben lassen. Paulus schreibt in Kolosser 1,24.25:
»Jetzt freue ich mich in den Leiden für euch und ergänze
in meinem Fleisch, was noch rückständig ist von den

Drangsalen des Christus für seinen Leib, das ist die Versammlung, deren Diener ich geworden bin nach der Verwaltung Gottes, die mir in Bezug auf euch gegeben ist, um das Wort Gottes zu vollenden.« Wer über die Bibel hinausgeht, wer auf neue, weitere Erkenntnisse wartet, begibt sich auf ein Gebiet, das ihn in geistliche Umnachtung führt.

Eliphas wurde, um die Not Hiobs ins Unerträgliche zu steigern, vom Feind benutzt, dem treuen Mann Gottes neue Vorhaltungen zu machen, die sinngemäß bedeuteten: *»Hiob, weil du ein Sünder bist und Schuld auf deinem Weg liegt, wirst du bestraft. Schau doch um dich und in dich, du stehst ganz allein, denn Gott hat dich auch verlassen.«*

»Rufe doch, ob einer da ist, der dir antwortet! An wen willst du dich wenden?«

»Nach dir fragt doch keiner mehr! Habe ich nicht recht?« Und mit den Worten: *»Fern blieben seine Kinder von Hilfe; und sie wurden im Tor zertreten und kein Erretter war da«* goss der Feind weiteres Gift in das wundgeschlagene Herz. Hiob wurde grausam erinnert an das Schicksal seiner Kinder, die keine Rettung von Gott erfuhren, weil ihr Vater angeblich gefrevelt hatte.

Eliphas falsche Annahme

Dieser Mann erhob seine Vorwürfe in der festen Meinung, Hiob habe gesündigt und würde für seine Schuld von Gott so hart gestraft. Dabei wartete er in seinen Anschuldigungen auf ein Geständnis des Leidenden. Seine Ansicht entsprach jedoch einer totalen Fehleinschätzung.

Eliphas wusste nicht um die Erziehungsmethoden Gottes. Wir haben gelernt, dass auch Satan mit seinen Machenschaften nur unter der Zulassung des Allweisen handeln durfte. Ebenfalls bediente der Herr sich der drei Freunde Hiobs, um das gesteckte Ziel mit seinem Knecht zu erreichen. Um Hiob zu helfen, das Böse in seinem Herzen zu erkennen, damit er frei würde von Selbstgerechtigkeit und Selbstüberschätzung, gebrauchte Gott jene Männer. Eliphas, dessen Rede wir vor uns gestellt haben, musste mit dazu beitragen, dass Hiob bekannte, was in seinem Inneren war. Am Ende aller Übungen kam es zu diesem notwendigen Geständnis Hiobs. Noch war das allerdings nicht so weit, noch ging Gottes Arbeiten an seinem Knecht weiter. Gott allein gebührt alle Ehre und Verherrlichung. Das Geschöpf will diese Ehre für sich, die doch dem Schöpfer zukommt. Nicht den Gaben, die der Mensch achtet und verehrt, gebührt unsere Liebe, sondern dem Geber dieser Gaben. Gott gibt seine Ehre keinem anderen. In der Ewigkeit, wenn wir im Licht des unbestechlichen Preisrichters stehen, wird manche Übung, manche Anfechtung, Not und Krankheit verständlich. Dann verstehen wir die weise und gütige Hand Gottes, die einst schwer auf uns lag, damit wir frei werden konnten von uns selbst. Was wir später am Ende dieses Buches hören, war nicht nur für Hiob ein heilender Durchbruch, sondern ist auch uns als ein hilfreiches Vorbild übermittelt worden: *»Siehe, zu gering bin ich, was soll ich dir erwidern? Ich lege meine Hand auf den Mund. Einmal habe ich geredet und ich will nicht mehr antworten ...«*

Jetzt war Hiob noch nicht am Ende seiner Erziehung. Auch wir müssen die oft seltsamen Wege Gottes mit uns aus einer ganz neuen Perspektive betrachten. Gott kann mit seinen Kindern nur aus Liebe handeln. Auch in den schwersten Übungen bleiben seine Motive gleich. Es geht bei unseren Prüfungen um das Ergebnis: »Nun erkenne ich, dass du Gott fürchtest, achtest und seinen Forderungen im Gehorsam entsprichst!« Dieses Urteil fällte der Herr über den Gehorsam Abrahams. Kannte Gott das Verhalten seines Knechtes nicht schon vorher? Ganz gewiss! Doch Gott wartet erst die Bestätigung um seiner Ehre willen ab zur Glaubensstärkung Abrahams und zum Zeugnis für alle Geschlechter aller Zeiten.

Das Volk Israel, das vierzig Jahre durch die Wüste ziehen musste, erhielt von Gott die Begründung für sein Umherirren: »*Und du sollst gedenken des ganzen Weges, den der Herr, dein Gott, dich hat wandern lassen diese vierzig Jahre in der Wüste, um dich zu demütigen, um dich zu versuchen, um zu erkennen, was in deinem Herzen ist ...*« (5Mo 8,2). Um seinem Volk klar zu machen, wie verderbt das Menschenherz ist, ließ Gott es hungern und dürsten, ließ es murren und aufbegehren. Kannte Gott denn ihr Herz nicht von Anfang an? Aber sicher! Nur Israel hatte diese Einsicht noch nicht, darum musste es die Proben in der Wüste erleben. Wege der Demütigungen wurden zum Lehrmeister für das hartnäckige Volk.

Eine ähnliche Unterweisung gibt uns Richter 2,22-23: »*... weil sie meiner Stimme nicht gehorcht haben, so werde auch ich hinfort niemanden vor ihnen austreiben von den Nationen, die Josua übrig gelassen hat, als er starb: um Israel durch sie zu versuchen, ob sie auf den Weg des Herrn achten werden, darauf zu wandeln, wie ihre Väter auf ihn geachtet haben, oder nicht.*«

Der Herr hat seine Methode bis heute nicht geändert. Haben wir seine Absicht verstanden, werden wir alle Übungen, Nöte und Krankheiten völlig anders beurteilen. Jeremia hat eine Weisheit ausgesprochen, deren Inhalt wir allzu leicht übersehen: *»Arglistig ist das Herz, mehr als alles, und verderbt ist es; wer mag es kennen? Ich, der Herr, erforsche das Herz und prüfe die Nieren, und zwar um einem jeden zu geben nach seinen Wegen, nach der Frucht seiner Handlungen«* (Jer 17,9-10).

Wie schnell erhebt sich unser Herz über andere Menschen. Gerade bei den Gläubigen wuchert oft eine Neigung zu geistlichem Hochmut. Wer hat nicht schon schmerzhaft empfunden, dass Gotteskinder auf andere Nachfolger Christi geringschätzend herabschauen und sie lieblos verurteilen? *»Damit du erkennst, was in deinem Herzen ist!«* Das ist für uns ein überaus wichtiges Wort! Hat Gott dir Nachbarn gegeben, die dir das Leben schwer machen? Hast du Arbeitskameraden, die dir das Miteinander verbittern und dich rücksichtslos zur Seite schieben? Wirst du bedrängt, gestoßen, übersehen oder ungerecht behandelt? Zahle nicht mit gleicher Münze zurück, werde ruhig über deinem Los und bedenke: Der Herr will prüfen, was in deinem Herzen ist! Es kann uns überhaupt nichts geschehen, welcher Art die Angriffe auch sein mögen, was der Herr nicht zum inneren Gewinn für dich eingeplant hat. *»Im Stillesein und im Vertrauen wird deine Kraft, deine Stärke sein«*, sagt Gott in seinem Wort.

Gott hat uns in der Liebe seines Herzens die einzige wirksame Waffe zur Abwehr dieser Angriffe gegeben: *»Haltet euch zu den Niedrigen ... Vergeltet nicht Böses mit*

Bösem; seid bedacht auf das, was ehrbar ist vor allen Menschen ... Rächt euch nicht selbst, Geliebte, sondern gebt Raum dem Zorn ... Wenn nun deinen Feind hungert, so speise ihn, wenn ihn dürstet, so tränke ihn, dann wirst du feurige Kohlen auf sein Haupt sammeln ... Lasst euch nicht vom Bösen überwinden, sondern überwindet das Böse mit dem Guten.« Bei der Beachtung dieser Hinweise wird die Gotteskraft, die aus Gnaden in uns wirkt, sichtbar, und der Herr wird erfreut und verherrlicht.

Eliphas schließt seine erste Rede

Die Vorhaltungen dieses Freundes Hiobs waren unberechtigt. Gottes Urteil über ihn finden wir am Ende des Buches: »*Ihr habt nicht geziemend von mir geredet wie mein Knecht Hiob.*« Das ungeziemende Reden begann bereits mit der ersten Rede des Eliphas.

Doch Gott ließ das alles zu, denn sein Knecht Hiob sollte durch diese Erziehungswege zum Empfang größeren Segens zubereitet werden. Die Anschuldigungen seines Freundes mögen Hiob sehr getroffen haben. Der einst angesehene, hoch geachtete Mann, der aus seiner Stellung und durch seinen Reichtum auf andere herabgeblickt haben mag, stand nun wie ein Angeklagter da, der sich tadeln und belehren lassen musste. Eliphas, ein Mann, dem Hiob in vielem weit überlegen war, maßte sich an, diese schmerzlichen, demütigenden Lektionen zu erteilen. Die andere Seite des Verhaltens der drei Freunde ist die Tatsache, dass sie Gott Vorarbeit leisten mussten, damit der schwer gedemütigte Mann wieder zurechtgebracht werden konnte. Gott bediente sich der Umstände und der Menschen, um seinen Geliebten zu segnen und zur Anbetung zu führen.

Kapitel 6 – 7

Hiobs Antwort

Es ist sehr schwer, der ungestümen Antwort Hiobs zu folgen. In seiner Erwiderung geht es hin und her, auf und nieder. Einmal klagt Hiob Gott an, dann klammert er sich wieder an seinen Helfer, einmal bäumt er sich auf, im nächsten Augenblick demütigt sich der Geschundene vor dem Höchsten. Sein Zustand wird in den Worten deutlich: *»Gedenket ihr Reden zu tadeln? Für den Wind sind ja die Worte eines Verzweifelnden.«* Wer hat von uns das Recht, den Verzweifelten wegen seiner widersprüchlichen Aussagen zu verurteilen! Denken wir an diesen so furchtbar zugerichteten Mann! Mit Geschwüren, mit Beulen am ganzen Körper bedeckt, sitzt er mit tränenden Augen in der Asche! Wer will in einem solchen Zustand noch einwandfreie Gedanken formulieren?

Hiobs ganze Not kam in seiner Klage zum Ausbruch: *»O dass mein Gram doch gewogen würde und man mein Missgeschick auf die Waage legte allzumal! ... Denn die Pfeile des Allmächtigen sind in mir, ihr Gift trinkt mein Geist, die Schrecken Gottes stellen sich in Schlachtordnung wider mich auf.«*

In Hiobs Worten liegt zunächst die große Enttäuschung über die Äußerungen Eliphas: »*Würde doch mein Gram gewogen und mein Missgeschick auf die Waage gelegt, dann würde es schwerer sein als der Sand der Meere.*« Dann würden alle endlich begreifen, wie schwer diese Anfechtungen sind. Dann würde ihm ein wenig Mitleid entgegengebracht werden. Erbarmungslose Angriffe vergrößern nur den Schmerz!

»Armer Hiob!«, so möchte man ihm zurufen. »Bleibe nicht bei dir und deinem Elend! Schaue in dich und richte deine Blicke zu den Bergen, von welchen deine Hilfe kommt. Weil du nur mit dir beschäftigt bist, kommen diese Verzweiflungsschreie über deine Lippen: »*O dass doch meine Bitte einträfe und Gott mein Verlangen gewährte, dass es Gott gefiele, mich zu zermalmen, dass er seine Hand losmachte und mich vernichtete! So würde noch mein Trost sein, und ich würde frohlocken in schonungsloser Pein, dass ich die Worte des Heiligen nicht verleugnet habe.*«

So weit muss es kommen, wenn das Auge nur die Umstände wahrnimmt. Hiob wollte sterben, weil er seine Qualen nicht mehr durchstehen konnte. Deshalb auch sein verbittertes Fragen: »*Ist Kraft der Steine meine Kraft oder ist mein Fleisch aus Erz? Ist es nicht also, dass keine Hilfe in mir und jede Kraft aus mir vertrieben ist?*«

Der Ärmste verstand noch nicht, dass der Höchste ihm diesen Wunsch nicht erfüllen konnte. Noch musste der Angefochtene weiterringen, bis Gott ihn in einen anderen Menschen umgewandelt hatte.

Ich habe auf Mitleid gewartet ...

Der Herr Jesus musste diese Aussage in ganzer Schwere auskosten. Doch auch Hiob hatte dieses Empfinden, als er zu den drei Freunden sprach: *»Dem Verzagten gebührt Milde von seinem Freunde, sonst wird er die Furcht des Allmächtigen verlassen ... Trifft den Verzagten Unglimpf, so verlässt er die Furcht des Allmächtigen ... Meine Brüder haben sich trügerisch erwiesen wie ein Wildbach ...«*

So beschreibt Hiob seine große Niedergeschlagenheit über den ärmlichen Trost seiner Freunde. Kein Mitleid, nur leere Worte brachten sie ihm entgegen. Er vergleicht ihre Äußerungen mit einem Wildbach, der in der Hitze versiegt, und die Karawanen, die auf Wasser hofften, wurden bitter enttäuscht. *»Denn jetzt seid ihr zu nichts geworden; ihr seht einen Schrecken und fürchtet euch. Habe ich etwa gesagt: Gebt mir und macht mir ein Geschenk von eurem Vermögen; und befreit mich aus der Hand des Bedrängers und erlöst mich aus der Hand des Gewalttätigen?«*

Hiobs Ausbrüche zeigen, wie er auf etwas Verständnis und rechten Trost gehofft und gewartet hat. Das Bild, das er anführte, um seinen Freunden ihre verfehlte Mission zu verdeutlichen, verstanden sie. Eine in der Hitze des Orients ziehende Karawane braucht Wasser. Sie kommt voller Erwartung zu einem Flussbett – und das ist ausgetrocknet. Das Vertrauen auf den Sturzbach war vergeblich gewesen. Die Karawane konnte ihren Durst nicht stillen, genauso vermochten die Freunde dem Leidenden überhaupt nichts zu geben.

Hiob sprach alle seine Freunde an, obwohl bisher nur Eliphas geredet hatte. Die anderen Tröster schwiegen zu dessen Ausführungen; wie wir später noch sehen werden, fanden auch sie die richtigen Gedanken nicht. In seinen Vorhaltungen fuhr Hiob fort: *»Belehrt mich, und ich will schweigen; und gebt mir zu erkennen, worin ich geirrt habe. Wie eindringlich sind richtige Worte! Aber was tadelt der Tadel, der von euch kommt? Gedenkt ihr, Reden zu tadeln? für den Wind sind ja die Worte eines Verzweifelnden! ... Und nun, lasst es euch gefallen, auf mich hinzublicken; euch ins Angesicht werde ich doch wahrlich nicht lügen.«* Neben den Hinweisen auf die Torheit Eliphas wurde auch hier Selbstgerechtigkeit Hiobs deutlich. In seiner Erwiderung erkennen wir, wie der Schwergeprüfte bei sich und seinem Elend stehen bleibt. Ihm ist das größte Unrecht widerfahren, da er sich für unschuldig und gerecht hält, wie auch die weiteren Verse aus Kapitel 6 (29-30) zeigen: *»Kehrt doch um, es geschehe kein Unrecht; ja kehrt um, um meine Gerechtigkeit handelt es sich! Ist Unrecht auf meiner Zunge? Oder sollte mein Gaumen Frevelhaftes nicht unterscheiden?«*

Wir müssen auf beide Punkte achten: Hiob hält den Freunden ihr Versagen vor, und Gott macht das Herz Hiobs offenbar, der noch nicht erkannt hat, dass es vor Gott keinen Gerechten gibt, es sei denn, dass die Gnade ihn gerecht gemacht hat, die Gnade, die uns heute in Christus Jesus geschenkt wurde.

Weitere Klagen des verzweifelten Hiob

Das 7. Kapitel dieses Buches ist eine einzige Klage eines Lebensmüden. Wie das 6. Kapitel schloss, geht es hier weiter. Wir hören den Angstschrei einer Seele, die nur auf sich schaut und keinen Lichtblick, keinen Ausweg mehr sieht.

Hiob beginnt mit dem harten Dienst des Menschen auf Erden. Er vergleicht sich mit einem Tagelöhner, der auf den Lohn harrt, mit einem Knecht, der sich nach etwas Schatten sehnt. »*So sind mir Monde der Nichtigkeit und Nächte der Mühsal zuteil geworden. Wenn ich mich niederlege, so spreche ich: Wann werde ich aufstehen? ... Ich werde des Umherwerfens satt bis zur Dämmerung. Mein Fleisch ist bekleidet mit Gewürm und Erdkrusten, meine Haut zieht sich zusammen und eitert. Meine Tage gleiten schneller dahin als ein Weberschiffchen und schwinden ohne Hoffnung. Gedenke, dass mein Leben ein Hauch ist! ... So will auch ich meinen Mund nicht zurückhalten, will reden in der Bedrängnis meines Geistes, will klagen in der Bitterkeit meiner Seele.*« Alles, was Hiob hier preisgab, entsprach der Wirklichkeit. Nur das Vorhaben Gottes war ihm fremd, Gottes Ziel blieb ihm verborgen. Nie kam ihm der Gedanke, dass Gott keinen Fehler machen kann und dass alles, was ihn traf, zunächst Gottes gütiges Herz berührte. Bitterkeit erzeugt Hader und Verdruss. Wer sich für diese Saat des Fleisches öffnet, wird leicht ein Spielball in seiner Hand.

Deshalb kann es auch bei Hiob nicht ausbleiben, dass er sich erneut mit Vorwürfen an Gott wendet: »*Bin ich ein Meer oder ein Seeungeheuer, dass du eine Wache wider mich aufstellst? Wenn ich sage: Trösten wird mich mein Bett, mein Lager wird tragen helfen meine Klage, so erschreckst du mich mit Träumen, und durch Gesichte ängstigst du mich, so dass meine Seele Erstickung vorzieht,*

den Tod lieber wählt als meine Gebeine. Ich bin's über-
drüssig – nicht ewiglich werde ich leben: Lass ab von mir.«

Doch es wird noch ärger! »Armer Knecht Gottes, wie
haben die unsagbaren Qualen deinen Geist verwirrt!«
Unwillkürlich hält man den Atem an, wenn man die weiteren Verse des 7. Kapitels liest: *»Habe ich gesündigt, was*
tat ich dir an, du Beobachter der Menschen? Warum hast
du mich dir zum Angriffspunkt gesetzt, dass ich mir selbst
zur Last geworden bin?«

Habe ich gesündigt? Welche Frage! War Hiob so von
seiner Fehlerlosigkeit überzeugt? Nie hat es außer Jesus
Christus einen Menschen gegeben, der nicht unter das
Urteil Gottes gefallen wäre: *»Sie sind allzumal Sünder, da*
ist keiner, der Gutes tue ... und keiner erreicht die Herr-
lichkeit Gottes.« Bekenne dich schuldig Hiob, bekenne
die Sünden und deine Sündhaftigkeit! Dann erfährst du
das, was du Gott als Frage vorwirfst: *»Und warum ver-*
gibst du nicht meine Übertretung und lässest nicht vo-
rübergehen meine Missetat? Denn nun werde ich in den
Staub mich legen, und suchst du nach mir, so bin ich nicht
mehr da.«

»Warum vergibst du mir nicht, wenn ich gesündigt
habe?« Kannte Hiob seinen Gott so schlecht? Hatte er
nicht für seiner Kinder Verfehlungen Schlachtopfer dargebracht? Er hatte also einen Einblick in Gottes Grund-
sätze, die später in die Worte gekleidet wurden: *»Ohne*
Blutvergießen gibt es keine Vergebung! Wenn ich das Blut
sehe, werde ich an euch vorübergehen!« Diese Forderung
Gottes hatte schon Abel verstanden und für sich ein
Lamm sterben lassen. Wie sehr hatten doch die unvorstellbaren Schmerzen und das Anschauen seines bis zum Ske-

lett abgemagerten und mit Eiterbeulen bedeckten Körpers seinen Geist getrübt!

Jeremia, der treue Prophet Gottes, musste auch durch ganz große Anfechtungen des Leibes und der Seele gehen. Man ließ ihn mit Seilen in einen schlammigen Brunnen hinab: dort im Schlamm musste er fast verhungern. Was hat dieser Mann dort ausgestanden, bis eine mitleidige Seele ihn auf Geheiß des Königs befreien durfte. Er praktizierte, was er in seinem Buch (Jer 12,1) niedergeschrieben und dem Volk Israel vorgehalten hat: »*Du bleibst im Recht, Herr, wenn ich mit dir einen Rechtsstreit führe.*«

Ein alter Ausleger meinte dazu: »Für den, der Gott kennt, erscheint ein Rechtsstreit mit Gott einfach irrsinnig. Streiten kann man vielleicht mit einem auf gleicher Ebene stehenden Partner. Aber das gilt doch für Gott nicht. Als Allweiser steht er souverän über uns, und Richter ist er in Person. Und doch, er ist so gnädig, uns unser dummes Wollen nicht von vornherein übel zu nehmen. Er lässt sich auf die Auseinandersetzung ein, um das Herz zur besseren Einsicht zu bringen.

Da nennen wir Argumente, warum er vermeintlich falsch gehandelt habe. Wir klagen ihn an als ungerecht Handelnden. Wir meinen, ihm besser raten zu können, und wollen ihm vorschreiben, wie er vernünftiger vorgehen müsse. Tun wir das nicht? Auch nicht in Gedanken? Ist nicht jedes in uns aufsteigende »Warum« ein Infragestellen seiner geplanten Wege? O ich denke, wir tun es oft! Hiob dachte und handelte auch so, bis der Herr es ihm widerlegte und den überheblich Fragenden in Gottes Herz, Gottes Weisheit und Gottes Wesen schauen ließ. Da war der Versuch des Rechtsstreits ganz plötzlich wie weggeblasen. Ein Überwältigter beugte sich anbetend vor dem Gnädigen. Legen auch wir lieber die Hand auf den Mund. Schweigen der Klagen und demütiges Neigen ziemt sich vor unserem Gott, der alles besser weiß als wir.

Kapitel 8

Bildad antwortet Hiob

Verwirrt in seinen Schmerzen und innerlich verbittert hatte Hiob ausgerufen: *»Habe ich gesündigt, was tat ich dir an, du Beobachter der Menschen.«* Da konnte Bildad sich nicht mehr bezwingen. Jetzt musste er, wie er meinte, den Frevler in seine Schranken weisen. Empört ruft er dem Leidenden zu: *»Wie lange willst du solches reden und sollen die Worte deines Mundes ungestümer Wind sein? Wird Gott das Recht beugen ... Wenn deine Kinder gegen ihn gesündigt haben, so gab er sie ihrer Übertretung preis. Wenn du Gott eifrig suchst und zu dem Allmächtigen um Gnade flehst, wenn du lauter und rechtschaffen bist, ja, dann wird er zu deinen Gunsten aufwachen und Wohlfahrt geben der Wohnung deiner Gerechtigkeit.«*

So erbarmungslos kann der Mensch sein! Der Aufschrei Hiobs war ungerührt verhallt, ohne seine Freunde berührt zu haben. Wie Eliphas war auch Bildad ein unbrauchbarer Tröster. Statt Barmherzigkeit zu finden, muss Hiob nun Vorwürfe hinnehmen. Dabei ging Bildad noch weiter als sein Genosse. Rücksichtslos warf er dem Gequälten Verschuldungen vor und erinnerte ihn an seine

Kinder, die um ihrer Sünden willen von Gott hingerafft und wegen ihres Unrechts von ihm bestraft wurden.

Die Argumente dieses Trösters strahlen Oberflächlichkeit aus. Auch er hatte keinen Einblick in die Absichten Gottes, darum verfiel er auf Nebensächlichkeiten, in denen er Weisheit zu offenbaren suchte. Hiob rief er zu, der Herr werde aufwachen gegen ihn, wenn er um Gnade zu ihm flehe. Er vermittelte den Eindruck, als würde Gott schlafen. Welche Anmaßung eines Menschen! Was sagt der Psalmist in Psalm 121? *»Ich hebe meine Augen auf zu den Bergen, woher meine Hilfe kommen wird ... Er wird nicht zulassen, dass dein Fuß wanke; dein Hüter schlummert nicht. Siehe, der Hüter Israels, nicht schlummert noch schläft er.«*

Bildad schreckte nicht davor zurück, Hiob vorzuwerfen, er habe Gott vergessen, deshalb müsse er ihn suchen und ihn um Gnade anflehen! *»Wenn du lauter und rechtschaffen bist, dann wird er zu deinen Gunsten aufwachen und dir Wohlfahrt geben.«* Wie Hohn klingen die Worte: *»Also sind die Pfade aller, die Gottes vergessen, und des Ruchlosen Hoffnung geht zu Grunde. Sein Vertrauen wird abgeschnitten und seine Zuversicht ist ein Spinnengewebe.«*

Wo ist bei solchen Vorwürfen Trost zu finden? Waren das nicht vielmehr Treibstacheln in den Körper des Gemarterten? Jedes Wort traf den leidenden Mann mitten ins Herz. Warnungen sind die Auftritte der Freunde Hiobs für uns. Vorsichtig und rücksichtsvoll sollten wir in unserem Urteil sein und von Paulus lernen, der tröstete mit dem Trost, den er vom Herrn empfangen hatte: *»Der Gott alles Trostes tröste eure Herzen.«*

Bildad stützt sich auf Tradition

Dann versuchte der Freund, Hiobs Blick auf die Belehrungen der vorigen Generation zu richten: *»Befrage doch das vorige Geschlecht und richte deinen Sinn auf das, was ihre Väter erforscht haben ... Werden jene dich nicht belehren, dir's sagen und Worte aus ihrem Herzen hervorbringen?«* Wenn auch die Bibel an mancher Stelle von der Weisheit der Alten spricht, lehrt die Praxis, dass auch sie nicht immer einen Vorgang durchschauen. Deshalb hätte Bildad den Hiob besser ermuntern sollen, sein Ohr an den Mund Gottes zu legen, denn der Herr allein ist der rechte Ausleger seiner Gedanken und Absichten. Darum irrte Bildad gewaltig, als er die Lehren der Menschen so überbewertete. Die Tradition konnte Hiob nicht weiterhelfen und ihm auch keinen Trost spenden. Der Blick auf die Überlieferungen verdunkelte den Blick auf den wahren Tröster. Gottes Wirksamkeit ist nur im Licht der Bibel erkennbar. Alle Belehrungen, die nicht mit der Heiligen Schrift in völliger Übereinstimmung stehen, gründen sich auf unsichere Menschenweisheit. Auch unser Herr Jesus Christus hatte oft Zusammenstöße mit den Pharisäern und Schriftgelehrten, die die Tradition höher achteten als die Gebote Gottes. Sie kamen zum Herrn und machten ihm den Vorwurf: *»Warum übertreten deine Jünger die Überlieferungen der Ältesten? Denn sie waschen ihre Hände nicht, wenn sie Brot essen.«* Jesus antwortete ihnen: *»Warum übertretet auch ihr das Gebot Gottes um eurer Überlieferungen willen?«* (Mt 15,1-3).

Auch die weiteren Feststellungen Bildads enthielten böse Verdächtigungen. Immer wieder ließ er die Vorstellung anklingen: »Hiob, in deinem Leben muss eine große Schuld vorliegen! Von nichts kommt nichts! Wo Rauch ist, muss auch ein Feuer sein, und was man sät, das erntet man!« Bildad sagte: *»Schießt Papierschilf auf, wo kein Sumpf ist? Wächst Riedgras empor ohne Wasser? ... Also sind die Pfade aller, die Gottes vergessen; und der Ruchlosen Hoffnung geht zu Grunde.«*

Hiob konnte auf seine Freunde wirklich nicht stolz sein. Sie strotzten in Selbstgefälligkeit und Selbstgerechtigkeit. Indem sie ihm Vorhaltungen machten, sollte ihre weiße Weste glänzen. Auch Bildad wurde mit seinen Verdächtigungen immer dreister. Er fragte absolut nichts nach den Gefühlen des so schwer Gebeugten.

Mit seinen lieblosen Hinweisen zieht er sogar Gottes Tun in Zweifel: *»Siehe, Gott wird den Vollkommenen nicht verwerfen, und nicht bei der Hand fassen die Übeltäter.«* Das heißt doch nichts anderes als: »Hiob, du kannst unmöglich ein Vollkommener sein! Das Lob, das Gott dir beim Verlust der Deinen und deiner Habe gab, kann nicht stimmen! Einen sündlosen Menschen verwirft er nicht! Hier muss Gott sich geirrt haben, denn sein Urteil über dich hat sich inzwischen als unhaltbar erwiesen. Schau dich doch an! Hier muss einiges nicht stimmen, Gott behandelt so ohne Grund und Ursache niemand, der ihm gefällt!«

Mit diesem entmutigenden Urteil sollte Hiob jede feste Grundlage des Vertrauens entzogen werden. Als ein von Gott Verworfener und Verlassener konnte sich nur noch Verzweiflung seiner bemächtigen. Auch hinter diesen listigen, mit religiösem Anstrich versehenen Anschlägen stand der Menschenmörder von Anfang. Seine vergifteten Pfeile sind gefährlich und sollen den Gottesfürchtigen in ein Meer der Hoffnungslosigkeit stürzen.

Hiobs Leidensgenossen

Die drei Freunde Hiobs haben zu allen Zeiten Nachfolger gehabt. In der Seelsorge stoßen wir auf diese bange Frage: »Warum muss ich so tief hindurch? Warum straft mich Gott, obgleich ich mir keiner Schuld bewusst bin?« Diese Frage nach dem »Warum« verstummt nie auf dieser Erde. Gott straft uns jedoch nie, denn die Strafe zu unserem Frieden legte er auf den Herrn Jesus, seinen Sohn. Was uns zustößt, sind liebevolle Versuche des Herrn, uns näher an sein Herz zu ziehen. Gerade die, die er liebt, züchtigt er. Die Treuesten müssen oft am tiefsten durch die Übungen des Lebens.

Erinnern wir uns an das, was Paulus, der treue Diener seines Herrn, durchgestanden hat: *»Von den Juden habe ich fünfmal vierzig Schläge weniger einen bekommen. Dreimal bin ich mit Ruten geschlagen, einmal gesteinigt worden; dreimal habe ich Schiffbruch erlitten; einen Tag und eine Nacht habe ich in Seenot zugebracht, das heißt in der Tiefe des Meeres. Oft auf Reisen, in Gefahren von Flüssen, in Gefahren von Räubern, in Gefahren von meinem Volk usw.«* Der Apostel war ein Mann, der die Kraft Gottes ständig in Anspruch nahm. Darum hören wir nie ein »Warum?«.

Johannes wurde noch im hohen Alter auf die Insel Patmos verbannt. Jakobus, Petrus und Paulus starben den Märtyrertod. Tausende folgten ihnen auf diesem Weg.

Wie ihr Meister gingen sie durch Leiden zur Herrlichkeit, über das Kreuz zur Krone.

Der Psalmist klagt: »*Deine Pfeile sind in mich gedrungen und deine Hand hat sich auf mich herabgesenkt. Keine heile Stelle ist an meinem Fleisch ... nichts Heiles an meinen Gebeinen ... Es stinken, es eitern meine Wunden ... ich bin gekrümmt, sehr gebeugt; den ganzen Tag gehe ich trauernd einher. Voll Brand sind meine Lenden ... Ich bin ermattet und ganz zerschlagen, ich schreie aus dem Stöhnen meines Herzens ... Mein Herz pocht, verlassen hat mich meine Kraft. Meine Lieben und meine Genossen stehen fernab von meiner Klage ... Denn auf dich, Herr, harre ich; du, du wirst antworten, Herr, mein Gott*« (Ps 38).

So könnten wir fortfahren und viele Männer und Frauen aufzeigen, die ihren Herrn bis zum letzten Atemzug verherrlicht haben. Alles je Dagewesene an Leiden und Übungen wird jedoch von dem weit übertroffen, was unser Herr zu ertragen hatte.

Kapitel 9 – 10

Hiob antwortet

Wie reagiert Hiob auf die harten Worte Bildads? Handelte er nach dem Motto: »Wie du mir, so ich dir?« Oder: »Auf einen groben Klotz gehört ein grober Keil?« Wir werden beim Lesen der Rede Hiobs völlig überrascht. Seine Worte waren abgewogen und sehr gemäßigt. Man könnte meinen, Hiob habe neutestamentliche Belehrungen erhalten und das »hohe Lied der Liebe« gelesen, das Paulus im 13. Kapitel an die Korinther aufzeichnete.

Er begann: *»Wahrlich, ich weiß, dass es also ist; und wie könnte ein Mensch gerecht sein vor Gott? Wenn er Lust hat, mit ihm zu rechten, so kann er ihm auf tausend nicht eins antworten. Er ist weise von Herzen und stark an Kraft: wer hat sich wider ihn verhärtet und ist unversehrt geblieben?«* Über die Aussprüche des Angegriffenen könnte man als Überschrift aus dem Jakobusbrief setzen: *»Denn die Weisheit von oben ist aufs Erste rein, sodann friedsam, gütig, folgsam, voll Barmherzigkeit und guter Früchte, unparteiisch, ungeheuchelt.«*

In seiner Entgegnung machte Hiob deutlich, dass er die schwer wiegenden Anschuldigungen Bildads völlig überging. Er handelte, wie wir das von Paulus lernen können: Hiob anerkannte, was an dem Vortrag Bildads richtig war. Der Apostel hob auch stets das Verbindende, das Gemeinsame, die Segnungen hervor, ehe er zu Ermahnungen überging. Das finden wir auch bei Hiob. Bildad hatte Hiob die Worte zugerufen: *»Wird Gott das Recht beugen oder wird der Allmächtige die Gerechtigkeit beugen?«* Wer dem Gegner in den korrekten Aussagen beipflichtet, hat ihn schon halb entwaffnet. Wer aber Kritik auf Kritik setzt, schärft das Antlitz des anderen. Wie wichtig ist es, den Rat der Bibel zu beachten: *»Eine gelinde Antwort wendet den Grimm ab, aber ein kränkendes Wort erregt Zorn. Ein Richter wird überredet durch Langmut, und eine gelinde Zunge zerbricht Knochen.«* Einzigartig ist das Zeugnis Hiobs über die Größe und Erhabenheit Gottes: *»Der die Berge versetzt, ehe sie es merken, er, der sie umkehrt in seinem Zorn; der die*

Erde aufbeben macht und ihre Stätte, und ihre Säulen erzittern; der der Sonne befiehlt und sie geht nicht auf, und der die Sterne versiegelt; der die Himmel ausspannt, er allein, und einherschreitet auf den Höhen des Meeres ... der Großes tut, dass es nicht zu erforschen, und Wundertaten, dass sie nicht zu zählen sind.«

Die Kapitel 9 und 10 bergen eine erhabene Hymne an die Größe und Majestät Gottes. Man könnte den Lobgesang überschreiben: »O Gott, wie groß, wie groß bist du!« Es ist verständlich, dass neben dieser Erhabenheit Gottes der armselige Mensch seine Nichtigkeit, Armut und Vergänglichkeit einsehen muss. So ruft auch Hiob, wenn er seine Gedanken von der Größe Gottes auf sich selbst lenkt: »Siehe, er geht an mir vorüber, und ich sehe ihn nicht, und er zieht vorbei, und ich bemerke ihn nicht. Siehe, er rafft dahin, und wer will ihm wehren? Wer will sagen: Was tust du? Gott wendet seinen Zorn nicht ab, unter ihn beugten sich Rahabs Helfer. Wie viel weniger könnte ich ihm antworten, meine Worte wählen ihm gegenüber ... der ich, wenn ich gerecht wäre, nicht antworten könnte, – um Gnade würde ich flehen zu meinem Richter.«

Menschliche Wechselfälle

Beim Lesen der Darbietungen Hiobs begegnen wir abwechselnd gewissen Höhen und Tiefen. Sie zeigen so recht, welch ein armseliges Gebilde der Mensch ist, wenn er den Blick auf den Herrn verliert. Ein lieber Bruder fasste das Bibelwort »Er muss wachsen, ich aber abnehmen. Der *von oben kommt, ist über allen«* aus Johannes 3,30-31 in folgende Reime:

> Je weiter ich verschwinde,
> je größer wird der Herr,
> je wen'ger ich noch finde
> in mir, je mehr tut er.
> Ich arm an Kraft und Segen,
> schwach, töricht, mangelhaft;
> er reich an Wunderwegen,
> voll Liebe und voll Kraft.
> Drum richte mein Begehren,
> mein Gott mit Ernst dahin,
> dass Jesus kommt zu Ehren
> und nichts ich selbst mehr bin!

Hiob, der große Dulder, wurde dauernd hin- und hergeworfen. Einmal ruhte er in Gottes Führung und rühmte seine Größe, bald wurde er von einer Welle der Resignation in die Tiefe gerissen. Kaum war der Lobpreis Gottes auf seinen Lippen verstummt, hörten wir wieder verzweifelte Worte: »... *er, der mich zermalmt durch Sturmwetter und meine Wunden mehrt ohne Ursache; er erlaubt mir nicht, Atem zu holen, denn er sättigt mich mit Bitterkeit.*«

Wir kennen diese Wechsel der Empfindungen aus unserem Leben. Wer könnte es wagen, diesen Mann eines Versagens anzuklagen, ohne seine persönliche Schwachheit deutlich zu empfinden? Wenn wir unseren Blick vom Herrn auf uns und unsere Armut richten, fehlt auch uns der Gleichmut. Nur in ihm, unserem Herrn und Erlöser, ist unsere Stärke.

Folgen wir den Aussprüchen Hiobs, befällt uns eine gewisse Sorge: Was nun? Hält er an Gott fest oder fällt er ab? Sagt er sich von Gott los oder ringt und kämpft er sich durch? Unerwartet wagte Hiob sogar den Ausruf: *»Wenn ich auch gerecht wäre, ... wäre ich vollkommen (unsträflich, untadelig), so würde er mich für verkehrt erklären.«*

Mutiges Vertrauen löst Hoffnungslosigkeit und Verzweiflung ab. Jetzt himmelhoch jauchzend, dann bis zum Tod betrübt! Welche Gegensätze: *»... der die Himmel ausspannt, er allein, und einherschreitet auf den Höhen des Meeres, der den großen Bären gemacht hat, den Orion und das Siebengestirn und die Kammern des Südens; der Großes tut ... und Wundertaten«*, und danach wieder ein Aufschrei: *»Meine Seele ist meines Lebens überdrüssig; ich will meiner Klage in mir freien Lauf lassen, will reden in der Bitterkeit meiner Seele. Ich will zu Gott sagen: Verdamme mich nicht! Lass mich wissen, worüber du mit mir rechtest. Gefällt es dir, dass du bedrückst, dass du die Arbeit deiner Hände verwirfst und über den Rat der Gottlosen dein Licht leuchten lässt?«*

Beim Lesen solcher Zeilen müssen wir uns ständig das erschreckende Bild dieses Mannes vorstellen. So etwas haben wir nie gesehen und werden wir wohl auch nie anschauen müssen: Jemanden, der mit einem Scherben den Eiter seiner Wunden abkratzt, bei dem ständig neue Beulen aufbrechen, der Tag und Nacht keine Ruhe findet und in einem Haufen Asche sitzt! Niemand versteht ihn, niemand schenkt ihm ein Trostwort, was ihn ermuntern könnte; seine Frau hetzt ihn auf und hadert mit ihm! Alles fehlt ihm. Nicht einmal hinter die Kulissen des Dra-

mas darf er schauen, sonst könnte er erkennen, dass Gott
etwas Großes mit ihm vorhat.

Hiob erinnert uns an die Heilsgeschichte

In den Versen 32-33 berühren Hiobs Worte Gottes Heils-
absichten: *»Denn er ist nicht ein Mann wie ich, dass ich
ihm antworten, dass wir zusammen vor Gericht gehen
könnten. Es gibt zwischen uns keinen Schiedsmann, dass
er seine Hand auf uns beide legte.«*
Hiob sehnte sich nach einem gerechten Mittler, der
versöhnend die Hand auf Gott und Menschen legen würde. Ihm war diese Absicht Gottes noch verborgen, die
erst in der Fülle der Zeit verwirklicht werden sollte. Nur
durch diesen Mittler zwischen Gott und uns, nur durch
Jesus Christus konnte wahre Aussöhnung möglich werden. Am Kreuz auf Golgatha sind sich Güte und Wahrheit begegnet, haben Gerechtigkeit und Friede sich
geküsst, bezeugt der Psalmist. Dort nahm der Gekreuzig-
te die Hand des Sünders und legte sie in die vergebende
Hand Gottes. Wir sind dankbar, dass dieser Mittler gekommen ist, nach dem Hiob sich so sehr sehnte und eine
gefallene Menschheit mit ihm. Heute besteht die innigste
Gemeinschaft zwischen Gott und dem begnadigten Sünder. Der Richter ist zum Retter geworden, weil der
Schiedsmann sühnte und die Schuld bezahlte für die
Übeltäter. Der Ausgesöhnte darf sich in das ewige Erbarmen flüchten und dem gerechten Gott danken, dass er
durch die Gerechtigkeit des Christus ihn gerecht gemacht
hat. Alle Schuld ist ins Meer der Vergessenheit versenkt

worden. Eine Schwester im Herrn schrieb ein kleines Ge-
dicht, verbunden mit dieser so wichtigen Frage für unser
Leben:

> Kennst du diesen Freund mit Namen,
> treu und wahr und voller Huld?
> ER allein ist »Ja« und »Amen«,
> ER allein tilgt alle Schuld.

> ER, der Schönste unter allen,
> ER heißt Jesus Christ, mein Herr.
> ER, des Vaters Wohlgefallen,
> ist mein Alles, mein Begehr.

Im Kapitel 17 Vers 3 kommt Hiob nochmals auf die Bürgschaft zu sprechen. Aus dieser Stelle geht hervor, wie er in
seiner schweren Lage um das rechte Verständnis rang:
*»Setze doch ein, leiste (du selbst) Bürgschaft für mich bei
dir selbst! Wer ist es sonst, der in meine Hand einschlagen
wird.«*

Dieser Ausspruch deutet auf eine tiefe Einsicht hin,
dass Gott nur durch Gott zufriedengestellt werden kann.
Wer oder was könnte für den Sünder bei dem Allgerechten auch sonst Sühnung tun oder eine Mittlerschaft übernehmen? Gottes Auge durchlief die ganze Erde, um einen
zu finden, der für uns in den Riss treten konnte. Aber er
fand niemand. Deshalb ereignete sich das, was einst Hiob
erbat. Gott trat selbst auf den Plan: *»Er war in Christus,
die Welt mit sich selbst versöhnend, ihnen ihre Übertretungen nicht zurechnend.«* Was Gott regelt, ist vollkommen. Seinem Werk kann nie jemand noch etwas hinzufü-

gen. Aber allein Gottes Handeln kann ihm auch nur voll genügen. *»Mit einem Opfer hat er auf immerdar die vollkommen gemacht, die geheiligt werden.«* Nun jubeln Millionen Erlöste in tiefer Dankbarkeit mit Woltersdorf:

Ich weiß sonst nichts zu sagen,
als dass ein Bürge kam,
der meine Schuld getragen,
die Rechnung auf sich nahm
und sie so völlig hingezählt,
dass von der ganzen Menge
auch nicht ein Stäublein fehlt.

Hiob – vom Schmerz geblendet

Wieder stoßen wir im 10. Kapitel auf das ungestüme Aufbegehren des so schwer Geplagten. Noch hat sich keine Einsicht über sich selbst bei ihm eingestellt. Die Nöte haben ihn geistlich geblendet. Er ringt vor seinem Gott und betont weiter seine Unschuld und seine Gerechtigkeit. Er erkennt nicht, dass es vor einem dreimal heiligen Gott keinen Gerechten gibt, bis er selbst den Menschen mit göttlicher Gerechtigkeit beschenkt. Hiob ruft: *»... du suchst nach meiner Ungerechtigkeit und forschest nach meiner Sünde, obwohl du weißt, dass ich nicht schuldig bin ...«* Gewiss war Hiob an seinem Unglück schuldlos, doch wenn es um die Schuld des Menschen vor Gott geht, wer kann dann bestehen? Wer aber will dem schwer Geschlagenen einen Vorwurf machen? Noch ist er nicht aus der Schule Gottes entlassen, noch hat Gott ihn nicht in sein helles Licht stellen und seinen Knecht erleuchten können, dass er seine Hand auf seinen Mund legt, schweigt und Buße tut.

Hiobs Rechtfertigungsversuche gingen aber weiter. Er warf Gott vor, dass er ihn erschaffen, ihn aus Ton gestaltet hatte, um ihn zum Staub zurückkehren zu lassen. *»Leben und Huld hast du mir gewährt und deine Obhut bewahrte meinen Geist. Doch solches bargest du in deinem Herzen; ich weiß, dass du dieses im Sinne hattest: Wenn ich sündigte, so würdest du mich beobachten und von meiner Missetat mich nicht freisprechen. Wenn ich schuldig wäre, wehe mir! Und wäre ich gerecht, so dürfte ich mein Haupt nicht erheben, gesättigt von Schande und mein Elend schauend ... Warum hast du mich aus dem Mutterleibe hervorgehen lassen? Ich hätte verscheiden und kein Auge hätte mich sehen sollen! Als ob ich nicht gewesen wäre, so hätte ich sein sollen, vom Mutterschoß zu Grabe getragen!«*

Wohin kann doch ein Mensch kommen, wenn sein Sinnen und Trachten nur auf die Schmerzen, die Drangsale und die Übungen gerichtet ist! Wie selten wird die Frage nach dem »Warum?« gegen die nach dem »Wozu?« ausgetauscht! Wir sollten uns mehr das »Hernach« vergegenwärtigen. Manches Leid würde dann an Gewicht verlieren. *»Hernach aber kommt die friedsame Frucht der Gerechtigkeit denen, die durch die Leiden geübt sind«,* dürfen wir nach Hebräer 12 zitieren.

Hiob lehnte sich auf; der Ärmste hing fest an seiner Person. Er vermag nicht mehr klar zu überlegen. Gott muss in seiner Weisheit den Tiefgang der Leiden noch verschärfen, die Wellen der Prüfung müssen noch höher schlagen, denn er lässt nicht ab, bis das von ihm gesteckte Ziel erreicht ist.

Mag sein Knecht ihm Vorwürfe machen, mag Hiob den Tod und sein Ende herbeiwünschen, mag er erneut seine Geburt verwünschen, Gott lässt sich nicht beeinflussen oder zu falschem Mitleid bewegen. Sein Ziel liegt fest: »Im Leid will ich dir einen großen Segen schenken! Du sollst mich immer besser, immer tiefer verstehen lernen, denn gerade im Leid will ich dir meine Liebe beweisen. Was ich jetzt tue, verstehst du nicht, hernach aber wirst du es begreifen und mich über meinen Führungen preisen und verherrlichen.« Der Psalmist bekennt:

»Bevor ich gedemütigt ward, irrte ich, nun aber bewahre ich dein Wort.«

Die Dornen, sie schmerzen, ich weiß es mein Kind.
Doch weiß ich auch deutlich, wie nötig sie sind.
Sie dürfen nur wachsen, wenn ich's haben will,
im Leid dich zu stärken, mein' Absicht, mein Ziel!
Ich möchte dich segnen und dich so erziehn,
dass du mir kannst dienen: das ist mein Bemüh'n!

Kapitel 11

Zophar spricht zu Hiob

Zophar, der Naamatiter, der dritte Freund Hiobs, übertrifft die beiden anderen noch an Schärfe der Vorwürfe. Sein Name kann mit »Klaue« übersetzt werden – und er gleicht wirklich einer Klaue, die mit scharfen Krallen das Herz des Geplagten verwundet.

Eliphas, der Temaniter, berief sich auf seine Erfahrungen. Mit ihnen wollte er die Wege Gottes erklären. Bildad, der Schuchiter, stützte sich auf die Vorzeit, auf die Tradition. Zophar ist ein harter Mann, der auf gesetzlicher Grundlage Gottes Tun erklären will. Wie bei den schon als Ratgeber Aufgetretenen verhält es sich auch bei Zophar: alle Aussagen enthalten Wahres, aber alle Männer verstehen Gottes Absichten mit Hiob nicht. Deshalb kann auch keiner von ihnen Licht oder Trost in die wunde Seele des Gottesknechtes bringen.

Schon die ersten Sätze Zophars unterstreichen seine Einstellung: »*Sollte die Menge der Worte nicht beantwortet werden oder sollte ein Schwätzer Recht behalten? Sollte dein Gerede die Leute zum Schweigen bringen, dass du spotten solltest, und niemand dich beschämen, dass du sagen solltest: Meine Lehre ist lauter und ich bin rein in deinen Augen?*«

Welch ein »Tröster«! Was soll damit erreicht werden, wenn man einen Freund mit »Schwätzer« bezeichnet? Ist nicht bei solcher Anschuldigung die Herzenstür sofort geschlossen? Weiter wird Hiob vorgeworfen, ihm fehle es an Einsicht in die Geheimnisse Gottes, sonst müsse er erkennen, dass Gott viele seiner Missetaten übersehe. Auch Zophar war – wie seine Freunde – überzeugt, dass Hiobs Sünde und Schuld diesen in eine so jammervolle Lage gebracht hatte. Er sah alles Elend als verdiente Strafe Gottes, die Hiob hatte treffen müssen. Zophar zweifelte nicht daran, der Mann zu sein, Hiob den rechten Weg zeigen zu müssen. Doch zuerst erklärte er dem Angefochtenen die Größe Gottes, die nie zu ergründen ist, und verfiel dann in die denkwürdige Aussage: *»Wenn er vorüberzieht und in Verhaft nimmt und zum Gericht versammelt, wer will ihm dann wehren? Denn er kennt die falschen Leute; und er sieht Frevel, ohne dass er Acht gibt. Auch ein Hohlköpfiger gewinnt Verstand, wenn auch der Mensch als ein Wildeselsfüllen geboren wird.«*

In diesen Worten lagen starke Verdächtigungen. Sie glichen Treibstacheln im Empfinden des Schwerkranken, dem es eine Qual gewesen sein muss, überhaupt noch hinhören zu müssen. Dann folgten die Belehrungen des unangenehmen Trösters: *»Wenn du dein Herz richtest und deine Hände zu ihm ausstreckst, – wenn Frevel in deiner Hand ist, so entferne ihn und lass Unrecht nicht wohnen in deinen Zelten, – ja, dann wirst du dein Angesicht erheben ohne Makel und wirst unerschütterlich sein und dich nicht fürchten.«* »Wenn du, wenn du!«, so fuhr Zophar fort, denn er war überzeugt, Hiob unverhohlen sagen zu müssen, was er dachte. Nach seiner Meinung hatte der Dulder eine völlig falsche Einstellung. Es schien auch Zophar überhaupt nicht in den Sinn zu kommen, dass Gottes Erziehungswege zu den größten Segnungen führen sollen. *»Wenn Frevel in deiner Hand ist, so entferne ihn; lass Unrecht nicht in deinen Zelten wohnen; wenn du deinem Herzen die rechte Richtung gibst, ...«* Stets ging es dem Mann darum, dass Hiob sein Unrecht, seine Sünden, seine Verfehlungen, seinen Frevel einsehen sollte. Hierin lag die totale Fehleinschätzung aller drei Tröster. Niemand kam auf den Gedanken, dass Gott durch Leiden zu größeren Segnungen führen will, indem er die, welche er liebt, zur Erkenntnis ihrer Eigenliebe bringt.

Am Schluss seiner ersten Rede verband Zophar seine mahnenden Hinweise mit einem Ausblick auf eine helle Zukunft. *»Wenn kein Unrecht in deinen Zelten wohnt, dann wirst du dein Angesicht erheben ohne Makel und wirst unerschütterlich sein ... Denn du wirst der Mühsal vergessen ... wie vorübergeflossener Wasser; und heller als der Mittag wird dein Leben erstehen; ... wie der Morgen wird es werden. Und du wirst Vertrauen fassen, weil es Hoffnung gibt ... und viele werden deine Gunst suchen.«*

Das durfte Hiob auch später erfahren, nur war der Weg dahin ganz anders, als Zophar ihn sich vorstellte.

Eine wichtige Belehrung für uns

Die Lebensgeschichte dieses Geprüften ist für uns niedergeschrieben worden. Was Gott uns hier vorstellen will, ist das Ausharren, das Warten auf seine Hilfe. Der Vers »Wenn die Stunden sich gefunden, bricht die Hilf' mit Macht herein«, will uns im Harren auf den Herrn ermuntern und ermutigen. Deshalb sagt die Bibel: *»Das Ausharren habe ein vollkommenes Werk.«* Sie spricht davon, dass wir *»gesund im Glauben, in der Liebe und im Ausharren«* sein sollen. *»Der Gott des Ausharrens und der Ermunterung aber gebe euch, gleichgesinnt zu sein untereinander Christus Jesus gemäß.«*

Dieses Harren oder Ausharren führt zum Ruhen, zum Stillesein in den Führungen des Herrn. Die menschliche Unruhe, das Aufbegehren gegen Gottes Plan macht unglücklich und, wie wir bei Hiob sehen, mutlos und verzagt. Lesen wir die Psalmen, begegnet uns das Wort »Harren«

an vielen Stellen: »*Und nun, auf was harre ich, Herr? Meine Hoffnung ist auf dich! Vertraue still dem Herrn und harre auf ihn! Beharrlich habe ich auf den Herrn geharrt und er hat sich zu mir geneigt und mein Schreien gehört ...*« Eine andere Bibelstelle macht uns Mut: »*Im Stillesein und im Vertrauen würde eure Kraft sein!*«

Wir wollen mit dem Dichter singen:

Du weißt, woher der Wind so stürmisch weht.
Und du gebietest ihm, kommst nie zu spät.
Drum wart' ich still, dein Wort ist ohne Trug,
Du weißt den Weg für mich – das ist genug.

Kapitel 12 – 14

Hiob macht nochmals seinem Herzen Luft

Es scheint so, als würde Hiob die Rede des hartherzigen Freundes unterbrechen, denn seine Antwort beweist, dass er mit seinen Besuchern Schritt halten kann. Seine Gotteserkenntnis, seine Einsicht in Gottes Allmacht, die sich in der Schöpfung kundtut, stand in keinem Punkt hinter der Weisheit der drei Tröster zurück, sondern übertraf sie noch weit.

Die harte Rede Zophars verwundete. Manches hatte er Hiob unterstellt. Nun folgt die Reaktion des Angegriffenen. Neutestamentlich können wir nicht alles richtig einordnen. Manchmal meinen wir, schon in das Zeitalter des Gesetzes versetzt zu sein, wo die Devise lautet:

»Auge um Auge, Zahn um Zahn ...« oder: »Wie du mir, so ich dir!«

So eröffnete Hiob ganz entrüstet seine Entgegnung: *»Fürwahr, ihr seid die Leute und mit euch wird die Weisheit aussterben. Auch ich habe Verstand wie ihr; ich stehe nicht hinter euch zurück; und wer wüsste nicht dergleichen?«* Das sind Worte beißender Ironie, mit denen er seine Freunde bloßstellen will. Später wurde Hiob noch aggressiver, indem er den Tröstern zurief: *»Doch zu dem Allmächtigen will ich reden, und vor Gott mich zu rechtfertigen begehre ich; ihr hingegen seid Lügenschmiede, nichtige Ärzte ihr alle! O dass ihr doch stille schwieget! Das würde euch zur Weisheit gereichen«* (13,3-5).

Wir sollten nur mit großer Vorsicht ein Urteil fällen. Wer kennt nicht in seinem Leben die heiklen Ausflüsse eines gereizten Geistes! Wie schnell kommen unbedachte, lieblose und unbeherrschte Worte über unsere Lippen! Mose, den Gott als den sanftmütigsten Mann auf der Erde bezeichnet, ließ sich im Geist zu unbedachten Worten hinreißen: *»Und sie (die Kinder Israel) erzürnten ihn (Mose) an dem Wasser von Meriba, und es erging Mose übel ihretwegen; denn sie reizten seinen Geist, so dass er unbedacht redete mit seinen Lippen«* (Ps 106,32-33).

Die Gesinnung des Herrn Jesus war einmalig vollkommen. Von ihm konnte festgehalten werden: *»Ich aber, wie ein Tauber, höre nicht, und bin wie ein Stummer, der seinen Mund nicht auftut. Und ich bin wie ein Mann, der nicht hört und in dessen Mund keine Gegenreden (Rechtfertigungsgründe) sind«* (Ps 38,13-14). *»Diese Gesinnung sei in euch, die auch in Christus Jesus war, der gescholten, nicht wiederschalt, leidend nicht drohte ...«* Darum werden wir ermahnt: »*Kein faules (schlechtes) Wort komme aus eurem Mund, sondern nur eins, das gut ist zur notwendigen Erbauung, damit es den Hörenden Gnade gebe*« (Eph 4,29). An anderer Stelle wird uns mitgeteilt: »*Euer Wort sei allezeit in Gnade mit Salz gewürzt; ihr sollt wissen, wie ihr jedem Einzelnen antworten sollt*« (Kol 4,6). Es geht um die Sanftmut des Geistes. Möge die Gnade Gottes uns vor einem gereizten Geist bewahren!

Hiobs versuchte Rechtfertigung

Der Gekränkte war nicht nur gereizt, sondern auch von seiner Gerechtigkeit überzeugt. Wieder nutzte er die Gelegenheit, seine Unschuld beweisen und sich ins bessere Licht stellen zu wollen. Gott aber ließ ihn reden, bis sein ganzes Inneres offen lag. Von der Nichtberechtigung seiner Leiden überzeugt, brach der Ärmste immer neu ins Selbstbemitleiden aus: »*Ich muss einer sein, der seinem Freund zum Gespött ist, der zu Gott ruft, und er antwortet ihm; der Gerechte, Vollkommene ist zum Gespött. Dem Unglück gebührt Verachtung nach den Gedanken der Sorglosen; sie ist bereit für die, welche mit dem Fuß wanken.*« In den folgenden Versen erging es ihm erneut wie Asaph, der auch die Gottlosen beneidete. Hiob rief: »*Die Zelte der Verwüster sind in Ruhe, und Sicherheit ist für die, welche Gott reizen, für den, welcher Gott in seiner Hand führt.*«

Dann gab Hiob seinen Freunden den Rat, die Kreatur zu befragen; sie würde die Größe des Schöpfers, dessen Allmacht und Weisheit kundtun. Sich fast überschlagend in der Wortfolge verkündete er die Handlungen Gottes: *»Die Herrschaft der Könige löst er auf und schlingt eine Fessel um ihre Lenden. Er führt Priester beraubt hinweg und Feststehende stürzt er um. Zuverlässigen entzieht er die Sprache und Alten benimmt er das Urteil. Verachtung schüttet er auf Edle und den Gürtel der Starken macht er schlaff. Er enthüllt Tiefes aus der Finsternis, und Todesschatten zieht er an das Licht hervor.«*

Nachdem Hiob die Größe Gottes mit Leidenschaft vorgestellt hatte, versucht er aufs Neue, sich stark zu rechtfertigen. *»Siehe, das alles hat mein Auge gesehen, mein Ohr gehört und sich gemerkt. So viel ihr wisst, weiß ich auch; ich stehe nicht hinter euch zurück. Doch zu dem Allmächtigen will ich reden, und vor Gott mich zu rechtfertigen begehre ich ... Hört doch meine Rechtfertigung, und horcht auf die Beweisgründe meiner Lippen! Wollt ihr für Gott Unrecht reden und für ihn Trug reden? Wollt ihr für ihn Partei nehmen? Oder wollt ihr für Gott rechten? ... Strafen wird er euch, wenn ihr im Geheimen die Person anseht ... Eure Denksprüche sind Sprüche von Asche, eure Schutzwehren erweisen sich als Schutzwehren von Lehm. Schweigt, lasst mich und ich will reden, was auch über mich ergehen möge. Warum sollte ich mein Fleisch zwischen meine Zähne nehmen und mein Leben meiner Hand anvertrauen? Siehe, tötet er mich, ich werde auf ihn warten, nur will ich meine Wege ihm ins Angesicht rechtfertigen ... Siehe doch, ich habe die Rechtssache gerüstet! Ich weiß, dass ich Recht behalten werde. Wer ist es, der mit mir rechten könnte? Denn dann wollte ich schweigen und verscheiden.«*

Weiter begegnen wir bei dem Schwergeprüften einer

geistlichen Blindheit. Er hat überhaupt nicht die Verderbtheit der menschlichen Natur erkannt. Natürlich konnte er die neutestamentliche Schau nicht kennen, doch die Äußerungen Hiobs waren noch so selbstbezogen, dass für Gott ein gutes Stück Arbeit notwendig war, bis der innere Zerbruch Wirklichkeit wurde.

An falscher Selbsteinschätzung, diesem inneren Krebsgeschwür, leidet die ganze Menschheit. Gott hat auch bei seinen Kindern große Mühe, die so schnell immer wieder aufbrechende Selbstgerechtigkeit, verbunden mit Hochmut, Geltungsbedürfnis und das leicht gekränkte Ich im Tod zu halten. Wenn aber sogar bei solchen, die Gottes Geist haben, diese krankhafte Ehrsucht wirksam werden kann, wer will einen Stein auf den so schwer geprüften Hiob werfen? An der Geschichte Hiobs können wir realistisch die Ohnmacht der menschlichen Natur, aber auch die Langmut und Güte Gottes kennen lernen.

Hiob, der Lebensmüde

Nochmals wandte sich der Leidende an Gott. In deutlicher Selbstüberschätzung rief er: *»Wie viele Missetaten und Sünden habe ich? Lass mich meine Übertretung und meine Sünde wissen! Warum verbirgst du dein Angesicht und hältst mich für deinen Feind? Denn Bitteres verhängst du über mich und lässest mich erben die Missetaten meiner Jugend; ... da ich noch zerfalle wie Moder, wie ein Kleid, das die Motte zerfressen hat.«* Der Leser trauert über die Bitterkeit, die aus dem Herzen des Geängstigten immer wieder aufbrach. Die hervorgestoßenen Worte lassen auf große Enttäuschung, Mutlosigkeit und Verzagtheit schließen, ja, weitere Aussagen im 14. Kapitel zeigen eine echte Lebensmüdigkeit: *»Der Mensch, von einer Frau geboren, ist kurz an Tagen und mit Unruhe gesättigt. Wie eine Blume kommt er hervor und verwelkt ... Denn für den Baum gibt es Hoffnung: Wird er abgehauen, so schlägt er wieder aus und seine Sprösslinge hören nicht auf ... Der Mann aber stirbt und liegt da; und der Mensch verscheidet, und wo ist er? ... O dass du in dem Scheol mich verstecktest, mich verbergest, bis dein Zorn sich abwendete, mir eine Frist setztest und dann meiner gedächtest! ... Denn nun zählst du meine Schritte; wachst du nicht über meine Sünde? Meine Übertretung ist versiegelt in einem Bündel und du hast hinzugefügt zu meiner Missetat.«*

Vielleicht kann man hier eine gewisse Sündenerkenntnis bei Hiob feststellen. Wir hören von den Sünden seiner Jugend, von seinen Übertretungen, die in ein Bündel geschnürt waren, und von dem Wunsch, Gott möge ihn im Scheol verbergen.

Den Ärmsten zerriss innerlich ein Auf und Nieder. Lebensmüdigkeit wechselte mit neuer Hoffnung, Vertrauen wurde überschattet von Lebensängsten. Einmal atmete Hiob ein wenig auf, dann sah er sich wieder unter dem Zorn Gottes und bat um Bergung im Scheol. Gerne wollte er harren, wie jemand in der Dienstzeit auf Ablösung wartete. Eine Frist erbat er sich, bis Gott sich seiner wieder erinnerte als dem Werk seiner Hände: *»Du würdest rufen und ich würde dir antworten; du würdest dich sehnen nach dem Werk deiner Hände.«*

Hiobs Verzweiflung ging so weit, dass er Gott sogar

ungerechte Vorwürfe machte und ihn anklagte: »*Wasser zerreiben die Steine, ihre Fluten schwemmen den Staub der Erde hinweg; aber du machst zunichte die Hoffnung der Menschen. Du überwältigst ihn für immer, und er geht dahin, sein Angesicht entstellend, sendest du ihn hinweg.*«

Der Schlussvers des 14. Kapitels klingt dagegen fast wie eine Entschuldigung.

Als hätte der Dulder doch noch ein Gespür dafür gehabt, zu weit gegangen zu sein, wandte er sich an Gott: »*Nur um ihn selbst hat sein Fleisch Schmerz und um ihn selbst empfindet die Seele Trauer.*« Mit dieser Ausführung dachte Hiob an sich, an seine Nöte und Schmerzen. Sein Zustand ist so entwürdigend, so entstellend, so furchtbar, so unerklärbar, dass Hiob sich vor Gott entschuldigte, wie seine Worte vielfach vom Schmerz diktiert waren. Wir können gewiss sein, dass der Erforscher der Tiefen der Seele seinen Knecht verstand.

Mit vorstehendem Eingeständnis endete die erste Gesprächsrunde. Die drei Freunde Hiobs haben ihre Meinung geäußert. Alle stimmten in ihren Anschuldigungen überein. Sie verdächtigten ihren Freund des Frevels, der Sünde, verborgener Missetaten. In ihren Augen war Hiob der Mann, den Gott für begangenes Unrecht ins Gericht brachte und strafte. Die Männer waren Handlanger in den Intrigen, die Satan, der Widersacher Gottes, mit dem Knecht Gottes spielte. Sie befehdeten Hiob mit unwahren Behauptungen und kränkten seine verwundete Seele.

Haben sie von Hiobs Antworten gelernt? Wahrlich nicht! Sie fühlten sich nach wie vor durch Hiob herausgefordert. Sie meinten sogar, vor Gott dafür verantwortlich zu sein, den Mann der Schmerzen mit allen Mitteln zurechtweisen zu müssen. Darum scheuten sie auch keine neue Gesprächsrunde, die uns wieder die ganze Raffinesse des Teufels vorstellen wird, der die Hoffnung noch nicht aufgegeben hat, Hiob doch noch zum Abfall von Gott treiben zu können. Wieder ist Eliphas der erste Sprecher.

Kapitel 15

Der Temaniter Eliphas greift Hiob erneut an

Schon der erste Satz dieses Mannes bezeugt die verwerfliche Art, in der er auf Hiob einschlug: *»Wird ein Weiser windige Erkenntnis antworten und wird er sein Inneres mit Ostwind füllen, streitend mit Reden, die nichts taugen, und mit Worten, womit er nichts nützt? Ja, du vernichtest die Gottesfurcht und schmälerst die Andacht vor Gott. Denn deine Ungerechtigkeit belehrt deinen Mund und du wählst die Sprache der Listigen. Dein Mund verdammt dich und nicht ich; und deine Lippen zeugen wider dich.«*

Die Antwort Hiobs an Zophar, die Zurechtweisungen an alle drei Ankläger hatte auf Eliphas ihre Wirkung nicht verfehlt. Seine Erwiderung war daher voller Ironie und sie entsprang einer gereizten Stimmung. Wer gab dem Mann das Recht, in einer so herabsetzenden Art den Knecht Gottes anzugreifen? »Hiob, wenn du etwas weise wärst, würdest du nicht in den Wind reden! Du streitest, du willst dich verteidigen, aber dir fehlen die rechten Worte; sie nützen dir auch nichts! Im Gegenteil, aus ihnen spricht überhaupt keine Gottesfurcht. Du zerstörst jede Verbindung mit Gott und machst dich vor ihm unmöglich. Du solltest zuerst einmal stille werden; dein Reden aber lässt das nicht zu. So sprechen nur leichtfertige Leute, die sich verteidigen wollen, obgleich sie im Unrecht sind.«

Dieser unbrauchbare Tröster schlug zornig um sich: Ein Beweis dafür, dass er von Hiobs Ausführungen getroffen war. Neid und Hass erfüllten Eliphas. Wie viel besser hätte er seinem schönen Namen Ehre gemacht! Eliphas bedeutet: »Mein Gott ist reines Gold!« Eine wunderbare Wahrheit, die leider bei dem Träger dieses Namens nicht sichtbar wurde.

Der Neid war aus seinen Worten zu entnehmen: »*Bist du als Erster zum Menschen gezeugt und vor den Hügeln du geboren? Hast du im Rat Gottes zugehört und die Weisheit an dich gerissen? Was weißt du, das wir nicht wüssten, was verstehst du, das uns nicht bekannt wäre?*«

Hier wird ein Trauerspiel sichtbar. »*Wo Neid und Streitsucht ist, da ist Zerrüttung und jede böse Tat*«, sagt die Bibel. Einmal verblendet, einmal den Takt und die Furcht Gottes verloren, und unser Inneres gibt seinen bösen Inhalt preis. Tatsachen werden zu Anschuldigungen genutzt, erhabene Wahrheiten als Waffen gegen Freunde gerichtet. Deshalb rief Eliphas dem Geschundenen zu: »*Was ist der Mensch, dass er rein sein sollte, und der von der Frau Geborene, dass er gerecht wäre? Siehe, auf seine Heiligen vertraut er nicht und die Himmel sind nicht rein in seinen Augen: wie viel weniger der Abscheuliche und Verderbte, der Mann, der Unrecht trinkt wie Wasser!*«

Dreistigkeit und Selbstgefälligkeit sprachen aus diesen

Worten. Es fällt nicht schwer, den Geist zu entdecken, der diesen Mann inspirierte. Nur niederträchtige Gedanken sind in der Lage, einen von Gott als »einzigartig« Bezeichneten abscheulich (gräuelhaft) zu titulieren. Wenn auch Hiob nicht direkt angesprochen wird, empfindet man sofort, wen Eliphas meint. Lesen wir den 17. Vers, merken wir den wirklichen Grund für diese Herabsetzung des Knechtes Gottes. In großer Überheblichkeit rief er Hiob zu: »*Ich will dir's berichten, höre mir zu; und was ich gesehen, will ich erzählen, was die Weisen verkündigt und nicht verhehlt haben ... Alle seine Tage wird der Gesetzlose gequält, und eine kleine Zahl von Jahren ist dem Gewalttätigen aufgespart. Die Stimme von Schrecknissen ist in seinen Ohren, im Frieden kommt der Verwüster über ihn ...*«

Wer könnte nicht mit Hiob fühlen, wenn er solche Bösartigkeiten über sich ergehen lassen muss! Wie muss sein Herz geblutet haben! Wo war der Trost, den er suchte? Wo war ein wenig Mitgefühl? Statt dessen streute man Salz in seine Wunden, um seine Qual noch zu mehren. Wir müssen aber festhalten, dass Gott seinen Knecht festhielt. Mochte Satan versuchen, alle Trumpfkarten auszuspielen, mochte er die Freunde Hiobs in sein teuflisches Werk einspannen, es konnte nur geschehen, was Gott zuließ und was er an Schwere und Länge für die Prüfung seines Geliebten eingeplant hatte. Der Tag würde kommen, an dem Hiob erkennen konnte, dass Gott sich nie irrt und dass auch Demütigungen zum Erreichen eines vermehrten Segens helfen mussten. Noch befand er sich in der Schule Gottes. Noch mussten einige Klassen durchlaufen werden. Doch das Examen konnte er bestehen, weil Gott ihn in die Lehre genommen hatte. Wenn man ihn verdächtigte, wenn man ihn einen Gesetzlosen, einen Abscheulichen nannte, der seine verdiente Strafe für seine Taten ertragen musste, was machte das schon, wenn Gott ihn zu seiner Zeit rechtfertigen würde.

Um das Stillehalten und Stillesein in Gottes Führung geht es auch im Leben der Kinder Gottes. Unrecht zu leiden ist weit besser, als Unrecht zu tun. Über uns waltet kein blindes Schicksal, sondern uns hält die durchgrabene Hand unseres Erlösers, der in seiner grenzenlosen Liebe weit mehr erdulden musste als Hiob: »*In den Tagen seines Fleisches hat er sich mit starkem Geschrei und mit Tränen zu Gott gewandt, der ihn aus dem Tod zu erretten vermochte. Obwohl er Sohn war, hat er an dem, was er litt, den Gehorsam gelernt; und vollendet worden, ist er allen, die ihm gehorchen, der Urheber ewigen Heils geworden, von Gott als Hoherpriester begrüßt ...*«

Leiden und Tod des Herrn gereichten vielen zur Errettung. Nie sind Tiefen in unserem Leben sinnlos, sie führen nur zu größeren Segnungen.

Kapitel 16 – 17

Hiob ergreift zum fünften Mal das Wort

In ernster und eindringlicher Weise wies Hiob die Anschuldigungen Eliphas zurück. Er begann seine Entgegnung mit der Feststellung: »*Ich habe vieles dergleichen gehört; leidige Tröster seid ihr alle! Hat es ein Ende mit*

den windigen Worten? Oder was reizt dich, dass du ant-
wortest?«

Echter Trost ist liebevoller Zuspruch, ein Mitleiden, ein Eingehen auf die Übungen, in denen sich der Trostsuchende befindet. Denn dieser unterscheidet sehr schnell, ob ihm leere Worte entgegengebracht werden, oder ob hinter diesen Worten wirkliche Liebe, wirkliches Mittragen stehen. Im Trost darf der nicht fehlen, der allein Hilfe und Tragkraft vermittelt. Der Herr tröstet wie eine Mutter tröstet, sagt die Bibel. Eine Mutter fühlt den Schmerz ihres Kindes oft stärker als das Kind selbst. Deshalb ist das Kleine so glücklich und zufrieden, wenn es sich am Herzen der Mutter ausweinen darf. Das ist inniges Mittragen!

Unser himmlischer Vater handelt nicht anders. Legt er Lasten auf, hilft er auch tragen. Züchtigt er, empfindet seine Seele den Schmerz mit uns. In Jesaja 63,9 lesen wir eine zu Herzen gehende Aussage: »*In all ihrer Bedrängnis war er bedrängt, und der Engel seines Angesichts hat sie gerettet. In seiner Liebe und in seiner Erbarmung hat er sie erlöst; und er hob sie empor und trug sie alle Tage vor alters.*« Gottes Liebe und Zuneigung kann sich nicht ändern. Auch wenn er die Seinen durch Tiefen führt, schlägt sein Herz doch in großer Anteilnahme zu seinen Geliebten. Mutterliebe mag ein schwacher Vergleich sein, und doch gibt sie uns einen Einblick in das Mitgefühl unseres himmlischen Vaters. Bei einem Besuch fand ich einmal eine Mutter, die weinte. Als ich mich nach der Ursache ihrer Tränen erkundigte, erzählte sie mir, dass sie gerade ihren Sohn habe strafen müssen. Das Kind hatte sich längst damit abgefunden, doch der Mutter tat das Herz so weh, dass immer noch ihre Tränen flossen.

Wie hätte Hiob gehandelt?

Dass der Leidende kein Übermensch war, haben wir dann schon mehrmals erlebt, wenn er seinem Herzen Luft machte. Doch Hiobs Einstellung war eine andere als die seiner Freunde. Deshalb antwortete er: *»Auch ich könnte reden wie ihr. Wenn eure Seele an der Stelle meiner Seele wäre, könnte ich Worte wider euch zusammenreihen und mein Haupt über euch schütteln; ich wollte euch stärken mit meinem Mund und das Beileid meiner Lippen würde euch Linderung bringen.«*

Recht deutlich sagte er den Freunden, dass er ihre Worte nicht als Trost empfinden konnte, dass sie durch ihr Reden seine Not nur noch steigerten, statt sie zu lindern. Ganz anders würden echte Worte des Trostes klingen, die sich wie Labsal auf die Seele auswirkten. Aber sie? Was brachten sie? Wie offenbarten sie sich? Im Schmerz musste Hiob ausrufen: *»Meine Freunde sind meine Spötter: Zu Gott tränt mein Auge, dass er schiedsrichterlich entscheide Gott gegenüber für einen Mann und einen Menschensohn hinsichtlich seines Freundes.«*

»Meine Freunde sind meine Spötter. Sie legen die Gedanken Gottes völlig falsch aus. Sie verdrehen die Tatsachen und verwunden meine Seele. Am Herzen Gottes darf ich mich ausweinen, da kann ich meinen Jammer ausbreiten, weil er mich versteht! Ich würde wenigstens versuchen, die Lage eines Freundes zu verstehen, würde mich in seine Empfindungen hineinzuversetzen, mich mit ihm und seiner Not eins achen. Jedenfalls kämen solche harten, leeren Worte nicht so schnell über meine Lippen. Es geht mir um ein wenig Linderung, um ein wenig Verständnis dafür, dass es qualvoll ist, hier in der Asche unter solchen Schmerzen zu sitzen. Doch ihr könnt und wollt mich nicht verstehen!«

»Wenn ich rede, so wird mein Schmerz nicht gehemmt; und unterlasse ich es, nicht weicht er von mir. Ja bereits hat er (Gott) mich erschöpft; – du hast meinen ganzen Hausstand verwüstet und du hast mich zusammenschrumpfen lassen, ... und meine Abmagerung tritt wider mich auf, sie zeugt mir ins Angesicht. Sein Zorn hat mich zerfleischt und verfolgt, er hat mit seinen Zähnen wider mich geknirscht; als mein Feind schärft er seine Augen wider mich.«

Hiob, völlig blind in seinem Schmerz, schilderte seine Leiden als von Gott gewirkt und nennt sie Ausbrüche des Zornes Gottes. Das waren leidenschaftliche Entladungen aus tiefer Verzweiflung. Das Auf und Ab seiner Gemütsstimmungen hielt an. Hier verbittert und verzweifelt, dort wieder ein vertrauensvolles Anlehnen an seinen Gott: *»Setze doch ein, leiste Bürgschaft für mich bei dir selbst! Wer ist es sonst, der in meine Hand einschlagen wird? Denn ihre Herzen hast du der Einsicht verschlossen; darum wirst du ihnen nicht die Oberhand geben«* (17,3-4).

Nie handelt Gott im Zorn, wenn er die Seinen durch Prüfungen gehen lässt. Nie knirscht er mit den Zähnen! Gott ist vollkommen in jedem Tun. Ihm kann kein Fehler unterlaufen, weil ihm das menschliche, launenhafte, aufgeregte, verärgerte, enttäuschte Wesen fremd ist. Er kann nur aus seiner Heiligkeit und Gerechtigkeit heraus vollkommen wirken. Was von ihm kommt, was er zulässt oder auslöst, geschieht nur, weil er die Seinen segnen und die Welt vor einem noch tieferen Absinken in die Verderbtheit bewahren will.

Ein Zwischengedanke

Drangsal, Not, Angst und Leid, Krankheit und Missgeschick sind Fügungen Gottes. Wohl sind diese Übungen Folgen der Sünde, doch Gott benutzt sie als Bollwerk gegen das Verderben, das in der Welt ist. Wohin wäre die Menschheit schon gesteuert, wenn die Eingriffe Gottes nicht wären? Bei allen Katastrophen gibt es ein Erschrecken, ein Stillestehen. Man hält für Augenblicke den Atem an, und die rasende Talfahrt wird verlangsamt. Wie mancher wurde in seinem Dahintreiben in die Gottesferne aufgehalten, kam zum Nachdenken und fand den Sinn des Lebens! Er lernte mit Hiskia beten: »*Zum Heil ward mir bitteres Leid! Liebevoll zogest du meine Seele aus der Grube des Verderbens, und alle meine Sünden hast du hinter deinen Rücken geworfen!*«

Darum sind Trübsalszeiten Beweise suchender Gottesliebe. Er stellt sich uns nachdrücklich in den Weg. Wir kommen nicht an ihm vorbei, ohne dass seine Warnung uns unsicher macht. Gott geht es um die rechte Richtung für unser Leben, um den rechten Blick auf das rechte Ziel.

Leider erkennen die meisten Menschen diese Liebesabsichten nicht. Statt den Retter zu suchen und anzurufen, wenden sie sich verbittert ab und greifen Gott an, der auf die Anklagebank muss. Aus einem verhärteten Herzen kommen nur Vorwürfe: »Gott gönnt uns das Glück nicht; er ist schuld, dass es uns so erbärmlich ergeht!« Das steinerne Menschenherz lässt ein Aufgehen des guten Samens nicht zu. Das kann dahin führen, dass das ernste Reden Gottes überhaupt nicht mehr empfunden wird. Dann ist aber der Zustand erreicht, den die Bibel charakterisiert: *»Verachtest du den Reichtum seiner Gütigkeit und Geduld und Langmut, nicht wissend, dass die Güte dich zur Buße leitet? Nach deiner Störrigkeit und deinem unbußfertigen Herzen aber häufst du dir selbst Zorn auf am Tag des Zorns und der Offenbarung des gerechten Gerichts Gottes, welcher einem jeden Vergeltung geben wird nach seinen Werken ...«*

Wir brauchen große Gnade, um das Reden unseres geliebten Herrn richtig zu verstehen. Der Glaube aber will sich immer öffnen, er will die Trübsale recht einordnen und hinter allem Geschehen die liebende, heilende, helfende Hand des Vaters erblicken. Alles ist nach Gottes Weisheit eingeplant. In seiner Erziehungsschule müssen wir die Lektionen lernen, die zu größeren Segnungen führen; alles dient dem einen Ziel: *»Gott soll hoch erhoben werden an unserem Leibe, sei es durch Leben, sei es durch den Tod!«*, so urteilt Paulus, der treue Diener seines Herrn.

Diese Höhen und Tiefen göttlicher Weisheit können wir nicht immer erfassen, wir dürfen aber »Ja« sagen und uns unter Gottes Größe beugen. Wer verbittert die Faust ballt, hat seinen Segen verscherzt. Wer aufbegehrt, muss große Verluste beklagen. Der Segen des Herrn ruht auf denen, die an der Brust des Herrn Jesus stille werden und sich von ihm trösten lassen.

Hiobs neue Verzweiflung

In seinen Vorwürfen wechselte Hiob mehrmals die Ansprechpartner. Einmal richtete sich seine Klage gegen die Freunde, dann wieder gegen Gott. *»Ihr Maul haben sie* *wider mich aufgesperrt, mit Hohn meine Backen geschlagen; allzumal verstärken sie sich wider mich.«* Nun schaute er hinter allem Geschehen erneut die Hand Gottes und rief: *»Gott gab mich preis den Ungerechten, und in die Hände der Gesetzlosen stürzte er mich. Ich war in Ruhe und er hat mich zerrüttelt, und er packte mich beim Nacken und zerschmetterte mich, er spaltete meine Nieren ohne Schonung, er schüttete meine Galle zur Erde. Er durchbrach mich, Bruch um Bruch; er rannte wider mich wie ein Held ... Mein Angesicht glühte vom Weinen und auf meinen Wimpern ist der Schatten des Todes – obwohl keine Gewalttat in meinen Händen und mein Gebet lauter ist.«*

Was soll man zu solchen Anschuldigungen sagen? Wir können gut verstehen, dass Gott seine Hand noch nicht von Hiob nehmen konnte. Bei dieser Selbstgerechtigkeit war die Prüfungszeit noch nicht beendet. Menschen sind so träge im Lernen! Gott aber muss auf den Augenblick warten, an dem er sagen kann: »Genug! Nun erkenne ich, dass du Gott fürchtest!« Dem Abraham konnte er einst dieses Zeugnis geben.

Noch blieb Hiob bei sich selbst stehen, er sah nur sein Leid. Für ihn gab es nur einen Lichtblick: sein baldiges Ende, das er immer wieder verlangend herbeisehnte. *»Denn die zählbaren Jahre gehen vorüber und ich werde einen Weg dahingehen, auf dem ich nicht wiederkehren werde.«*

Wer könnte den Mann verurteilen? Hiob war bis an die äußersten Grenzen seiner Tragfähigkeit erprobt. Alles musste er durchstehen. Wenn er auch nach dem Verlust seiner Kinder und seines gesamten Vermögens Gott preisen konnte: *»Der Herr hat gegeben, der Herr hat ge-*

nommen, *der Name des Herrn sei gepriesen«*, hatte er doch diese Schicksalsschläge nicht vergessen: »*Du hast meinen ganzen Hausstand verwüstet«*, klagte der Dulder im 16. Kapitel. Immer wieder brach der Schmerz über den entstandenen Schaden bei ihm durch.

»*Gott, dein Weg ist heilig!*«

So müssen wir auch ausrufen, wenn wir die Geschichte Hiobs lesen! Im 4. Vers des 17. Kapitels musste Hiob die tiefere Ursache für die Fehlurteile seiner Freunde aufzeigen: »*Denn ihre Herzen hast du der Einsicht verschlossen; darum wirst du ihnen nicht die Oberhand geben.*« Unter diesem Nichtverstandenwerden durch seine Genossen litt Hiob sehr. Gott fragt auch uns nicht, ob er solche Wege mit uns einschlagen soll oder darf. Er ist souverän und unfehlbar in seinem Tun! In 5. Mose 29,4 musste Mose dem Volk Israel Ähnliches klarstellen: »*Aber der Herr hat euch nicht ein Herz gegeben zu erkennen, und Augen zu sehen, und Ohren zu hören, bis auf diesen Tag.*« Der Apostel Paulus schrieb viel später in Römer 11,32 die Erklärung nieder, warum Gott dieses Nichtverstehen Israel zuteil werden ließ: »*Denn Gott hat alle zusammen in den Unglauben eingeschlossen, auf dass er alle begnadige. O Tiefe des Reichtums, sowohl der Weisheit als auch der Erkenntnis Gottes!*«

Genauso fragend stehen wir vor einer Begebenheit im Leben des Herrn Jesus: »*Und des folgenden Tages ... hungerte ihn. Und als er von ferne einen Feigenbaum sah, der Blätter hatte, ging er hin, ob er vielleicht etwas an ihm*

fände; und als er zu ihm kam, fand er nichts als nur Blät-
ter, denn es war nicht die Zeit der Feigen. Und er hob an
und sprach zu ihm: Nimmermehr esse jemand Frucht von
dir in Ewigkeit!« Wusste der Herr denn nicht, dass noch
keine Feigen an dem Baum sein konnten? War er so wirk-
lichkeitsfremd? Wahrhaftig nicht! Der Feigenbaum ist ein
Bild von Israel. Israel konnte noch keine Frucht bringen,
als sein Messias kam, weil er von Israel verworfen wurde.
Deshalb wurde er, der Sohn des Menschen, nicht nur der
Erlöser Israels, sondern er gab sein Leben als Lösegeld für
viele. Das Opfer von Golgatha war die einzige Grundlage, auf der Gott mit den Menschen in Verbindung treten
konnte. Die Leibesgemeinde wurde auf dieser Basis er-
kauft. Israel konnte nur auf diesem Boden der Erlösung
einmal zur Reichsherrlichkeit kommen. Den Nationen
wird nur auf dieser Grundlage über Israel die Errettung
durch das Evangelium des Reiches verkündet werden.
Darum konnte nach Gottes Plan der Feigenbaum in den
Tagen Jesus keine Frucht tragen, weil die Zeit noch nicht
erfüllt war. Jesaja musste das auch weitergeben: *»Hier bin*
ich, sende mich. Und er (der Herr) sprach: Gehe hin und
sprich zu diesem Volk: Hörend höret und verstehet nicht;
und sehend sehet, und erkennet nicht! Mache das Herz
dieses Volkes fett und mache seine Ohren schwer und ver-
klebe seine Augen; damit es mit seinen Augen nicht sehe
und mit seinen Ohren nicht höre und sein Herz nicht ver-
stehe und es nicht umkehre und geheilt werde« (Jes 6,9-10
und Mt 13,15).

In diesen Bibelstellen entsteht eine Verbindung zwischen Gottes Plan und Israels Schuld. Gottes Plan war die
Sendung des Lammes, das die Sünde der Welt trägt. Das

Lamm musste geschlachtet, geopfert werden. Deshalb konnte von Gott her das Volk den Messias nicht annehmen, konnte der Feigenbaum noch keine Frucht bringen. Davon unberührt bleibt die Seite der Verantwortung Israels: Der Messias war unter ihnen, sie verwarfen ihn, überlieferten ihn aus Neid an die Römer, stießen ihn von sich und kreuzigten ihren König. Damit erfüllte sich Gottes Plan: Wie ein Lamm wurde Jesus zur Schlachtbank geführt, sühnte die Sünde der Welt und wurde unser Erlöser. Die von Ewigkeit her vorgesehene Erlösungsgnade war erschienen und Grundlage des Heils der Welt. Gott hatte gehandelt, seine Pläne haben sich erfüllt. So geschieht alles nach dem weisen Rat des Willens Gottes und hat einen gesicherten Ausgang (Eph 1,12-13).

Unter dieser Gesamtschau kann auch Hiobs Ausruf verstanden werden: *»Denn ihre Herzen hast du der Einsicht verschlossen; darum wirst du ihnen nicht die Oberhand geben.«* Das Böse kann nicht siegen. Allein die Wege Gottes werden in seinem Triumph enden. Keine chaotischen Zustände, kein Durcheinander, keine Ratlosigkeit, keine satanische Wirksamkeit werden den Sieg Gottes aufhalten oder seine Pläne beeinflussen, alles verläuft nach Gottes Vorsatz. Am Ende wird alles tiefen Frieden und herrliche Harmonie atmen. Die siegreiche, glorreiche und gesegnete Vollendung, zu der Gott seine Geschöpfe führt, wird jenes Wunderbare offenbaren: »Gott ist alles und in allem! Sein Ruhm und seine Herrlichkeit erfüllt die ganze Schöpfung!«

Hiob erteilt eine weitere Lektion

Im 17. Kapitel begann die Rede des Geprüften zunächst erneut mit sich und seinem Schmerz: *»Mein Geist ist verstört, meine Tage erlöschen, die Gräber sind für mich. Sind nicht Spöttereien um mich her und muss nicht mein Auge weilen auf ihren Beleidigungen?«*

Immer wieder stoßen wir auf einen Mann, der das ganze Geschehen mit ihm nicht recht einzuordnen weiß. Einmal verklagte er die unwirklichen Tröster, dann wieder ahnte er, dass Gottes Hand auf ihm lag, wenn er ihn auch nicht verstand. Hiob blieb bei sich, seinen Leiden und Übungen hängen. Seine Worte, sein Handeln, seine Gebärden beinhalten nur den einen Schrei: *»O dass ich IHN finden könnte!«* Später lesen wir diesen Ausspruch: *»O dass ich IHN zu finden wüsste, dass ich kommen könnte bis zu seiner Wohnstätte«* (Hiob 23,3).

Doch die Übungen gingen weiter. Entrüstet rief Hiob den Freunden zu: *»Aber ihr alle, kommt nur wieder heran! Und einen Weisen werde ich nicht unter euch finden.«* Dabei überfiel ihn erneut der ganze Jammer seiner Lage: *»Meine Tage sind vorüber, zerrissen sind meine Pläne, das Eigentum meines Herzens. Die Nacht machen sie zum Tage, das Licht nahe vor lauter Finsternis. Wenn ich hoffe, so ist der Scheol mein Haus, in der Finsternis bette ich mein Lager. Zur Verwesung rufe ich: Du bist mein Vater! zu dem Gewürm: Meine Mutter und meine Schwester! Wo denn ist meine Hoffnung? Ja meine Hoffnung, wer wird sie schauen?«*

Wenn Hiob doch einmal von sich absehen könnte! Welch ein Trost würde sein armseliges Dasein erleuchten, wenn er den Herrn in sein Leid, seine Prüfungen hineinnehmen würde!

Wer auf dem rotierenden Karussell mit falscher Blickrichtung sitzt, muss verzweifeln. Er sieht nichts anderes als sich und sein Ergehen. Wohin auch sein Auge schaut, er erkennt nur, dass er der Ärmste, der Bemitleidenswerteste, der Vergessene, der Leidende ist, der allein Mühe, Entbehrungen, Not und Trübsal durchstehen muss. Menschlich ist das alles zu verständlich. Die falsche Blickrichtung aber bringt überhaupt nichts ein, sondern raubt die letzte Energie und stürzt die Seele in tiefe Verzweiflung.

Wo ist noch Hoffnung? Hiob sah nur noch das Dunkel , die Finsternis, seinen geschundenen Leib, die Würmer, das Grab. Sein ganzes Sinnen war auf den Tod gerichtet, wo er im Scheol endlich seine Ruhe finden würde.

Wer kennt nicht solche geistlichen Umnachtungen? Viele Menschen leben in dieser Hoffnungslosigkeit. Sie meinen: Wenn mich der kühle Rasen deckt, habe ich endlich ewige Ruhe! Für Tausende von Leidenden gibt es keine andere Zukunft. Allen wollen wir mit Hiob zurufen: »Fasse Mut! Der Herr hat noch Großes mit dir vor. Die Übungen sind eine Erziehung auf große Segnungen hin. Gott liebt dich. Nimm den Herrn Jesus, der noch tiefer für dich durch Leiden ging, in dein Leben auf. Nimm den Stärkeren in deine Notlage hinein, und du wirst sehen: Mit ihm ist alles überwunden! Das Schwerste in deinem Leben ist die Not der Schuld und Sünde vor Gott. Dieses Tatsache führt ins unausweichliche Gericht Gottes. Wirf dein Versagen auf deinen Retter und Heiland, auf den Herrn Jesus Christus. Wenn du von diesem Druck des Gewissens frei bist, werden die Leiden der Jetztzeit viel leichter überwunden. Der Herr Jesus macht frei!«

Die Gotteskinder kennen diesen Helfer. Sie ermuntert die Bibel: »Wirf auf den Herrn, was dir auferlegt ist. Er hilft beim Tragen. Er gibt Mut und Zuversicht und ruft dir zu: Komm, wir beide schaffen es! Allein wirst du unter deiner Last niedersinken; du wirst mutlos und verzagt! Komm, wirf ab! Denke an den Ausgang, der dich zu großen Erfahrungen und Segnungen führen soll. Das Ende ist gesegneter als der Anfang. Ein wenig Leiden noch, ein wenig Tränen noch, dann kommt die Ruhe am kristallenen Meer!«

Kapitel 18

Bildad antwortet Hiob zum zweiten Mal

Mit innerer Wehmut haben wir festgestellt, dass Hiobs Hoffnungen sich auf das Grab richteten. Wir sahen, wie wenig der Niedergebeugte die Gedanken Gottes verstand. Seine Zusagen und Verheißungen reichen jedoch hinein in die fernsten Ewigkeiten. Wer glaubt, dass mit dem Tod alles aus sei, irrt um den Preis seiner Seele. Er wird einmal im Gericht Gottes eines Besseren belehrt. Schon jetzt aber wird er mit Hiob in das Klagelied einstimmen: »*Wo ist denn meine Hoffnung? Meine Hoffnung, wer wird sie schauen? Meine Tage sind vorüber, zerrissen sind meine Pläne, das Eigentum meines Herzens.*«

Wie arm, wie unendlich arm ist ein Leben ohne Gott und ohne Hoffnung! Wer nicht in Jesus Christus die lebendige Hoffnung gefunden hat, muss verzweifeln, wenn seine irdischen Ziele, seine gesteckten Ideale sich in Luft auflösen. Nichts, und mag es noch so wertvoll erscheinen, passt in die andere, in die himmlische Welt.

Die Klage Hiobs hatte Bildad überhaupt nicht beeindruckt. Er fühlte sich vielmehr herausgefordert und antwortete Hiob mit ganzer Schärfe. Dabei war er in seinem Urteil völlig blind, denn was er Hiob vorwarf, hätte er zuerst sich selbst zurechnen müssen. Das aber fehlte allen Tröstern Hiobs. Wir hören: »*Wie lange wollt ihr auf Worte Jagd machen? Werdet verständig, und hernach wollen wir reden.*«

Dieser Rat war trefflich, er wurde nur an die falsche Adresse gerichtet. Viel verständnisvoller hätten alle zu ihrem so schwer angeschlagenen Freund reden sollen. Etwas mehr Weisheit, Mitleid und Mitgefühl hätte Hiobs Leid erträglicher gestaltet. »Reden ist Silber, Schweigen ist Gold!« ist ein wichtiger Grundsatz für Tröster; die Freunde hätten mehr schweigen und zuhören müssen! Jedes dumme, unüberlegte Wort kann Schaden anrichten und den Trost ins Gegenteil umschlagen lassen. Ein Betrübter, ein Kranker, ein in Not Lebender kann keinen Redeschwall, keine Vorwürfe verkraften. Will man ein Herz erreichen, müssen der Worte wenige sein: Der Geprüfte hat ein feines Gespür für die Einstellung eines Trösters. Ob sein Herz spricht oder der kalte Besserwisser mit nichtssagenden Floskeln, wird sehr schnell registriert. Der Gegenspieler Gottes versucht alles, dem Trost die Tiefen zu nehmen. Er will bezwecken, das der Geprüfte zur Bitterkeit und Rebellion gegen die Güte Gottes aufgehetzt wird.

Diese Absicht kam in den Worten Bildads, die Satan ihm in den Mund legte, deutlich hervor. Diese List war offenkundig: Alles versuchte der Ränkeschmied zu verdrehen. Das Versagen und die Verfehlungen der Freunde legte er dem schuldlosen Hiob zur Last. Mit Hinterlist, gut verpackt oder auch offen machte Bildad Bemerkungen, die Hiob hart treffen sollten. Wer anders konnte mit der Bezeichnung »Gesetzloser« gemeint sein, wenn nicht der Schwergeprüfte? *»Doch das Licht der Gesetzlosen wird erlöschen, und nicht leuchten wird die Flamme seines Feuers. Das Licht wird finster in seinem Zelt und seine Lampe erlischt über ihm.«*

Wer gab diesem Mann das Recht, so mit seinem Freund zu reden? Wir sehen des Teufels Bemühen. Jedes Mittel war ihm passend, Hiob zur Verzweiflung zu bringen, damit er endlich Gott fallen ließ. Nie würde es im Leben Hiobs finster werden, nie die Flamme des Feuers erlöschen, denn nicht nur der Feind beobachtete ihn, sondern auch Gottes Auge ruhte auf seinem Frommen. Nie würde er zulassen, dass der schwach gewordene Funke des Glaubens erlöschen würde: »Das geknickte Rohr wird er nicht zerbrechen und den glimmenden Docht nicht auslöschen.« So lautet Gottes Zusage. Der Glaube singt:

Mag der Feinde Schar auch toben,
Satan selbst uns klagen an;
Jesu Hände sind gehoben,
wer ist's, der uns schaden kann!

Die Angriffe Bildads gingen unvermindert weiter. Sie sollten den Gequälten völlig unsicher und verzweifelt machen:

»Die Schritte seiner (des Gesetzlosen) Kraft werden eingeengt werden ... Denn durch seine eigenen Füße wird er ins Netz getrieben, und auf Fallgittern wird er einherwandeln. Der Fallstrick wird seine Ferse erfassen, die Schlinge ihn ergreifen.«

Was sollten diese leeren Worte erreichen. Hiob wurde hingestellt als jemand, der sich auf Irrwegen befand, der dem sicheren Verderben entgegeneilte, der von einem Falleisen erfasst in den Abgrund gezogen wurde. Hiob war in den Augen der Freunde ein Mann, der sich selbst zu Grunde richtete, der aber seine Schuld nicht einsehen oder eingestehen wollte; darum ging es mit ihm auch ständig bergab nach der Devise: Wer nicht hören will, muss fühlen!

Die Anschuldigungen gehen noch weiter: *»Was nicht sein ist, wird in seinem Zelt wohnen, auf seine Wohnstätte wird Schwefel gestreut werden. Unten werden seine Wurzeln verdorren und oben wird sein Gezweig verwelken. Sein Gedächtnis verschwindet von der Erde, und auf der Fläche des Landes hat er keinen Namen ... Er wird keinen Sohn und keinen Nachkommen haben unter seinem Volk, noch wird ein Entronnener in seinen Wohnsitzen sein.«*

Wie roh, wie gefühllos! War es nicht schwer genug, dass der Angefochtene Haus und Hof und alle Kinder verloren hatte? Musste Bildad die noch nicht vernarbten Wunden wieder aufreißen? Furchtbar ist die Formulierung: *»Auf die Wohnstätte wird Schwefel gestreut ... er wird keinen Sohn und keinen Nachkommen haben!«*

Es fällt nicht schwer, den zu erkennen, der den gemarterten Mann immer tiefer ins Elend stoßen will. Jegliche

Hoffnung sollte Hiob genommen werden, darum benutzte Satan sein Werkzeug, um in herzloser Weise den Mann zu quälen.

Stellen wir uns einmal vor, dass jemand in einer Bombennacht seine Kinder und seinen ganzen Besitz verloren hatte. Nun kamen aus ihren verschont gebliebenen Häusern seine Freunde und bezeichneten den schweren Verlust als selbst verschuldet. Persönliche Schuld müsse vorliegen, sonst wäre er nicht in eine solche Lage gekommen, meinten sie. Es würde für einen solchen auch keine Hilfe oder Hoffnung für eine Zukunft geben! Was geschähe wohl mit solchen selbstgerechten Menschen, mit diesen gefühllosen »Freunden«? Der Volkszorn würde sie treffen und die unmöglichen Tröster zur Stadt hinausjagen.

Welch einen Schmerz, welch inneres Weh musste Hiob empfunden haben. Wie blind und dumm sind diese Tröster gewesen, deren Reden im Übrigen doch Intelligenz verraten und Einsicht in die Natur und das Wesen der Schöpfung.

Noch reichte es Bildad mit seinen Vorhaltungen nicht. Er wies Hiob auf den Verlust seines guten Rufes hin und sprach davon, wie man ihn bis in die weiteste Ferne beurteilte: »*Über seinen Tag entsetzen sich die im Westen Wohnenden, und die im Osten erfasst Schauder. – Ja, so sind die Wohnungen des Ungerechten und so ist die Stätte dessen, der Gott nicht kennt.*«

Hinterlistig versteckt waren auch diese neuen Verdächtigungen! Bildad warf dem Dulder vor: »So redet man über dich, Hiob, in einem solchen Leumund stehst du. Die Leute sind entsetzt über dich. Und das alles, weil du ein Ungerechter bist, jemand, der Gott nicht kennt, um den Gott sich nicht kümmert, den er völlig abgeschrieben hat, den er gehen lässt!«

Ach, diese falschen Beurteiler, diese Drahtzieher des Feindes! Wie quälten sie den, den sie trösten wollten. Hier zeigt sich die ganze Raffinesse des Gegenspielers, der nicht schnell aufgibt. Um sein teuflisches Spiel zu gewinnen war ihm und ist ihm jedes Mittel recht. Was wäre aus Hiob geworden, wenn Gott seinen Knecht nicht gehalten hätte?

Kapitel 19

Hiobs sechste Klage

Die Antwort Hiobs auf die Rede Bildads war nicht ohne Zurückweisung der gegen ihn erhobenen Angriffe. Mit Bitternis über solche Kurzsichtigkeiten rief er aus: *»Wie lange wollt ihr meine Seele plagen und mich mit Worten zermalmen? Schon zehnmal ist es, dass ihr mich geschmäht habt; ihr schämt euch nicht, mich zu verletzen. Und habe ich auch wirklich geirrt (gefehlt), so bleibt doch mein Irrtum bei mir. Wenn ihr wirklich wider mich großtun wollt und wider mich dartun meine Schmach, so wisset denn, dass Gott mich in meinem Recht gebeugt und mich umstellt hat mit einem Netz.«*

Wie enttäuscht reagierte der Schwergeprüfte auf seine Freunde! Immer wieder brach es in ihm auf, dass sie in keiner Weise Verständnis für ihn und seine Lage zeigten. »Ihr solltet euch schämen, mich dauernd zu verletzten!

Die Angriffe müssten doch endlich aufhören. War es denn immer noch nicht genug? Zehnmal habt ihr mich geschmäht!«

Die Zahl zehn ist die Zahl der Verantwortlichkeit. Doch die Freunde Hiobs setzten sich über alles hinweg: Sie hatten keine Einsicht, kein Mitleid, kein Verständnis für die schwere Situation des Geprüften. Sie wurden nicht müde, ihn zu beschuldigen. War einer fertig mit seiner Rede, wurde er von einem anderen abgelöst. Hiob musste sich gegen drei Angreifer wehren.

Er hätte besser erkennen sollen, dass jede Rechtfertigung Gott überlassen werden darf. *»Mein ist die Rache, spricht der Herr!«* David hatte die rechte Gesinnung, als Simei ihn beschimpfte und mit Steinen nach ihm warf. Sein Heeroberster wollte den Spötter töten, der fliehende König wehrte ihm: *»Lass ihn doch, wenn der Herr ihn geheißen hat: Schimpfe David!«* Hiob benötigte noch manchen Hinweis von Gott, bis auch er schwieg und Gott sein Recht einräumte.

Hiob erkannte die Hand Gottes in seinen Leiden

Ergreifend war die Schilderung seiner Leiden, die Hiob auch jetzt vorbrachte, bildreich seine Darstellung, die sich bis zur völligen Verlassenheit steigerte. Doch plötzlich warf er nicht mehr den Freunden ihr Verhalten vor: *»Gott hat mich gebeugt ... er hat meinen Weg verzäunt ... Meine Ehre hat er mir ausgezogen und weggenommen die Krone meines Hauptes. Er hat mich niedergerissen ringsum, so* *dass ich vergehe, und hat meine Hoffnung ausgerissen wie einen Baum. Und seinen Zorn ließ er wider mich entbrennen und achtete mich seinen Feinden gleich ... Meine Brüder hat er von mir entfernt, und meine Bekannten sind mir ganz entfremdet. Meine Verwandten bleiben aus und meine Vertrauten haben mich vergessen. Meine Hausgenossen und meine Mägde achten mich für einen Fremden ... Meinen Knecht rufe ich und er antwortete nicht. Mit meinem Mund muss ich zu ihm flehen. Mein Atem ist meiner Frau zuwider und mein übler Geruch den Kindern meiner Mutter. Selbst Buben verachten mich ... Alle meine Vertrauten verabscheuen mich, und die ich liebte, haben sich gegen mich gekehrt. Mein Gebein klebt an meiner Haut und an meinem Fleisch ...«*

Wenn der Schmerz einen Menschen übermannt, wenn es keine Hoffnung auf Heilung und keinen Lichtblick mehr gibt, ist er zu allem fähig! Wer könnte es wagen, wenn er noch nie in solchen Umständen war, Hiob zu verurteilen? Leider ging die Entwicklung von der Anbetung angesichts des herben Verlustes zu Unzufriedenheit und bitteren Vorwürfen an den, der ihn zu den größten Segnungen führen wollte! So ist der Mensch, der sich in guten Tagen so großspurig ins Rampenlicht stellt. Im Hinblick auf unser Durchhaltevermögen in Trübsalen können wir nur beten:

Hier hast du meine beiden Hände,
ich kann ja nichts aus eigner Kraft,
du weißt den Weg, du weißt das Ende,
bring du mich durch die Fremdlingschaft!

Erneutes Flehen um Mitleid und Verständnis

Nachdem Hiob seine ganze Not aus seinem Inneren herausgeschleudert hatte, flehte er zu seinen Freunden um Erbarmen: *»Erbarmt euch meiner, erbarmt euch meiner, ihr meine Freunde! Denn die Hand Gottes hat mich angetastet. Warum verfolgt ihr mich wie Gott und werdet meines Fleisches nicht satt?«*

Man möchte den Geplagten ermuntern: »Gott liebt dich, Hiob. Er hat nur Gedanken der Liebe und des Friedens. Nie quält er die Seinen, sondern führt sie durch Leiden zur Herrlichkeit. Rufe nicht Menschen um Erbarmen an; sie enttäuschen dich! Einer erhört dich! Dein Gott hat nur dein Bestes im Sinn. Er hält die Fäden deiner Lebensgeschichte in seiner starken Hand. Er, der heilig ist in seinem Tun, hat beständig sein Auge auf dich gerichtet. Sein Ohr ist geöffnet für dein Flehen, er hilft dir.«

Gott gewährte seinem Knecht Einblick in die Erlösung. Hiobs Worte wurden nicht mit einem Meißel in Felsen eingehauen, wie er erbeten hatte, sie fanden vielmehr ein Echo im Herzen Gottes. Hier waren sie auch besser aufgehoben, denn selbst Worte auf einem Felsen verwittern schnell. Bei Hiob war es wie nach einer Erleuchtung, wie wenn plötzlich ein Lichtstrahl in die Umnachtung seines Denkens gefallen wäre. Jauchzend kam es über die Lippen des Geängstigten: *»Und ich, ich weiß, dass mein Erlöser lebt, und als der Letzte wird er auf der Erde stehen (auftreten); und ist nach meiner Haut dieses da zerstört, so werde ich aus meinem Fleisch Gott anschauen, welchen ich selbst mir anschauen und den meine Augen sehen werden ...«*

Hiobs Ruf nach Erbarmen blieb nicht unbeantwortet. Gott griff ein, um seinem Knecht etwas Zuversicht und Aufmunterung zu schenken. Woher kam denn sonst die plötzliche Wende, die sein Klagen unterbrach? Hiob erlebte eine ähnliche Offenbarung wie später Petrus: »Fleisch und Blut haben dir das nicht geoffenbart, sondern mein Vater, der im Himmel ist!« Gott gab Hiob Einsicht über den lebendigen Erlöser. Diese Zuversicht bedeutet für den Bedrängten Trost, Mut und Kraft. Jetzt konnte Hiob von »Wissen« sprechen. Das Ende seines Hoffens war nicht mehr das Grab, der Scheol, wie er früher wiederholt ausgerufen hatte, sondern nun wusste er um einen kommenden Erlöser. Dass dieser Heiland der Sohn des lebendigen Gottes sein würde, konnte der Getröstete natürlich nicht ahnen.

Doch die Verheißung, dass der Schlangenzertreter kommen würde, war allen Gläubigen aus der Vorzeit bekannt. Dass Hiob in seiner Bedrängnis ohne eine Erleuchtung von oben dieses schöne Zeugnis ablegen konnte, ist nicht anzunehmen. Was uns erfreut, ist der neu erbrachte Beweis, dass Gott bei uns ist, wenn es durch Tiefen geht. Nie sind wir vergessen oder verlassen, nie versäumt er uns. Er half seinem Knecht, die Nöte zu tragen; er wusste, wann er in seiner Gnade einzugreifen hatte.

Satan musste von diesem Zeugnis Hiobs verärgert und wütend sein! Statt sich von Gott loszusagen, wie der Teufel ständig erwartet hatte, kam dieses schöne Bekenntnis vom lebenden Erlöser, vom Sieger von Golgatha, der in der Fülle der Zeit der Schlange den Kopf zermalmen würde. Alles musste präzise nach dem Willen Gottes ablaufen, daran kann die Wut des Bösen nichts ändern. Für die

Gotteskinder, für alle Angefochtenen liegt hierin ein starker Trost.

Die Reaktion Satans auf Hiobs Eröffnung spiegeln die Worte des nächsten Redners wider. Hiob aber hat neue Zuversicht gewonnen. Deshalb kann er auch den Hinweis bringen: »*Wenn ihr saget: Wie wollen wir ihn verfolgen? und dass die Wurzel der Sache in mir sich befinde, so fürchtet euch vor dem Schwert! Denn das Schwert ist der Grimm über die Missetaten; auf dass ihr wisset, dass ein Gericht ist.*«

Das bedeutete doch: »Wenn ihr immer noch in mir, in meinem Verschulden die Ursache meiner Leiden seht, so denkt an das Gericht. Gott wird auch das verborgene der Finsternis ans Licht bringen. Er wird selbst die Ratschläge der Herzen offenbar machen, darum hütet euch, denn Gott ist der Rächer, der die Seinen in sein Erbarmen hüllt.«

Kapitel 20

Zophar antwortet Hiob zum zweiten Mal

Unheilvoll war schon die Einleitung zur Rede dieses Mannes: »*Darum geben meine Gedanken mir Antwort und deswegen bin ich innerlich erregt: Eine Zurechtweisung, mir zur Schande, höre ich; aber mein Geist antwortet mir aus meiner Einsicht.*«

Der Hochmut Zophars wurde unüberhörbar deutlich. Er war von sich und seinem Wissen überzeugt, er brüstete sich, Hiob weit überlegen zu sein. Was Zophar weder wusste noch ahnte, war das Verhängnis, dass er sich mit seinem Beitrag von Satan benutzen ließ. Im Grundtext fehlt das Wörtchen »mein«; dort lesen wir: *»Und Geist antwortet mir aus meinem Verstehen.«* Daraus kann man entnehmen, dass das Reden Zophars von einem Geist beeinflusst wurde. Ähnliches hatten wir schon bei Eliphas gefunden (4,12ff). Wie schnell der Gegenspieler mitmischte, haben wir wiederholt betrachtet.

Diese Erkenntnis ist auch für uns wichtig. Jede Rechthaberei, jede unfreundliche Antwort, jedes lieblose Verhalten, jedes Geschwätz kommt von unten. Wenn wir in dieser Hinsicht unseren Alltag überprüfen, erschrecken wir oft vor unserem leichtfertigen Gerede. Der Feind sät nur Zwietracht, entzweit Herzen und verwundet sie. Wir wollen achtsam, wachsam sein, dass wir in keiner Weise ihm zum Handlanger werden. Die Bibel mahnt uns, dass kein faules Wort aus unserem Mund kommen soll, sondern nur Reden, die zur Ermunterung und Auferbauung führen, zur Vertiefung der Eintracht und Gemeinschaft. Alles Urteilen wollen wir unserem Herrn überlassen, von dem Paulus schreibt: *»Er wird das Verborgene ans Licht bringen und die Ratschläge der Herzen offenbaren! Darum urteilt nichts vor der Zeit, bis der Herr kommt!«*

Von wem Zophar seine Gedanken empfing, sehen wir an seinen weiteren Vorhaltungen. Er stufte Hiob in die Reihen der Gesetzlosen ein. Wie in den Reden seiner Freunde wiederholt festgestellt werden musste, fährt jetzt Zophar fort: *»Weißt du dieses, dass von je her, seitdem der Mensch auf die Erde gesetzt ist, der Jubel der Gesetzlosen kurz und die Freude der Ruchlosen für einen Augenblick war? Stiege auch seine Höhe bis zum Himmel hinauf und*

rührte sein Haupt an die Wolken: Gleich seinem Kote ver-
geht er auf ewig; die ihn gesehen haben, sagen: Wo ist er?«

Bittere Worte, neue Verdächtigungen tischt dieser »sau-
bere« Freund auf: »Merkst du es denn noch immer nicht,
dass dein Los das des Gesetzlosen, des Ruchlosen ist?
Schau, wie kurz dein irdisches Glück währte. Was hast
du denn noch. Einst stiegst du in die Höhe, du warst der
Mann, an dem wir hinaufblicken sollten, der Hochge-
stellte. Doch wo ist alles geblieben? Wegen deiner Ungerechtigkeit hat Gott dir alles zerschlagen!« Weiter gingen
die quälenden Anschuldigungen. Zophar verdächtigte
Hiob, dass Gottes Zorn ihm alles weggenommen habe,
weil der Besitz unrechtmäßig erworben war. *»Reichtum*
hat er verschlungen und er speit ihn aus, aus seinem
Bauch treibt Gott ihn heraus ... Das Errungene gibt er
(der Gesetzlose) zurück, und er (der Gierige) darf es nicht
verschlingen; gemäß dem Vermögen, das er (zu Unrecht)
erworben hat, darf er sich nicht erfreuen. Denn er hat
misshandelt, verlassen die Armen; Häuser hat er an sich
gerissen und wird sie nicht ausbauen ... Nichts entging sei-
ner Fressgier; darum wird sein Wohlstand nicht dauernd
sein ... Es wird geschehen: Um seinen Bauch zu füllen,
wird Gott die Glut seines Zornes in ihn entsenden und sie
auf ihn regnen lassen in sein Fleisch hinein ... Der Ertrag
seines Hauses wird weggeführt werden, wird zerrinnen
am Tag seines Zornes. – Das ist das Teil des gesetzlosen
Menschen von Gott und das ihm von Gott zugesprochene
Los.«

Diese verkappten Anschuldigungen bargen eine infa-
me Unterstellung. In der Meinung seiner selbstgerechten
Freunde war Hiob jemand, der mit den Gesetzlosen auf

einer Stufe stand. Welchen Sinn sollte man sonst in diese Ausfälle Zophars legen?

Alle Hinweise gingen zu der einen Frage: »Hiob, siehst du dich nicht im Urteil des Allmächtigen? Sind meine Worte nicht haargenau auf dich zu deuten? Bist du es nicht, dem Gott seinen ganzen Reichtum genommen hat? Hast du dich nicht nur kurze Zeit deines Überflusses freuen können? Wo ist dein Glück geblieben? Durch Gottes Handeln ist der Beweis erbracht, dass du auf einer Stufe mit den Schuldigen stehst. Gottes Hand liegt schwer auf dir: Denn der Himmel wird seine Ungerechtigkeit enthüllen und die Erde sich wider ihn (den Schuldigen) erheben!« (Vers 27).

Diese erbarmungslose Redeweise war ein neues ungerechtes Urteil, durch das sich der Angefochtene aber nicht von Gott lossagte.

Wie schmerzhaft sind lieblose, ungerechte Worte! Mehr denn je sind wir gefordert, über unsere Äußerungen zu wachen. Die Bibel warnt: »*Der Weise wird hören und an Kenntnis zunehmen und der Verständige wird sich weisen Rat erwerben ... Die Furcht des Herrn ist der Erkenntnis Anfang; die Narren verachten Weisheit und Unterweisung ... Wendet euch um zu meiner Zucht! Siehe, ich will euch meinen Geist hervorströmen lassen, will euch kundtun meine Reden*« (aus Spr 1). Oder in Sprüche 29: »*Siehst du einen Mann, der hastig ist in seinen Worten, für den Toren ist mehr Hoffnung als für ihn. Der ungerechte Mann ist ein Gräuel für die Gerechten, und wer geraden Weges wandelt, ein Gräuel für den Gottlosen.*« Den Freunden Hiobs möchte man zurufen: »*Der Hasser verstellt sich mit seinen Lippen, aber in seinem Innern hegt er Trug.*

139

Wenn er seine Stimme holdselig macht, traue ihm nicht;
denn sieben Gräuel sind in seinem Herzen.«

Kapitel 21

Hiob entgegnet den Freunden
(siebte Rede)

So schmerzhaft die Vorhaltungen auch waren, Hiob kam
nicht in Verlegenheit, da er das Recht auf seiner Seite wusste. Wenn Gott ihn von einer gewissen Selbstsicherheit
und Selbstgerechtigkeit befreien wollte, war das allein
Gottes Aufgabe. Wenn auch die Taktik des Feindes und
der Unverstand seiner Freunde von Gott mitbenutzt wurden, blieb seine Aufmerksamkeit voll seinem Knecht
zugewandt. Weiter half er Hiob, in dessen Erwiderung die
passenden Worte der Zurechtweisung zu finden.

Seine Entgegnung begann: *»Hört, hört meine Rede!*
Und dies ersetze eure Tröstungen.« Was wollte Hiob mit
diesem Tadel erreichen? Nicht das: »Ihr unfähigen Tröster, die ihr gar nicht in der Lage seid, meine Lage recht zu
beurteilen, und die ihr überhaupt keinen Trost spenden
könnt, muss ich mir diesen Trost selbst zusprechen? Ihr
urteilt und redet, ihr dreht euch ständig im Kreis, darum
sind eure Zusprüche hohl und leer und gehen ständig am
Ziel vorbei?«

Dann fuhr er an Zophar gewendet fort: *»Ertragt mich*
und ich will reden, und nachdem ich geredet habe, magst
du spotten. Richtet sich meine Klage an einen Menschen?

Oder warum sollte ich nicht ungeduldig sein? Wendet euch zu mir und entsetzt euch und legt die Hand auf den Mund!«

Hiob nahm den Vergleich mit einem Gesetzlosen, einem Schuldigen nicht einfach hin. Mit geschickten Worten widerlegte er die lieblosen Beschuldigungen. Er forderte Zophar und seine Genossen auf, recht hinzuhören, ihn nicht zu unterbrechen, die Hand auf den Mund zu legen. »Schaut mich doch an, dann müsst ihr euch nämlich entsetzen! Hört nur mit eurer Weisheit auf, sie trifft nie ins Schwarze, sie geht immer am Ziel vorbei!«

Nachdem Hiob die drei zum Zuhören aufgefordert hatte, erteilte er Zophar eine eingehende Lektion und beantwortet die versteckten Angriffe dessen, der ihn mit einem Gottlosen verglichen hatte: *»Ja, wenn ich daran denke, so bin ich bestürzt und Schauer erfasst mein Fleisch. Warum leben die Gesetzlosen, werden alt, nehmen gar an Macht zu? Ihr Same steht fest vor ihnen, mit ihnen, und ihre Sprösslinge vor ihren Augen. Ihre Häuser haben Frieden, ohne Furcht, und Gottes Rute ist nicht über ihnen ... In Wohlfahrt verbringen sie ihre Tage, und in einem Augenblick sinken sie in den Scheol hinab. Und doch sprechen sie zu Gott: Weiche von uns! Und nach der Erkenntnis deiner Wege verlangen wir nicht. Was ist der Allmächtige, dass wir ihm dienen sollten, und was nützt es uns, dass wir ihn angehen? Siehe, ihre Wohlfahrt steht nicht in ihrer Hand. Der Rat der Gesetzlosen sei fern von mir!«*

»Zophar, wo bleibt dein Vergleich? Er ist an den Haaren herbeigezogen! Genau das Gegenteil von dem, was du behauptest, ist Tatsache. Wäre ich der Gesetzlose, wie du es mir vorhältst, müsste es mir so blendend ergehen wie jenen. Sie haben Wohlfahrt auf allen ihren Wegen. Gott lässt sie gehen, da ihre Wege sie ins Gericht führen; solche kann er in Geduld wie Gefäße seines Zorns tragen. Bei mir findest du den umgekehrten Fall: Gottes Hand liegt auf mir!«

So ist es bis zur heutigen Stunde: Wen Gott liebt, den führt er in die Tiefen, den lässt er durch seine Schule gehen, damit er seiner Heiligkeit teilhaftig werde.

Wenn wir Hiobs Aussagen anhand der Bibel überdenken, erkennen wir deren Richtigkeit. In Psalm 73 finden wir die ähnlichen Aussprüche von Asaph. Blicke ich auf die Umstände, die Leiden und Ängste des Lebens, muss ich verzagen; blicke ich auf den Herrn Jesus, fließt mir aus seiner Gegenwart Trost, Kraft und Mut zu.

Dieser wichtige Aufblick fehlte dem Schwergeprüften, darum gingen seine Klagen verstärkt weiter.

Nachdem er sich von den Gesetzlosen in Vers 16 distanziert hatte: »*Der Rat der Gesetzlosen sei fern von mir!*«, beschäftigt er sich mit der Wohlfahrt der Gesetzlosen. Hierin sah er ein bitteres Unrecht. Er hatte stets in Gottesfurcht gelebt und musste durch die tiefsten Tiefen. Der Gesetzlose ging viel leichter durch Leben und Tod. Sein Wohlergehen kleidete Hiob in die Frage: »*Wie oft geschieht es, dass die Leuchte der Gesetzlosen erlischt und ihr Verderben über sie kommt, dass er ihnen Schlingen zuteilt in seinem Zorn, dass sie wie Stroh werden vor dem Wind und wie Spreu, die der Sturmwind entführt? Ihr sagt: Gott spart sein Unheil auf für seine Kinder.*«

Wir sehen die Gegensätze in den Behauptungen der Freunde und den Erwiderungen Hiobs. Die unbrauchbaren Tröster versuchten auf alle Weise, Hiob als Schuldigen vor Gott hinzustellen, der seine Strafe verdient hatte. Hiob verteidigte und erkundigte sich: Wo und wann habt ihr den Gesetzlosen unter den Schlägen Gottes gesehen? Schon gar nicht konnte er einräumen, dass Gott das Unheil für seine Kinder aufspart. So redeten beide Parteien aneinander vorbei. Die Menschen damals hatten keine Belehrungen wie wir, denn das Wort Gottes fehlte noch. Sie waren auf unmittelbare Offenbarungen Gottes angewiesen. Dadurch waren Irrungen unter der Einmischung des Feindes leichter möglich. Deshalb mischten sich im Urteil der Freunde Wahrheiten mit Unverständnis und falschen Ansichten.

Hiob kämpfte mit seiner Selbstgerechtigkeit, er konnte nicht verstehen, dass ein Gottwohlgefälliger durch solche Leiden gehen musste. Die Bewertung dieses treuen Knechtes wollen wir Gott überlassen. Wir Menschen sind ohnehin zu kurzsichtig und werden sehr leicht von unseren Gefühlen beeinflusst. Wer will dem Höchsten wehren, dass er sich in Langmut von Verbrechern, von Dieben und Ehebrechern herausfordern und sogar verspotten lässt. Er sieht auch deren Gericht kommen. Wer will ihm Vorschriften machen, wenn solche, die er wegen ihrer Gottesfurcht besonders liebt, im Schmelztiegel seiner Erziehungswege für größere Segnungen zubereitet werden? Uns fehlt der Blick in seine Werkstatt, doch wir müssen festhalten: Nie unterläuft Gott ein Fehler.

Es war auch die Tragik Hiobs, dass er die Zusammenhänge der Wege Gottes nicht entwirren konnte. Er war nicht Zeuge jenes Dialogs im Himmel gewesen. Die Wesenszüge Gottes waren ihm überdeckt, weil Satan die Freiheit erhielt, Hiob anzugreifen. Deshalb forderte Hiob auch Gott selbst heraus und forderte seine Antwort. Entsprechend dieser Schau hielt einst Sören Kierkegaard, ein dänischer Philosoph und Theologe, fest: »Rede nur, du unvergesslicher Hiob«, da er in Hiobs Klage den Widerhall seiner eigenen Schicksalsfrage spürte. »Wiederhole alles, was du sagtest, du mächtiger Anwalt, der sich vorwagte bis zum Richterstuhl des Höchsten, der unerschrocken vorstürmte wie ein brüllender Löwe! In deinem Herzen war Gottesfurcht, auch wenn du klagtest, auch wenn du dich in deiner Verzweiflung zur Wehr setztest gegen deine Freunde, die wie Räuber aufstehen und dich mit ihren Reden überfallen, auch wenn du, gehetzt von diesen Freunden, ihre Weisheit zertrittst und ihre Verteidigung Gottes verachtest, als wäre es die elende Verachtung eines staatsklugen Regenten, eines abgedienten Beamten. Dich brauche ich, einen Mann, der es versteht laut zu klagen, dass es im Himmel widerhallt, wo Gott sich mit Satan berät, um einen Plan zu entwerfen gegen einen Menschen. Klage nur, Gott fürchtet nichts. Er kann sich wohl verantworten; wie sollte er sich aber verantworten, wenn niemand wagt zu klagen, wie es dem Menschen ziemt? Rede nur, erhebe deine Stimme! Gott kann wohl noch lauter reden, er hat ja den Donner, aber auch der ist eine Antwort, eine Antwort von Gott selbst, die, auch wenn sie den Menschen zerbricht, herrlicher ist als alle Gerüchte über die Gerechtigkeit der Weltlenkung, erfunden durch menschliche Weisheit und ausgebreitet durch Feiglinge und Halbmänner« (Sören Kierkegaard, Die Wiederholung).

Hiob sieht das, was vor Augen ist

Der Schwergeprüfte wurde einfach mit dem Verlauf seines Lebens nicht fertig. Seine Gedanken weilten immer noch bei dem Los des Gesetzlosen, dem es seiner Meinung nach besser ging als dem Gerechten. Deshalb klagte er nochmals: »*Dieser (Gesetzlose) stirbt in seiner Vollkraft, ganz wohlgemut und sorglos. Seine Gefäße sind voll Milch und das Mark seiner Gebeine ist getränkt. Und jener (Gerechte) stirbt mit bitterer Seele und hat des Guten nicht genossen. Zusammen liegen sie im Staub und Gewürm bedeckt sie.*«

War er nicht der Mann, der verkürzt wurde, dem das Leben in Glück und Gesundheit versagt war? Bitterkeit dieser Art vergällt das Dasein dessen, der dem Unmut Raum gibt!

Gewappnet stand dagegen der Psalmist da, wenn er aus innerer Überzeugung singt: »*Gott ist uns Zuflucht und Stärke, eine Hilfe, reichlich gefunden in Drangsalen. Darum werden wir uns nicht fürchten, wenn gleich gewandelt würde die Erde und wenn die Berge wankten im Herzen des Meeres. Ein Strom – seine Bäche erfreuen die Stadt Gottes ... Gott ist in ihrer Mitte, sie wird nicht wanken; Gott wird ihr helfen beim Anbruch des Morgens*« (aus Ps 46).

Dann warf Hiob seinen Freunden erneut ihr Versagen vor, indem er ihnen zurief: »*Siehe, ich kenne eure Gedanken und die Anschläge, womit ihr mir Gewalt antut. Denn ihr saget: Wo ist das Haus des Edlen (im Sinn von Tyrannen) und wo das Wohngezelt des Gesetzlosen? ... und erkennt ihr ihre Merkmale nicht: dass der Böse ver-*

schont wird am Tag des Verderbens, dass am Tag der Zorngluten sie weggeleitet werden? ... Und er wird zu den Gräbern hingebracht, und auf den Grabhügeln wacht er ... Und hinter ihm her ziehen alle Menschen und vor ihm her gingen sie (im Leichenzug) ohne Zahl. – Wie tröstet ihr mich nun mit Dunst? Und von euren Antworten bleibt nur Treulosigkeit übrig.«

Eine neue Zurechtweisung! Doch die drei Freunde waren so verblendet, dass die Worte Hiobs im Wind verwehten. Statt Einsicht zu zeigen, wurden ihre Anschuldigungen immer heftiger. Hinter ihrer Rechthaberei stand jedoch der Durcheinanderwürfler, der mit allen Mitteln Hiob zur Aufgabe zwingen wollte.

Hiob selbst war so mit sich und seinem Zustand beschäftigt, dass er sich förmlich in den Gedanken versteigerte: Ich, der Gottwohlgefällige, muss ohne Ursache leiden und ungerechte Qualen durchstehen. Gelang es dem Satan auch nicht, Hiob zum Abfall von Gott zu bewegen, war es ihm doch möglich, dem Knecht Gottes den inneren Halt zu rauben.

Hiob verstand seinen Gott und dessen Führung nicht mehr. Wer sich den Blick auf den Einzigen, der Hilfe bringen kann, verdunkeln lässt, hängt hilflos in der Luft; er hat jeden Boden unter den Füßen verloren. Darum:

> Ihn, ihn lass tun und walten,
> er ist ein weiser Fürst.
> Er wird sich so verhalten,
> dass du dich wundern wirst!

Kapitel 22

Erneut fühlt Eliphas sich gedrängt, Hiob zu antworten

»Jetzt oder nie!«, so kann man das neue Vorhaben dieses Freundes überschreiben. Die Rededuelle neigten sich allmählich dem Ende zu. Noch hatte Satan nicht erreicht, wozu er die drei Freunde einspannte. Hiob hatte weder seinen Gott verleugnet noch dessen Hand losgelassen. Die Schule Gottes war eine starke Belastung und das Examen stand noch aus. Satan musste, wollte er sein Ziel noch erreichen, das schwerste Geschütz auffahren. Darum bereitete er sein Werkzeug bestens vor. Eliphas stellte mit größter List und Verschlagenheit in seiner Rede Gottes Gerechtigkeit in Frage. Er begann mit dem Hinweis: »*Kann ein Mann Gott Nutzen bringen? Vielmehr sich selbst nützt der Einsichtige. Liegt dem Allmächtigen daran, wenn du gerecht bist, oder ist es ihm ein Gewinn, wenn du deine Wege vollkommen machst? Ist es wegen deiner Gottesfurcht, dass er dich straft, mit dir ins Gericht geht? Ist nicht deine Bosheit groß und deiner Missetaten kein Ende?*«

Intrige und Bosheit werden hier offenbar! Dieser Mann wagte es, den gesamten frommen Lebenswandel Hiobs als wertlos für Gott einzuordnen. Gott hatte sich demnach geirrt, als er Hiob einen Mann nannte, der nicht seinesgleichen mehr auf Erden hatte, vollkommen und rechtschaffen, gottesfürchtig und das Böse meidend.

»Siehst du denn nicht, Hiob, dass Gott dich losgelassen hat? Seine Meinung über dich hat sich geändert. Du

bist völlig auf dich selbst angewiesen. Was soll dein gott-
seliger Wandel noch bezweckt haben? Glaubst du, dass
du Gott damit imponieren konntest? Lass los, denn mit
deiner Frömmigkeit kannst du nichts erreichen!«

Hatte Satan seine Taktik geändert? Hören wir nicht die
mühsam verpackte Anfrage des Versuchers: »*Hat Gott
wirklich gesagt?*« Wehe dem, der sich diesen teuflischen
Machenschaften öffnet. Er verfällt dem Trugschluss sata-
nischer Verführung. Sein Vorhaben war und ist, das Wort
Gottes, seine unverbrüchlichen Zusagen in Zweifel zu
stellen.

Kompakt trafen den Angefochtenen neue Anschuldigungen. Plötzlich hatten sich Art und Weise der Angriffe
gewandelt.

»Meinst du, Hiob, Gott strafte dich wegen deiner Gottesfurcht? Schau in dich, deine Bosheit ist groß und deine
Vergangenheit stellt dich ins Gericht! Erinnere dich, wie
unerbittlich du dich benommen hast gegen deine Mitmenschen, wie du die Armen behandeltest, denen du alles weg-
gepfändet hast. Dem Durstigen gabst du kein Wasser und
den Hungrigen hat dein gefühlloses Herz mit leerem
Magen entlassen. Witwen und Waisen wurden von dir zermalmt.« Unerbittlich gingen die Unterstellungen weiter:
»*Darum sind Schlingen rings um dich her und ein plötz-
licher Schrecken macht dich bestürzt. Oder siehst du nicht
die Finsternis und die Wasserflut, die dich bedeckt?*«

Wir fragen uns: Was war in diesen Mann gefahren?
Glich zunächst seine Reue einem ruhig dahingleitenden
Schiff, so wurde plötzlich aus dem Berater ein wild los-
schlagender Mann. Er deckte Hiob geradezu mit unhalt-
baren Lügen ein. Hier könnte man aus der Offenbarung

zitieren: »Und der Teufel wusste, dass er nur noch wenig Zeit hat.« Weil die Möglichkeit zum Angreifen endete, wurde Eliphas zum Träger härtester Attacken. Wie Keulenschläge prasselte es auf das wehrlose Haupt des Dulders. Hätte Gott nicht einen Zaun um Hiob gezogen, was wäre mit diesem Mann geschehen? Der Ärmste sollte völlig verwirrt werden, jegliche Kontrolle über sich verlieren, um endlich dem Teufel gefügig zu werden. Immer noch meinte der unerbittliche Angreifer, Hiob zur Lossage an Gott treiben zu können. Unter dem Lügengespinst der von Satan benutzten Freunde musste der Angefochtene doch endlich zusammenbrechen und sich von Gott abwenden. Anders könnten wir uns diese Anschläge nicht erklären. Warum sonst dieses frivole Treiben der als Tröster gekommenen Männer? Wir werden in die Tage Jeremias versetzt, dessen Feinde ähnlich mit dem Propheten verfuhren: »*Kommt und lasst uns Anschläge wider Jeremia ersinnen ... Kommt und lasst uns ihn mit der Zunge schlagen*« (Jer 18,18).

Eliphas fuhr fort: »*Und so sprichst du: Was sollte Gott wissen? Kann er richten durch Wolkendunkel hindurch? Die Wolken sind ihm eine Hülle, dass er nicht sieht ... Willst du den Pfad der Vorzeit einhalten, welchen die Frevler betraten, die weggerafft wurden vor der Zeit? Wie ein Strom zerfloss ihr fester Grund; die zu Gott sprachen: Weiche von uns! Und was könnte der Allmächtige für uns tun?*«

Immer wieder versteckte Anschuldigungen, die Hiob auf die Stufe eines Frevlers stellten und ihn zu einem Menschen stempelten, der Gottes Allwissenheit bezweifelte.

Ein scheinheiliger Rat

Wem noch Zweifel aufkommen sollten, dass der gefährliche Lügner von Anfang an durch die Freunde Hiobs wirkte, muss bei dem, was nun von Eliphas geäußert wird, völlige Klarheit bekommen. Dabei behält Satan sein Wechselspiel bei. Der Meister der Verstellungskunst hat gerade noch Hiob zusammengeschlagen. Jetzt tritt er wieder als Engel des Lichts auf. Eliphas, der Mann mit dem schönen Namen (»mein Gott glänzt wie Gold«), lässt sich benutzen, seinen Freund mit überredenden Worten zum Abfall zu verleiten.

Wir staunen über den Wechsel in Ton und Formulierung. Es scheint, dass alle Verärgerung mit vernünftigen Worten besänftigt werden soll: *»Verkehre doch freundlich mit ihm und halte Frieden; dadurch wird Wohlfahrt über dich kommen. Empfange doch Belehrung aus seinem Mund und nimm dir seine Worte zu Herzen. Wenn du zu dem Allmächtigen umkehrst, so wirst du aufgebaut werden; wenn du Unrecht entfernst aus deinen Zelten. Und lege das Golderz in den Staub und das Gold von Ophir unter den Kies der Bäche; so wird der Allmächtige dein Golderz und dein glänzendes Silber sein. Dann wirst an dem Allmächtigen dich ergötzen und zu Gott dein Angesicht erheben. Du wirst zu ihm beten und er wird dich erhören; und deine Gelübde wirst du bezahlen.«*

Wahrheit und Unterstellung enthalten diese Sätze. Da ist noch die Sprache von Unrecht, das Hiob entfernen müsse. Der Rat, zum Herrn zu beten, auf ihn zu schauen und den irdischen Besitz zweitrangig zu werten, sind hilfreiche Belehrungen. Sich an dem Herrn ergötzen, in ihm das volle Genüge finden zu können, sind Ermunterungen, die einem bangen Herzen neuen Halt vermitteln. »Lass den Allmächtigen dein Golderz sein! Habe am Herrn deine ganze Freude, denn seine Gemeinschaft ist mehr wert als der Besitz der ganzen Welt.«

Eliphas stellte Hiob glänzende Möglichkeiten in Aussicht, die an das Gebet und die Zurückstellung irdischer Werte gebunden waren: »*Was du beschließt, wird zustande kommen, das Licht wird über deinen Weg strahlen. Wenn andere sagen: Es geht abwärts, wirst du sagen: empor!*« Doch abschließend musste der eigenartige Tröster Hiob doch noch einen Seitenhieb versetzen: »*Selbst den Nicht-Schuldlosen wird er befreien: Er wird befreit werden durch die Reinheit deiner Hände.*« Wenn Hiob zu den Schuldlosen gehören sollte, würde Gott ihn befreien, wenn er reine Hände hätte!

Wie Hiob die Worte Eliphas auffasste, zeigte sich an seiner Antwort. Der Angefochtene litt unter den schnöden Angriffen seiner Freunde. Ihr böses Herz schien sich an den Ängsten und Nöten des Dulders zu weiden! Mit den skrupellosen Verdächtigungen waren Gefahren für Hiob verbunden. Leicht konnte er in den Anfechtungen auf den Gedanken kommen: Wenn Gott nicht eingreift und meinen Freunden Einhalt gebietet, ist meine Gottesfurcht, mein untadeliger Wandel völlig nutzlos! Warum sollte ich mich noch weiter an Gott orientieren und an ihm festhalten? Doch Hiob blieb standhaft, weil Gott ihn aufrecht hielt. Keiner konnte ihn zum Schweigen bringen, doch das ist nur Gnade!

Herr, deine Worte gereichten mir zur Freude

Bevor wir im Hiobbuch weiterlesen, wollen wir uns die Frage stellen: Würde ich in solch unvorstellbaren Qualen wie Hiob standhalten? Würden nicht Unzufriedenheit, Klagen und Murren mein Leben ausfüllen? Nur ein völliges Ruhen in den Führungen unseres Herrn kann uns in solchen Tagen Halt, Trost und Zuversicht schenken und erhalten.

»Verkehre doch freundlich mit ihm und halte Frieden!« Dieser Hinweis birgt für uns eine wichtige Lehre. Mit dem Herrn zu verkehren, täglich, stündlich Gemeinschaft mit ihm zu pflegen ist Vorbedingung für ein gottseliges Dasein. Wer am Herzen des Vaters ruht, ist gesichert vor den feurigen Pfeilen des Bösen. Hierhin wagt sich der Ränkespieler nicht. Um diese Geborgenheit zu genießen, ist Friede notwendig. »Halte Frieden!« Andere übersetzen: »Versöhne dich, vertrage dich!« Das ist der Grundsatz, ohne den ein Ruhen an der Brust des Herrn nicht möglich ist. »Dem Frieden nachjagen und der Heiligkeit« kann nie getrennt werden. Ohne Frieden gibt es keine Heiligkeit.

Ein zweiter Hinweis ist ebenfalls hochaktuell: *»Empfange Belehrung aus seinem Mund und nimm dir seine Worte zu Herzen.«* Gottes Wort ist Geist und Leben. Wer in ihm zu Hause ist, darf tiefe Einblicke in Gottes Werkstatt tun; er wird ein Vertrauter, dem der Herr sich mitteilt, der aber auch an dem Reichtum seiner Segnungen und Verheißungen sich erquicken darf. *»Deine Worte waren vorhanden, und ich habe sie gegessen, und deine Worte waren mir zur Wonne und zur Freude meines Herzens;*

denn ich bin nach deinem Namen benannt, Herr, Gott der Heerscharen« (Jer 15,19).

In der Heiligen Schrift finden wir die verborgenen Reichtümer, die Perlen, in deren Glanz alles Irdische verblasst und wertlos erscheint. In diesem Sinne verstehen wir die Aufforderung: *»Wenn du zu dem Allmächtigen umkehrst, so wirst du wieder aufgebaut werden.«* In seiner Nähe verliert alles, was uns auf der Erde so fesselt, an Reiz und Interesse. Hier erhalten wir ausschließlich die rechte Schau, das passende Maß, den klaren Überblick.

Kommt dann noch der nächste Hinweis zum Tragen: *»Du wirst zu ihm beten und er wird dich erhören«*, sind alle Voraussetzungen zu einem Leben in Frieden und Freude, in wahrer Glückseligkeit gegeben. Dann mag kommen, was will, die Seele genießt im Schoß des Allmächtigen innige Gemeinschaft, aber auch die Kraft, die allen Stürmen des Alltags gewachsen ist. Wir dürfen jubeln:

In deiner Näh' genieß' ich Wonn' und Frieden.
Nie wird mein Mund in deinem Lob ermüden,
o Jesus, dass ich heut' dich säh!

Allerdings kann ein solches Glück nur genießen, wer eine persönliche Umkehr erlebt hat und unter dem Kreuz des Erlösers Frieden, Vergebung der Sünden und die Gotteskindschaft fand. Darum sollte jeder Leser sich fragen lassen, ob er die Liebesabsichten Gottes und seine Gedanken des Friedens mit den Menschen erkannt hat und durch den persönlichen Glauben an Jesus Christus, den Erlöser, an das Vaterherz Gottes gekommen ist! Dieser einzige Weg zu Gott ist offen für jeden aufrichtig Suchenden. Der Mittler, der Schiedsmann, nach dem Hiob sich einst sehnte, ist längst erschienen. Am Kreuz hat er seine liebenden Hände ausgestreckt, um sie verbindend auf beide, auf Gott und auf jeden Menschen, zu legen. Jesus Christus begegnete auf Golgatha sowohl den heiligen Forderungen Gottes wie auch den Bedürfnissen armer, schuldbeladener Sünder. Der Friede ist erstritten. Es geht nur noch um das Ergreifen des göttlichen Angebots im Glauben. Wer die heilbringende Gnade in Christus Jesus annimmt, findet Vergebung der Schuld, Heil und ewiges Leben.

Es geht um das Erleben des Spruchs, den Eliphas dem Hiob geraten hat: »*Empfange Belehrung aus seinem Mund, und nimm dir seine Worte zu Herzen.*« Das bedeutet für uns: »*Wer mein Wort hört und glaubt dem, der mich gesandt hat, hat ewiges Leben, er kommt nicht ins Gericht; er ist aus dem Tod in das Leben hinübergegangen.*« Dann ist der Hinweis zu beachten: »*Wenn du zu dem Allmächtigen umkehrst ...*« Umkehr heißt Abkehr von allem, was bisher im Leben ohne Gott gebunden hat, im Leben voll Sünde und Schuld. Wer alles preisgibt, was Gott nicht gefällt, wer zu dem betet, der niemanden abweist, sondern alle an sein Heilandsherz ziehen will, wer aufrichtig ihn um Gnade und Erbarmen anruft, erfährt das Wunder der Annahme durch Gott. Das bedeutet im Ergebnis: »*Das Licht Gottes wird deinen Weg bestrahlen, und der Friede, der höher ist als alle Vernunft, wird dein Herz erfüllen.*« »*Du wirst an dem Allmächtigen dich ergötzen und zu Gott dein Angesicht erheben.*« Dann geht es aufwärts, der himmlischen Heimat entgegen. Dort werden wir bei Jesus, unserem geliebten Herrn sein! Wenn

es auch noch durch dieses Jammertal geht, singen doch
die Erlösten erfüllt mit einer himmlischen Hoffnung:

Wo ist die Nacht?
Wo sind die Kummertränen,
Herr Jesus, dann, wenn du gestillt mein Sehnen,
und ich dich schau' in Himmelspracht?

Kapitel 23 – 24

Hiobs achte Entgegnung

Hiobs Antwort richtet sich nicht gegen Gott, wenn er auch
ausrief: »*Auch heute ist meine Klage trotzig; seine Hand
lastet schwer auf meinem Seufzen.*« Er wies vielmehr die
Vorhaltungen seiner Freunde zurück, die immer noch seine Beteuerung, unschuldig zu sein, als Gotteslästerung
auslegten. Hiobs Empörung galt nicht Gott, sondern den
mangelnden Tröstern, die seine Seele verwundeten und
mit ihrem leeren Gerede die Trotzhaltung Hiobs noch
verstärkten. Ihre Annahme, Hiob sei ein von Gott Abge-
fallener, entsprach keineswegs der Wirklichkeit. Im Gegenteil, der Angefochtene wandte sich uneingeschränkt
an seinen großen Helfer: »*O dass ich ihn zu finden wüsste,
dass ich kommen könnte bis zu seiner Wohnstätte! Ich
würde meine Rechtssache vor ihm darlegen und meinen
Mund mit Beweisgründen füllen. Ich möchte die Worte
wissen, die er mir antworten, und vernehmen, was er mir
sagen würde. Würde er in der Größe seiner Kraft mit mir*

streiten? Nein; er würde nur Acht auf mich haben. Als-
dann würde ein Rechtschaffener mit mir rechten und auf
ewig würde ich meinem Richter entkommen.«

Welch eine vorbildliche innere Haltung! Statt sich von
Gott entfernt zu haben, wie seine Ankläger ständig be-
haupten, sehnte sich Hiob nach der Nähe Gottes. Depri-
mierend waren diese Worte für Eliphas. Der Leidende
aber wünschte, dass Gott selbst das Urteil fällen sollte.
Dann würden seine Ankläger verstummen, denn der Herr
würde klarstellen, dass Hiob nie wegen eigenem Verschulden, sondern weil Gott ihn prüfte, so leiden musste.
Er war zuversichtlich, diese Probe zu bestehen, wovon
auch die Aussage zeugte: *»Denn er kennt den Weg, der*
bei mir ist; prüfte er mich, wie Gold würde ich hervorge-
hen. An seinem Schritt hat mein Fuß festgehalten, seinen
Weg habe ich beobachtet und bin nicht abgebogen; von
dem Gebot seiner Lippen bin ich nicht abgewichen, ich
habe die Worte seines Mundes verwahrt, mehr als meinen
eigenen Vorsatz.«

Offenbaren diese Worte noch Selbstgerechtigkeit? Waren seine Feststellungen realistisch? Ganz gewiss! Denn
was Hiob vorbrachte, waren von Gott verbürgte Tatsachen. Dass es sich nicht um die Gerechtigkeit handelte,
die ihm zur Seligkeit verhalf, sollte jedem einleuchten. Es
ging vielmehr um die Bestätigung des Zeugnisses, das
Gott über Hiob Satan gegenüber ausgestellt hatte, und
um die Rechtfertigung des Dulders gegenüber den ungerechten Angriffen seiner Freunde. Das war kein geistlicher Hochmut, sondern eine Diagnose, wie sie auch
David aussprach: *»Meine Schritte hielten fest an deinen*
Spuren, meine Tritte haben nicht gewankt. Ich, ich habe

*dich angerufen, denn du erhörest mich, o Gott! Neige dein
Ohr zu mir, höre meine Rede!«* (Psalm 17,5-6).

Hiobs Schrecken vor weiteren Leiden

Trotz des schönen Zeugnisses beschleichen wieder neue
Ängste den Gequälten. Wer kann das nicht nachempfinden. Alles furchtbare Erleben musste durchgestanden und
innerlich verarbeitet werden. Immer noch sah Hiob keine
Chance, dass sich an seinem Zustand etwas zum Guten
ändern würde.

Sein Auge aber war verlangend auf den göttlichen Helfer gerichtet: *»Was seine Seele begehrt, das tut er. Denn er
wird vollenden, was über mich bestimmt ist; und dergleichen ist vieles bei ihm. Darum bin ich bestürzt vor seinem
Angesicht; erwäge ich's, so erschrecke ich vor ihm.«*

Hiob hatte Sorge, ob er durchhalten könnte. Wie würde er aus seinen Prüfungen hervorgehen? Welche Noten
würde der gerechte Gott ihm erteilen? Deshalb führte er
aus: *»Darum bin ich bestürzt ... Ja, Gott hat mein Herz
verzagt gemacht und der Allmächtige mich in Bestürzung
versetzt. Denn nicht wegen der Finsternis bin ich vernich-
tet, noch weil Dunkelheit mein Angesicht bedeckt hat.«*

Langsam tastet Hiob sich vor, um über die seltsamen
Wege Gottes Klarheit zu erlangen. Ihm war bewusst, dass
er nicht wegen eines Wandels in der Finsternis leiden
musste. Doch weshalb lag die Hand Gottes so schwer auf
ihm? Hiob war bestürzt; wenn er über alles nachdachte,
was ihm begegnet war, überfiel ihn Schrecken.

Hiobs Frage nach Gottes Eingreifen

Unvermittelt wechselte der Geprüfte das Thema. Erinnerungen an das Verhalten der Gesetzlosen wurden wieder in ihm wach. Warum griff Gott bei solchen Menschen nicht richtend ein? Viele Unklarheiten beschäftigten Hiob: *»Warum sind nicht Zeiten aufgespart von dem Allmächtigen, und warum sehen die, welche ihn kennen, seine Tage nicht? Sie verrücken die Grenzen, sie rauben die Herde und weiden sie. Sie treiben den Esel der Waisen weg, nehmen das Rind der Witwe zum Pfand; sie stoßen aus dem Weg den Dürftigen ... Siehe, wie Wildesel in der Wüste gehen sie ans Werk, eifrig nach Beute suchend; die Steppe liefert ihnen Brot für ihre Kinder ...«*

Nachdem er das bittere Unrecht aufgezeigt hatte, das unter seinen Volksgenossen laufend vorkam, wie unbarmherzig man sich am Eigentum der Armen bereicherte, schilderte Hiob die Verbrechen an anderen Menschen: *»Sie reißen die Waise von der Brust, und was der Elende anhat, nehmen sie zum Pfand. Nackt gehen sie einher, ohne Gewand und hungernd tragen sie die Garbe ... Von der Stadt her ächzen Sterbende, und die Seele der Erschlagenen schreit. Und Gott rechnet es nicht als Ungebühr an.«*

Aus diesen und den dann folgenden Worten, mit denen Hiob Mörder, Diebe und Ehebrecher beschreibt, geht hervor, dass der Mann nicht verstehen konnte, warum Gott nicht sofort nach einer Untat eingriff und den Täter vernichtete. Er verstand Gottes Langmut nicht, der das Böse zum Gericht ausreifen lässt. Der Geprüfte urteilte aus seiner eigenen schweren Lage heraus. Hiob war so stark mit sich und seinen Umständen beschäftigt, dass er viele Gründe suchte, das schreiende Unrecht auf Erden zu brandmarken. Der Schmerz hatte ihm dabei in manchen Feststellungen das klare Urteil verdunkelt.

Ähnlich wie Hiob urteilen heute viele Menschen, wenn auch aus anderen Motiven. Sie stellen mit ihren Äußerungen Gottes Existenz in Frage. Gäbe es einen gerechten Gott, würde er dieses und jenes nicht zulassen! Lebte ein Gott der Liebe, müsste er jetzt eingreifen und könnte das unsagbare Elend nicht länger ansehen. Dabei bedenkt niemand, dass kein Mensch auf Erden wohnen würde, wenn Gott die Sünde sofort ahnden würde. Auch die Spötter und Gottesleugner wären längst vom Erdboden verschwunden. Jene Nörgler mögen sich den Grundsatz merken: »Gottes Mühlen mahlen langsam, aber trefflich fein!« Die Stunde kommt auch für sie, in der sie Gott auf tausend Fragen keine Antwort geben können. Wenn Gott in seiner Persönlichkeit und in seinem Handeln erklärbar wäre, hätten wir es mit einem Menschen und nicht mit dem anweisen Gott zu tun. Er ist und bleibt der Souverän, der Unumschränkte, der niemandem Rechenschaft schuldet.

Hiob schilderte traurige Verhältnisse in seinen Tagen. Seine Hinweise aber waren frei von Anspielungen gegen seine Freunde. Er wollte ihnen nichts anhängen, wie sie das ihm gegenüber immer wieder versuchten. Hiob stellte Tatsachen fest, die zeigten, wie Gott dem Hochmut des Sünders begegnet.

»Und Mächtige raffte er dahin durch seine Kraft; steht er auf, so getraut man sich nicht des Lebens.« (Das bedeutet: »Und lange erhält Gott Mächtige, Trotzige am Leben durch seine Kraft; der Gottlose steht wieder auf, auch wenn

er am Leben verzweifelte.«) *»Er (Gott) gibt ihm Sicherheit; und er wird gestützt. Aber seine (Gottes) Augen sind über ihren Wegen. Sind sie hochgestiegen: Um ein Kleines, und sie sind nicht mehr; und sie sinken hin, werden zusammengerafft wie alle anderen; und wie der Kopf der Ähre werden sie abgeschnitten. Und wenn es nun nicht so ist, wer wird mich Lügen strafen und meine Rede zunichte machen?«*

Mit dieser Frage schloss Hiob seine Argumentation ab. Sie zeigte erneut eine Wende in seinen Darlegungen. Klar sah Hiob, dass Gott alle Fäden des Lebens in seiner mächtigen Hand hatte. Mochte es auch anders scheinen, mochte der Mensch sich noch so aufblasen und sich prahlend über alles erheben, Gott würde ihm zu begegnen wissen, und der Tag des Gerichts lag fest. Bei ihm gibt es keinen Unterschied in Rang und Stand. Der Allmächtige setzt Könige ein und ab, er erniedrigt Hohe und erhöht Niedrige. Wer will ihn fragen: »Was tust du?« Er ist der Unumschränkte, der Alleserfüllende, der Ewige! Gott achtet ganze Völker wie einen Tropfen am Eimer, er schätzt die gesamte Menschheit wie ein Sandkorn auf der Waagschale. Von diesem gewaltigen, unerklärbaren Gott schreibt Jesaja: *»Wer hat die Wasser gemessen mit seiner hohlen Hand und die Himmel abgegrenzt mit der Spanne und hat den Staub der Erde in ein Maß gefasst und die Berge mit der Waage gewogen und die Hügel mit Waagschalen? Wer hat den Geist des Herrn gelenkt und wer als sein Ratgeber ihn unterwiesen? Mit wem beriet er sich, dass er ihm Verstand gegeben und ihn belehrt hätte über den Pfad des Rechts und ihn Erkenntnis gelehrt und ihm den Weg der Einsicht kundgemacht hätte?«* (Jes 40,12-15).

Der Psalmist drückt die Unzulänglichkeit der Menschen mit den Worten aus: »*Nur Eitelkeit (Hauch) sind die Menschensöhne, Lüge die Männersöhne. Auf der Waagschale steigen sie empor, sie sind allesamt leichter als ein Hauch*« (Ps 62,9).

Diese erhabene Schau besaß Hiob, der Schwergeprüfte. Wenn er in seiner Not auch manchmal anders reagierte, rang er sich doch immer wieder zur rechten Gottesfurcht durch. Alle Intrigen Satans, aller Unverstand seiner Freunde, nichts und niemand war imstande, ihn zu verleiten, sich von Gott loszusagen. Hiob hätte singen können:

In allen Stürmen, in aller Not,
wird er mich beschirmen, der treue Gott!

Kapitel 25

Bildads dritte Rede

Aus der Antwort Bildads spricht Enttäuschung. Hatte er doch gehofft, seine und die Beweise seiner Freunde hätten Hiob zur Einsicht seiner Schuld gebracht. Seine Rede war nur kurz und sie begann: »*Herrschaft und Schrecken sind bei ihm; er schafft Frieden in seinen Höhen. Sind seine Scharen zu zählen? Und über wem erhebt sich nicht sein Licht?*«

Bildad wollte Hiob auf den großen, unbestechlichen Gott aufmerksam machen, dem nichts entging und in dessen Licht jeder offenbar wäre. Es sei eine Schreckensherrschaft, die von dem Höchsten ausginge. Wie könnte der Mensch in seiner Fehlerhaftigkeit vor ihm bestehen. Bildads Rede war gleichsam das Eingeständnis seines Versagens. Sie unternahm plötzlich einen Höhenflug in die himmlischen Örter und unterschied sich wesentlich von den früheren Vorträgen. Bildad verließ die Arena dieser Erde, in der er und seine Freunde vergebens versucht hatten, von Hiob ein Schuldbekenntnis zu erzwingen. Die eigenartige Formulierung, dass »Gott Frieden schaffe in seinen Höhen«, lässt einen prophetischen Hinweis zu. Wir würden heute vom Evangelium der Gnade sprechen, das die Notwendigkeit des Eingreifens Gottes vorsieht. Man kann auch aus den Zeilen ein Sehnen Bildads herauslesen, der nach vergeblichem eigenen Mühen sich nach Ruhe und Frieden sehnt. Alle Versuche, einen Keil zwischen Gott und Hiob zu treiben, waren gründlich fehlgeschlagen. Nun wünschte sich der Enttäuschte einen Ruheplatz.

Ein letzter Versuch

Es ist, als würde Bildad sich nochmals aufbäumen, um Hiob die ganze Armut des Menschen vorzustellen. Nachdem er auf den erhabenen Gott aufmerksam gemacht hatte, rief er dem Dulder zu: »*Und wie könnte ein Mensch gerecht sein vor Gott und wie könnte ein von einer Frau Geborener rein sein? Siehe, sogar der Mond scheint nicht hell und die Sterne sind nicht rein in seinen Augen, wie viel weniger der Mensch, der Wurm, und das Menschenkind, die Made!*«
Nun war es endlich ausgesprochen. Wenn sein Zuhö-

rer immer noch nicht begriff, wie sollte es ihm dann noch beigebracht werden, dass auch er ein schuldiger, ein sündiger Mensch war? »Hiob, siehst du denn immer noch nicht den gewaltigen Abstand zwischen dir, dem Unreinen, und Gott, dem Reinen, Heiligen und Unnahbaren? Wer bist du denn? Wie kannst du gerecht vor Gott sein? Siehst du immer noch nicht ein, dass du wegen verborgener Schuld im Gericht Gottes bist? Der Mensch, dieser Wurm, diese Made im Staub! Wie kannst du noch an deiner Gerechtigkeit festhalten?« Das sollte Hiob nach Bildads Vorstellungen endlich begreifen. Es ist, als hörten wir die gleiche Botschaft, die Eliphas Hiob schon zugerufen hatte: »*Sollte ein Mensch gerechter sein als Gott, oder ein Mann reiner als der ihn gemacht hat? Siehe, auf seine Knechte vertraut er nicht, und seinen Engeln legt er Irrtum zur Last*« (Kapitel 17 – 20). Oder die Aussage, die den Angefochtenen treffen sollte: »*Was ist der Mensch, dass er rein sein sollte, und der von einer Frau Geborene, dass er gerecht wäre? Siehe, auf seine Heiligen vertraut er nicht und die Himmel sind nicht rein in seinen Augen; wie viel weniger der Abscheuliche und Verderbte, der Mann, der Unrecht trinkt wie Wasser*« (Kapitel 15,14-16).

Warum diese Vorhaltungen? Hiob sollte zugeben, dass das ihm von Gott gespendete Lob nicht stimmte. Zweifel sollte in sein Herz gesät und das Vertrauen auf das Wort Gottes ausgelöscht werden. Die unverbrüchlichen Aussagen seines Herrn sollten sich als Fehler herausstellen. Darum fasste Bildad die früheren Vorträge nochmals zusammen, um den Dulder zur Aufgabe zu bewegen. Doch alle Versuche schlugen fehl, Hiob glaubte trotz aller Schwachheit an seinen Gott und verleugnete ihn nicht.

163

Kapitel 26 – 31

Hiobs neunte und ausführlichste Rede

Diese Rede Hiobs hat einen Tiefgang, über den wir staunen müssen. Bedenken wir seine schmerzvolle Lage und die Ungewissheit über die Dauer seiner Leiden, staunen wir über die Überlegenheit, über die Energie, mit der er seinen Freunden entgegentrat und sie entwaffnete. Zuerst entgegnete er Bildad: »*Wie hast du dem Ohnmächtigen geholfen, den kraftlosen Arm gerettet! Wie hast du ihn beraten, der keine Weisheit hat, und gründliches Wissen in Fülle kundgetan! An wen hast du Worte gerichtet und wessen Odem ist von dir ausgegangen?*« Wie beschämend musste es für Bildad sein, der Hiob einhämmern wollte, er sei kein Gerechter, der Gottes Wohlgefallen besäße, dass der Angegriffene die Beschuldigungen völlig überging, weil sie ihn absolut nicht beeindruckt hatten.

In ironischer Weise stellte er Bildad einige Fragen: »Wie war denn deine Hilfe für mich, den Ohnmächtigen, dein Rat mir gegenüber? Du hast doch dein gründliches Wissen ausreichend mir kundgetan. Wo war dein Verständnis für meine Situation, dein Mitleid in meinen Nöten und Anfechtungen? Welchen Trost hast du mir gebracht? Waren deine, waren eure Worte nicht voller Vorwürfe? Statt mich aufzurichten habt ihr mich niedergeschlagen, statt mich zu ermuntern und zu ermutigen habt ihr mich nur verunsichert und belastet!«

Dann schilderte Hiob die Größe und Erhabenheit Gottes, der mit seiner mächtigen Hand den Weg der Wolken bestimmt und der die Erde aufhängt über dem Nichts.

Er schloss seine Beschreibung mit der Aussage: *»Siehe, das sind die Säume seiner Wege; und wie wenig haben wir von ihm gehört! Und den Donner seiner Macht, wer versteht ihn?«*

Staunend horchen wir beim Lesen dieser Kapitel auf! Woher hatte Hiob diese Weisheit, diese Einsicht in die wunderbare Schöpfung? Wir dürfen davon ausgehen, dass Gott seinem Knecht diese tiefen Einblicke in seine Schöpferwerkstatt gewährt hat. Hiob wurden besondere Enthüllungen zuteil, die er zum Ruhm Gottes und zu unserer Belehrung niedergeschrieben hat.

Das 27. und 29. Kapitel des Hiob-Buchs beginnen mit derselben Einleitung: *»Und Hiob fuhr fort, seinen Spruch anzuheben, und sprach.«* Wir dürfen annehmen, dass der Geist Gottes uns auf Besonderheiten aufmerksam machen will. Wenn wir die jetzt folgenden fünf Kapitel aufmerksam durchlesen, gelangen wir zu der Überzeugung, dass es ganz andere Formulierungen sind als die Worte in seinen früheren Reden. »Hiob hob seinen Spruch an!« Seine Aussprüche unterliegen einer deutlichen Steigerung. Er lässt uns zwar auch einen Einblick in sein untadeliges Leben tun, aber vor allem suchte er immer wieder die Größe und Allmacht seines Schöpfers zu rühmen. Das behandelte Thema kann in drei Abschnitte aufgegliedert werden. Es ist eine Beschreibung 1. des Lebens Hiobs, seiner Haltung in allen Lebensbereichen, 2. seiner Weisheit und Erkenntnis, seiner wissenschaftlichen Darlegungen, 3. der Offenbarungen, die der Geist Gottes ihn schauen ließ.

Wieder begann Hiob seine Rede mit einer Zurechtweisung seiner Tröster. Er tat das hier, indem er Gott anrief:

»So wahr Gott lebt, der mir mein Recht entzogen, und der Allmächtige, der meine Seele bitter gemacht hat – so lange ein Odem in mir ist und der Hauch Gottes in meiner Nase: wenn meine Lippen Unrecht reden werden, und wenn meine Zunge Trug aussprechen wird! Fern sei es von mir, dass ich euch Recht geben sollte; bis ich verscheide, werde ich meine Unsträflichkeit nicht von mir weichen lassen. An meiner Gerechtigkeit halte ich fest und werde sie nicht fahren lassen; mein Herz schmäht nicht einen von meinen Tagen.« Eine solche Ausdrucksweise ist uns fremd. Heute würde man von geistlichem Hochmut sprechen. Doch wir sollten festhalten, dass es sich um alttestamentliche Gläubige handelte, denen Gott einen vorbildlichen Wandel bezeugte. Es waren Menschen wie die in ihrer Umgebung, doch sie gingen ihren Weg in Gottesfurcht und Treue als ein Zeugnis für Gottes Treue. Gott konnte ihnen – wie auch dem Hiob – ein schönes Lob aussprechen ohne jede Schönfärberei.

Das war eine andere Rechtfertigung, als wir sie heute in dem Herrn Jesus besitzen, sie entsprang der Furcht Gottes. Hiob konnte seine Freunde auf sein untadeliges Leben hinweisen. Nie würde er einräumen können, dass er wegen eigener Schuld leiden müsste. *»Gott hat mir mein Recht entzogen, der Allmächtige hat meine Seele bitter gemacht«,* lautete seine Klage. Wenn Hiob auch keinen Einblick in den geheimen Rat Gottes hatte, war er doch sicher, dass der Allmächtige ihn durch diese Tiefen gehen ließ. Für ihn war nichts ein blindes Schicksal oder ein Unglücksfall, der ihn getroffen hatte, sondern Gott legte seine Hand schwer auf ihn.

Nachdem Hiob das Lob der Gesetzlosen und deren

Ende betrachtet hatte, wandte er sich nochmals seinen Freunden zu, um ihnen die Gedanken Gottes mitzuteilen: *»Ich will euch belehren über die Hand Gottes, was bei dem Allmächtigen ist, will ich nicht verhehlen. Siehe, ihr selbst habt es alle erschaut, und warum denn schwatzt ihr so eitel?«* Und wieder erklärte ihnen Hiob, wer ein Gesetzloser ist und wie Gott mit ihm verfährt: *»Und Gott schleudert auf ihn ohne Schonung; seiner Hand möchte er flüchtend entfliehen. Man klatscht über ihn in die Hände und zischt ihm nach von seiner Stätte aus.«*

Hiob war also das Los der Gesetzlosen wohl bekannt. Mit ihm aber würde Gott niemals in dieser Weise handeln. Deshalb war es absurd und widersinnig, ihn in die Reihe der Gottlosen einzuordnen.

Die Wunderwelt der Schöpfung und der Wert wahrer Weisheit

Diese beiden Themen behandelte Hiob im 28. Kapitel. Mit erstaunlicher Einsicht betrachtete dieser Mann die Größe Gottes und das Werk seiner Hände. Er wies auf die Fundorte von Silber und Gold hin und darauf, dass der Allmächtige die äußersten Grenzen durchforscht, wo kein menschliches Auge das Gestein erblicken kann. Er, der allwissende Schöpfer, kennt die Vorratsstätten der einzelnen Erze, denn er hat in wunderbarer Weise alles für das Wohl der Menschheit in die Schichten der Erde gelegt. Aus dieser Erde kommt das Brot hervor; sie, die im Inneren vom Feuer zerwühlt wird, verbirgt in ihrem Gestein den Saphir und die Goldstufen. Der Raubvogel erblickt diese Lager nicht und der Fuß der wilden Tiere hat diesen Ort nie betreten.

Der Mensch hat sich die Erde untertan gemacht, oft zu seinem eigenen Verderben. Hiob wies darauf hin, dass der Mensch seine Hand an das harte Gestein legt, dass er die Berge umwühlt, Kanäle durch den Felsen schlägt und dass sein Auge viele Kostbarkeiten sehen darf.

Dann besang Hiob in einzig schöner Weise den Wert der wahren Weisheit, deren Ursprung und Spender Gott selbst ist, einer Weisheit, die überall in der ganzen Schöpfung sichtbar wird. Er rief: »*Aber die Weisheit, wo wird sie erlangt? Und welches ist die Stätte des Verstandes? Kein Mensch kennt ihren Wert (was ihr gleichkommt), und im Lande der Lebendigen wird sie nicht gefunden.*« In der Tiefe ist die Weisheit nicht, das Meer birgt sie nicht und mit allen Schätzen der Erde ist die Weisheit von oben nicht zu erwerben. Nichts in der gesamten Schöpfung ist ihr gleichzustellen. Hiob warf nochmals die Frage auf: »*Die Weisheit nun, woher kommt sie, und welches ist die Stätte des Verstandes? Denn sie ist verborgen vor den Augen aller Lebendigen ... Der Abgrund und der Tod sagen: Mit unseren Ohren haben wir ein Gerücht von ihr gehört.*«

In lieblicher Weise gab Hiob den aufhorchenden Freunden Auskunft, wer den Weg zur Weisheit kennt. Das war und ist der Allmächtige, dessen Auge alles erspäht, dessen Hand alles erschaffen, der alles an seinen bestimmten Ort niederlegte, der die Wasserfläche abmaß, dem Wind das Gewicht anordnete und dem Donnerstrahl seine Bahn bezeichnete: Er setzte die Weisheit ein und durchforschte sie. Dann kam der kluge Mann zu dem entscheidenden

Ausspruch: »*Und zu dem Menschen sprach er: Siehe, die Furcht des Herrn ist Weisheit, und vom Bösen weichen ist Verstand.*« Wieder ist die Frage berechtigt: Woher wusste Hiob das alles? War es seiner menschlichen Klugheit, seiner Intelligenz zu verdanken? Wohl kaum! Gott hatte diesem Mann Erleuchtungen geschenkt. Er konnte mit Paulus bekennen: »*Weder von einem Menschen noch durch einen Menschen, sondern durch Offenbarungen Jesu Christi*« hatte er das Evangelium empfangen. Petrus schrieb Ähnliches: »*... indem ihr dies zuerst wisst, dass keine Weissagung der Schrift aus eigener Deutung geschieht. Denn niemals wurde eine Weissagung durch den Willen eines Menschen hervorgebracht, sondern von Gott her redeten Menschen getrieben vom Heiligen Geist.*« Somit dürfen wir Hiob wohl auch zu den Propheten rechnen. Bedenken wir, dass Gott auch Abraham diesen Titel zulegte, obgleich wir von ihm keine so tief gehenden Offenbarungen kennen (1. Mose 20,7).

Hiobs Sehnen nach den Tagen der Vorzeit

Plötzlich überwältigt Hiob neu sein ganzer Jammer. Wehklagend blickt er auf die Tage und Jahre zurück, als er sich im Kreis seiner Familie in Gesundheit und trautem Glück des Segens Gottes erfreute. Der enge Umgang mit Gott stand lebendig vor ihm und er gedachte der Tage: »*..., als das Vertrauen Gottes über meinem Zelt wartete, als der Allmächtige noch mit mir war, meine Knaben rings um mich her; als meine Schritte sich in Milch badeten und der Fels neben mir Ölbäche ergoss ... Die Jünglinge sahen mich*

und verbargen sich, und die Greise erhoben sich, blieben
stehen; die Fürsten hielten die Worte zurück und legten
die Hand auf den Mund ... Denn wenn das Ohr von mir
hörte, so pries es mich glücklich, und wenn das Auge mich
sah, so legte es Zeugnis von mir ab.«

Wer kennt nicht dieses Sinnen, dieses Zurückblenden
auf vergangene, glückliche Zeiten? Besonders wenn Nöte, Krankheiten und große Sorgen den Menschen – und
auch das Gotteskind – überfallen, sonnt er sich gerne in
Erinnerungen an zurückliegende Tage. Wer wollte Hiob
verurteilen? Wer kann sich überhaupt wirklich in die
Übungen Hiobs hineinversetzen? Darum wollen wir mit
jeglichem Urteil zurückhaltend sein, denn der Angeschla-
gene war ein Liebling Gottes.

Hiobs Wandel und seine Nächstenliebe

Wahrlich, der Mann hatte manches aufzuweisen. Er frön-
te nicht der Eigenliebe, sondern sah auch die Not seiner
Mitmenschen: *»Denn ich befreite den Elenden, der um*
Hilfe rief, und die Waise, die keinen Helfer hatte. Der Se-
gen des Umkommenden kam über mich, und das Herz
der Witwe machte ich jubelnd. Auge war ich dem Blinden
und Fuß dem Lahmen; Vater war ich den Dürftigen, und
die Rechtssache dessen, den ich nicht kannte, untersuchte
ich; und ich zerbrach das Gebiss des Ungerechten, und sei-
nen Zähnen entriss ich die Beute.«

Was das ein Rückblick in Selbstgefälligkeit? Sonnte
sich Hiob in der Aufzählung guter Werke? Wer will das
entscheiden? Vielleicht herrschte noch der Gedanke vor,

sich gegen Vorwürfe der Ungerechtigkeit und der Schuld vor Gott zur Wehr setzen zu müssen. Auf jeden Fall hatte der Dulder mehr aufzuweisen als seine Freunde und als viele von uns. Darüber hinaus war sein Zeugnis vor Gott einmalig.

Vielleicht würden wir eine solche Liste großer Taten nicht gutheißen, denn wir haben die Anleitung unseres Herrn Jesus: *»Lass deine Linke nicht wissen, was deine Rechte tut.«* Oder: *»Habt Acht, dass ihr euer Almosen nicht vor den Menschen gebt, um von ihnen gesehen zu werden; sonst habt ihr keinen Lohn bei eurem Vater, der in den Himmeln ist.«*

Doch wer wollte diesen Maßstab an die Gläubigen der ersten Jahrhunderte der Menschheit legen? Hiob konnte die Tiefen der weisen Heilspläne Gottes noch nicht kennen. Reichtum und Wohlergehen bewiesen damals den besonderen Segen Gottes. Der Verlust des Vermögens oder gar der Familie wurde als ein schweres Strafgericht angesehen. Darum blieb Hiob auch oft an dem Gewesenen hängen, an den Tagen, da er als Autorität ein Lehrer seiner Mitgenossen war. Vom Schmerz überwältigt stellte er seinen Freunden seinen ungeheuren Verlust vor: *»Ich sprach: In meinem Nest werde ich verscheiden und meine Tage mehren wie der Sand; ... meine Ehre wird frisch bei mir bleiben und mein Bogen sich in meiner Hand verjüngen. Sie hörten mir zu und harrten und horchten schweigend auf meinen Rat. Nach meinem Wort sprachen sie nicht wieder und auf sie träufelte meine Rede. ... Ich lächelte ihnen zu, wenn sie kein Vertrauen hatten, und das Licht meines Angesichts konnten sie nicht trüben. Ich wählte für sie den Weg aus und saß als Haupt und thronte* *wie ein König unter der Kriegsschar gleichwie einer, der Trauernde tröstet.«*

Aus diesen Aufzählungen ging die Größe des Mannes Hiob hervor. Welch glänzendes »Einst« und welch trauriges und schweres »Jetzt«! Wie verständlich war seine Niedergeschlagenheit! Er konnte nicht ahnen, was der Höchste mit ihm geplant hatte! Deshalb blieb ihm nur, was er vor Augen hatte: Elend, Jammer, Armut, Not, Krankheit, Einsamkeit! Einst saß man zu seinen Füßen und lauschte seinem Rat und seinen Belehrungen; jetzt griff man ihn an und stellte ihn in eine Reihe mit den Gesetzlosen! Einst wohnte er geborgen in seinem Haus und rechnete auf ein langes Leben; jetzt hockte er in der Asche und wartete auf sein Ende! Nirgends sah er einen Ausweg.

Hiobs weitere Klage über sein trauriges Los

Beim Lesen des Textes hören wir Hiob in sich verstärkender Verbitterung klagen. Immer noch hing er an dem, was einmal war und was er verloren hatte: *»Und nun lachen über mich Jüngere als ich an Jahren, deren Väter ich verschmähte, den Hunden meiner Herde beizugesellen? Wozu sollte mir auch die Kraft ihrer Hände nützen ... Kinder von Verworfenen, ja, Kinder von Ehrlosen sind sie hinausgepeitscht aus dem Land!«*

Tief gekränkt fühlte sich Hiob. Der Gedanke, unter dem offensichtlichen Spott solcher zu stehen, denen er früher befehlen konnte, war ihm fast unerträglich. Wie schwer ihm diese zusätzliche Prüfung war, ging auch aus

den weiteren Worten hervor: »*Und nun bin ich ihr Spott-*
lied geworden und ward ihnen zum Gerede. Sie verab-
scheuen mich, treten fern von mir weg, und sie verschonen
mein Angesicht nicht mit Speichel ... Sie zerstören meinen
Pfad, befördern meinen Untergang, sie, die selbst hilflos
sind ... – Schrecknisse haben sich gegen mich gekehrt; sie
verfolgen wie der Wind meine Würde, und mein Heil ist
vorübergezogen wie eine Wolke. Und nun ergießt sich in
mir meine Seele; Tage des Elends haben mich ergriffen.
Die Nacht durchbohrt meine Gebeine und löst sie von mir
ab und die mich nagenden Schmerzen ruhen nicht ... Er
hat mich in den Kot geworfen und ich bin dem Staub und
der Asche gleich geworden.« Tief ergriffen lauschen wir
diesem Mann. Wer will seine Nöte und Schmerzen in der
ganzen Tiefe nachempfinden. Es mutet uns an, als ob wir
den Herrn Jesus in einigen Psalmsprüchen rufen hörten.
Die Leiden Hiobs, sein Ausgestoßensein, das Erdulden
von Spott und Verhöhnung deuten wie leuchtende Hinweise auf die grenzenlose Pein unseres Erlösers. Natürlich musste der Herr Jesus in allem weit tiefer hinab. Er
litt stellvertretend für seine Feinde und, was das Furcht-
barste war, er wurde von Gott verlassen und gerichtet; ja
»*Gott gefiel es, ihn zu zerschlagen ...*«.

Dann wechselte Hiob nochmals den Gegenstand seiner Klage. Von seinen Spöttern wandte sich der Gequälte
wieder an seinen Gott: »*Ich schreie zu dir und du antwor-*
test mir nicht; ich stehe da und du starrst mich an. In einen
Grausamen verwandelst du dich mir, mit der Stärke dei-
ner Hand befeindest du mich. Du hebst mich empor auf
den Wind, du lässest mich dahinfahren und zerrinnen im
Sturmesgetöse. Denn ich weiß es, du willst mich in den

Tod zurückführen und in das Versammlungshaus aller Lebendigen.«

Auch diese Aussprüche zeigen wieder, dass Hiob damit nicht fertig wurde, als der scheinbar Tadellose unschuldig leiden zu müssen. Sein Aufbegehren richtet sich gegen den, der ihm bitteres Unrecht geschehen ließ, der nun die Absicht hatte, ihn zu töten.

Wie ganz anderes verhielt sich der Herr Jesus! Er ruhte völlig im Willen seines Vaters. Er konnte bestätigen: »Wenn dieser Kelch nicht an mir vorübergehen kann, ohne dass ich ihn trinke, dann geschehe dein Wille!« So war der Herr bereit auch zum Letzten, zum bitteren Tod am Kreuz für seine Hasser. Darum durfte er auch mit den Worten des Psalmisten beten: »*Ja, du hast mich erhört von den Hörnern der Büffel. Verkünden will ich deinen Namen meinen Brüdern; inmitten der Versammlung will ich dir lobsingen.*« So sah unser Herr seinen Ausgang, seinen Sieg auf Golgatha im Voraus. Er wusste um die gewaltigen Auswirkungen der Erlösung: um die Rettung seiner Leibesgemeinde, um die Wiederherstellung Israels in seinem Reich und um das Herzurufen der Nationen zu den Segnungen dieses Reiches.

Hiob unterlag der falschen Annahme, dass Gott seine Nächstenliebe mit Gutem vergelten müsste. Deshalb machte er seine Freunde auf das ganz Normale aufmerksam, dass jeder Mensch alles für sein Leben einsetze: »*Doch streckt man beim Sturz nicht die Hand aus oder erhebt man bei seinem Untergang nicht darob ein Hilfsgeschrei?*«

Damit will er andeuten: »Könnt ihr mir verwehren, dass ich in meiner Not klage? Versucht nicht jeder, bei einem

Fall so viel Schaden wie möglich abzuwenden? Klagt ihr mich an, dass ich meinen Schmerz hinausschreie? Würdet ihr etwa anders handeln?«

Dann folgte jener merkwürdige Hinweis, der den Gedanken Hiobs an Vergeltung des Guten aufkommen lässt. Wiederholt hatte er sein Verhalten anderen gegenüber in die Waagschale geworfen. Nun brachte er seine Werke in Verbindung mit seinen Tränen: *»Weinte ich denn nicht über den, der harte Tage hatte? War meine Seele nicht um den Dürftigen bekümmert? Denn ich erwartete Gutes und es kam Böses; und ich harrte auf Licht und es kam Finsternis ... Trauernd gehe ich einher ohne Sonne ... Ich bin ein Bruder geworden den Schakalen und ein Genosse von Straußen. Meine Haut ist schwarz geworden und löst sich von mir ab, und mein Gebein ist brennend vor Glut. Und so ist meine Laute zur Trauerklage geworden, und meine Schalmei zur Stimme der Weinenden.«*

Alle diese Hinweise enthielten einen Grundtenor: Hiob verstand seinen Gott nicht, weil er sich anderer Menschen angenommen hatte und ihn nun im Stich ließ. »Warum, warum?« Das war es, was ihn innerlich marterte. Gewiss, alles stimmte, was er vorbrachte; aber die Motive lagen falsch. »Ich erwartete Gutes, ich harrte auf Licht. Hätte ich das nicht erwarten dürfen? Das Gegenteil trat ein. Geschieht mir nicht bitteres Unrecht?«

Hiobs vorbildliches sittliches Verhalten

Die letzte Verteidigungsrede Hiobs umschließt fast alle Lebensgebiete. Das jetzt vor uns stehende letzte Kapitel ist gleichsam eine Addition, eine Zusammenfassung dessen, was auch in den früheren Reden anklang. Nur ging Hiob hier auf viele Einzelheiten ein, um zu zeigen, dass er sich immer der Konsequenzen bewusst war, wenn er Gottes Gesetzen nicht gefolgt wäre. Wenigstens vierzehnmal lesen wir: »Wenn ich ... dann!«

Er begann mit dem Ausspruch: *»Ich habe mit meinen Augen einen Bund gemacht, und wie hätte ich auf eine Jungfrau geblickt!«* Hiob war sittlich-moralisch ein Mann, der sein Leben bewusst unter den Beobachtungen Gottes führte. Die Lust der Augen, mit der Hurerei und Ehebruch beginnen, hatte er bewusst überwunden. Woher ihm die Kraft dazu kam, berichtete er in dem Hinweis: *»Denn was wäre das Teil Gottes von oben gewesen und das Erbe des Allmächtigen aus den Höhen? Ist nicht Verderben für den Ungerechten, und Missgeschick für die, welche Frevel tun? Sieht er nicht meine Wege und zählt alle meine Schritte?«*

Dient uns diese gottesfürchtige Einstellung nicht zur Beschämung? Hiob kannte die neutestamentlichen Vorrechte und Segnungen nicht, und doch war der Mann für viele ein großes Vorbild, indem er sich bewusst in dem Wissen bewegte: »Gott beobachtet mich, er sieht mich und meine Wege, er zählt meine Schritte.« Wie leichtfertig ist hingegen heute das Verhalten von manchen, die sich Christen nennen. Sehr wenig sind wir uns oft im Alltag der Heiligkeit Gottes bewusst und der Tatsache, dass sein Auge über denen geöffnet ist, die vorgeben, sein Eigentum zu sein.

Hiob versagte sich nicht nur das Anschauen der Jungfrau, sondern auch jeden Gedanken an Ehebruch: *»Wenn mein Herz zu einer Frau verlockt worden ist und ich an* der Tür meines Nächsten gelauert habe, so möge meine Frau für einen anderen mahlen und andere mögen sich über sie beugen! Denn das ist eine Schandtat, und das eine Missetat für die Richter. Denn ein Feuer ist es, das bis zum Abgrund (Ort des Verlorenseins, des Verderbens) frisst.«

Hiob hatte einen tiefen Einblick in die Gerechtigkeit Gottes. Er verstand schon vor Jahrtausenden, was wir in Hebräer 13,4 lesen: »Die Ehe sei ehrbar in allem (bei allen) und das Ehebett unbefleckt; denn Hurer und Ehebrecher wird Gott richten.«

Hiob wusste, dass Sünde sich nie auszahlt. Nicht nur wartet auf die Sünder das Gericht Gottes, sondern die Folgen der Unzucht rächen sich oft schon in diesem Leben. Diese Schuld ist ein Feuer, das frisst und brennt und viele in einen gähnenden Abgrund stürzt, weil Gottes Zorn jeden treffen wird, der mit der Sünde spielt und sie tut.

Eingangs des Buches erwähnten wir schon, dass die Lebenszeit Hiobs in die Tage Tarahs und der Patriarchen gefallen sein muss. Er kannte das Gesetz Gottes vom Sinai nicht. Deshalb ist seine Gottesfurcht erstaunlich. Aus freiem Antrieb führte er ein Leben, das Gott wohlgefiel. Manchmal wird die Einstellung dieses Mannes als sehr selbstgerecht angesehen. Gewiss befremdet uns manches in seinen Reden, doch wie sollte er eine höhere Erkenntnis erlangt haben? Hiob besaß ein zartes Gewissen, das ihn leitete und bewahrte. Hätte er um die Hinweise des Herrn Jesus gewusst, der das Verbot, die Ehe zu brechen, nach Gottes Vorstellungen erklärte, wäre wohl manches von Hiob anders formuliert worden.

Um die Forderungen des Gesetzes zu erfüllen, benötigen wir innere Wahrhaftigkeit, die der Herr in Bezug auf

Ehebruch mit den Worten auslegt: »*Ich aber sage euch: Wer eine Frau ansieht und ihrer begehrt, hat die Ehe in seinem Herzen gebrochen!*« Zum Mord sagt der Herr Jesus: »*Wer zu seinem Bruder sagt: Du Narr! wird der Hölle des Feuers verfallen sein.*« Wer allein diese beiden Hinweise überdenkt, muss einräumen, dass ein Halten der göttlichen Gebote für den Menschen unmöglich ist und er als Übertreter einen Erlöser benötigt, weil nicht das Gesetz retten kann, sondern allein die heilbringende Gnade in Jesus Christus.

Hiobs weitere Darstellung seines Wandels

Bei der Darstellung seines Verhaltens begann Hiob mit einem Hinweis auf seine Wahrhaftigkeit. »*Wenn ich mit Falschheit umgegangen bin und mein Fuß dem Trug zugeeilt ist, – er (Gott) wäge mich auf der Waage der Gerechtigkeit, und Gott wird meine Unsträflichkeit erkennen, wenn mein Schritt vom Weg abgebogen und mein Herz meinen Augen gefolgt ist und an meinen Händen ein Makel kleben blieb: so möge ich säen, und ein anderer ernten, und meine Sprösslinge mögen entwurzelt werden.*«

Aus diesen Äußerungen und den noch folgenden ging hervor, dass Hiob sich um einen tadellosen Lebenswandel bemühte. Er war auf keinem Gebiet zügellos. Doch die Heiligkeit und Gerechtigkeit Gottes hatte er nicht erkannt und verstanden. Sonst wäre er längst verstummt und hätte eingestehen müssen: »Wer kann deiner Vollkommenheit, o Gott, entsprechen? Wer will, wer kann vor dir bestehen, wenn du, absolut Gerechter, deinen Maßstab an mich legen würdest!« Hiob war mit dem beschäftigt, was vor Menschen Gültigkeit hatte und in deren Augen Anerkennung fand.

Darum lobte er auch sein Verhalten gegen seine Knechte und Mägde. Nie hatte er ihr Recht missachtet. Den Armen hatte er nach Begehr dargereicht. Seine Einstellung gegen Witwen und Waisen war vorbildlich, indem er sie gut versorgte. Den Dürftigen hatte er mit der Wolle seiner Lämmer erwärmt und niemand ohne Decke weggehen lassen. Nie hatte er sich an einem Elternlosen vergriffen, deshalb führt er aus: *»Denn ein Schrecken Gottes käme mich an, Verderben Gottes, und vor seiner Erhabenheit vermochte ich nichts.«*

Hiob durfte bezeugen, dass er nie sein Vertrauen auf Gold gesetzt noch sich an seinem Reichtum erfreut hatte. Das Licht der Sonne oder der Glanz des Mondes hatten ihn nie zu einer Huldigung der Planeten hinreißen können; das wäre eine sträfliche Missetat gewesen, die einer Verleugnung seines Gottes gleichgekommen wäre.

So fuhr Hiob fort mit seinem »Wenn«: *»Wenn ich wie Adam meine Sünden, meine Übertretungen zugedeckt hätte; wenn mein Acker über mich geschrien, die Furchen geweint hätten; wenn ich seinen Ertrag ohne Zahlung verzehrt hätte und die Seele seiner Besitzer aushauchen ließ, dann mögen Dornen statt Weizen und Unkraut statt Gerste hervorkommen!«* Die gesamte Rechtfertigung mündete in den Schrei: *»O dass ich einen hätte, der auf mich hörte, – hier ist meine Unterschrift; der Allmächtige antworte mir! – und die Klageschrift, welche mein Gegner geschrieben!«* Hiobs Freunde hatten ihn restlos enttäuscht. Wenn er auf die Antwort Gottes wartete, sie sollte bald kommen. Nur der Allmächtige konnte ihm letzte Klarheit über seine Situation bringen. Die seltsamen Rätsel, die seine Leiden einhüllten, würden bald geklärt und alle bangen Fragen beantwortet werden.

Der Zusatz: *»Die Worte Hiobs sind zu Ende«*, betraf die Erwiderungen an die leidigen Tröster, die seiner Seele so hart zugesetzt hatten. Später antwortete Hiob noch seinem Gott auf die vielen Fragen als ein überführter Mann, der gelernt hatte.

Mit diesen vierzehn Einwendungen Hiobs endet der zweite Teil des Buchs. In der Bitterkeit seiner Seele hatte Hiob sich alles vom Herzen geredet. Sein erregtes Inneres glich einem vom Sturm aufgewühlten Meer, das seine verborgenen Tiefen zur Oberfläche trägt. Den bitteren Kelch der Leiden, den Gott ihm gereicht hatte, trank er ohne Murren. Doch die Prüfung im eigentlichen Sinn bestand er nicht. Den Mangel an Vertrauen und innerer Beugung, an völligem Zerbrochensein vor Gott lernte Hiob erst, als der Herr ihn in sein Licht stellte. Allein in 25 Versen im 29. Kapitel benutzte er wenigstens 50-mal die Wörter: »ich«, »mein«, »mich« und »mir«: Mit dieser egoistischen Einstellung musste Gott ein Ende machen.

Wir sahen in Hiob ein Bild unseres Kampfes, der uns aufgetragen ist. Was wollen wir lernen? Zur Ehre unseres Herrn Jesus wollen wir singen:

Gelobt seist du! Kein Mensch darf mir verwehren,
dein Lob zu singen, wie du mich geführt!
In meinem Erdenlauf will ich dich ehren,
durch meinen Wandel deine Größe mehren;
der Dank, das Lob, die Ehre dir gebührt!

TEIL III

(Kapitel 32 – 37)

Kapitel 32

Elihus Aufgabe und seine Rede

Elihu, dessen Name »mein Gott ist er« bedeutet, trat unerwartet auf. Woher er kam und wann er sich den drei Freunden Hiobs zugesellte, wird nicht berichtet. Wie die anderen Tröster wurde auch er kurz mit der Angabe seiner Herkunft eingeführt. Er spielte so etwas wie eine Schlüsselfigur und diente gleichsam der Überleitung zu den Zurechtweisungen Hiobs durch Gott.

Als stiller Zuhörer hatte Elihu den Worten der Freunde und den Antworten Hiobs zugehört. Er wurde mit der Bemerkung vorgestellt: *»Und jene drei Männer hörten auf, dem Hiob zu antworten, weil er in seinen Augen gerecht war. Da entbrannte der Zorn Elihus, des Sohnes Barakeels; ... sein Zorn entbrannte wider Hiob, weil er sich selbst mehr rechtfertigte als Gott. Und sein Zorn entbrannte wider seine drei Freunde, darum dass sie keine Antwort fanden und Hiob verdammten.«*

Das Wort »Zorn« ist wohl als eine innere heilige Entrüstung zu verstehen, eine Erregung, die den Schmerz zum Ausdruck bringt, dass die Redner die Größe, Erhabenheit und Gerechtigkeit Gottes nicht genug herausstellten. Als Hiob schwieg, brach das in ihm Angestaute mit ganzer Gewalt aus ihm hervor: *»Ich bin jung an Jahren und ihr seid Greise; darum habe ich mich gescheut und gefürchtet, euch mein Wissen kundzutun. Ich sagte: Mögen die Tage reden und die Menge der Jahre Weisheit verkünden.«*

Elihu ist zunächst ein Zeugnis in seiner vorbildlichen

Einstellung zu den Älteren. Er hatte gewartet und gehofft, dass einer der drei Tröster Hiob in Vollmacht verurteilt hätte. Da aber seine Rede mit einem viermaligen Hinweis auf seinen Zorn begann, fällt ein gewisser Schatten auf seine Ausführungen. Das Wort Gottes unterweist uns: »Einen Älteren fahre nicht hart an, sondern ermahne ihn als einen Vater« (1Tim 5,1). Darum wirkte auch das nun Folgende etwas überheblich: *»Nicht die Bejahrten sind weise, noch verstehen die Alten, was recht ist. Darum sage ich: Höre mir zu, auch ich will mein Wissen kundtun.«*

Doch es war Gottes Stunde, als Elihu auftrat. Die drei Freunde hatten ihren Auftrag erfüllt; wenn auch manche ungerechte Beschuldigung in ihren Reden war, hatten sie doch erreicht, dass Hiobs Selbstgerechtigkeit deutlich sichtbar wurde. Gott aber, der nie die Zügel aus der Hand gibt, hatte schon den rechten Mann an der rechten Stelle, um sein Ziel mit dem Angefochtenen zu bewerkstelligen. Elihu war gleichsam der Schiedsmann, den Hiob so sehr ersehnt hatte.

Im 32. Kapitel wandte Elihu sich an die Freunde. In fast allen Sätzen wies er sie zurecht. Er hatte gewartet, zugehört, aber keiner war Hiob in angemessener Weise entgegengetreten. *»Dass ihr nur nicht saget: Wir haben Weisheit gefunden. Gott wird ihn aus dem Feld schlagen, nicht ein Mensch! Er hat ja an mich keine Worte gerichtet und mit euren Reden werde ich ihm nicht antworten.«* Mit einer gewissen Ironie zeigte Elihu ihr Versagen und ihre Unfähigkeit auf: *»Sie sind bestürzt, sie antworten nicht mehr, die Worte sind ihnen ausgegangen. Und ich sollte warten, weil sie nicht reden, weil sie dastehen und nicht* *antworten?*« Elihu sprach nicht unmittelbar die Freunde an, obwohl er sie treffen wollte. Es hörte sich an, als hätte er einen ganz anderen Gesprächspartner. Zu wem redete er? War es Hiob? Oder wandte er sich mit seinen Ausführungen an den unsichtbaren Gott, der überall stiller Zuhörer ist? Wir wissen es nicht. Auf jeden Fall enthielt seine Aussage Verärgerung über die ausgebliebene Hilfe für Hiob.

In einer gewissen Überzeugung seines Könnens fuhr Elihu fort: »*... auch ich will mein Wissen kundtun. Denn voll bin ich von Worten; der Geist meines Inneren drängt mich. Siehe, mein Inneres ist wie Wein, der nicht geöffnet ist ... ich will reden, dass mir Luft werde ... Dass ich nur ja nicht für jemanden Partei nehme! Und keinem Menschen werde ich schmeicheln. Denn ich weiß nicht zu schmeicheln: gar bald würde mein Schöpfer mich hinwegnehmen.*«

Elihu nahm es mit seinem Auftrag ganz genau. Er wusste um die Verantwortung, die auf ihm lag. Doch auch er war ein Mensch, der wie alle Menschen irren konnte. Seine Worte bergen wunderbare Wahrheiten, doch blieben ihm die letzten Absichten Gottes mit Hiob ebenfalls verborgen. Eines aber hatte er verstanden – wohl uns, wenn wir das beherzigen: »Ich muss Rechenschaft ablegen über meine Worte!« Viel leichtfertiges Geschwätz würde unterbleiben, wenn sich jeder wahre Christ dieser Tatsache stets bewusst wäre!

Kapitel 33

Elihu wendet sich an Hiob

Seine Mission begann Elihu mit den Sätzen: *»Nun aber, Hiob, höre doch meine Reden und nimm zu Ohren alle meine Worte. Siehe doch, ich habe meinen Mund aufgetan, ... meine Worte sollen die Geradheit meines Herzens sein ... Der Geist Gottes hat mich gemacht und der Odem des Allmächtigen belebt mich. Wenn du kannst, so antworte mir.«*

Damit versuchte der Sprecher, Hiob zu vermehrter Aufmerksamkeit zu ermuntern. Weiter sollte der Geprüfte erkennen, dass Elihu bemüht war, ihm aus innerer Anteilnahme heraus zu helfen, indem er ihn in die demütige Unterordnung unter Gott zurückführen möchte. Hiob sollte verstehen, dass Elihu keine leeren Worte benutzte, sondern der »Odem des Allmächtigen« den Redner belebte. Das gab seinen Hinweisen eine besondere Weihe und Wichtigkeit.

Um das Herz des Angefochtenen zu gewinnen, stellte sich Elihu mit Hiob auf eine Stufe. Nicht von oben herab, sondern als einer, der sich auch seiner Vergänglichkeit bewusst war, wollte er mit dem Leidenden reden. Die Aussage: *»Siehe, ich bin Gottes wie du; vom Ton abgekniffen bin auch ich. Siehe, mein Schrecken wird dich nicht ängstigen und mein Druck wird nicht schwer auf dir lasten«*, bestätigte seine Einstellung. »Ich bin auch nur ein Mensch, der Fehler machen kann. Wie du, Hiob, bin auch ich vom Schöpfer gebildet worden. Wir beide stehen verantwortlich vor dem, der uns jederzeit abberufen und zur

Rechenschaft ziehen kann. Darum will ich dich auf keinen Fall ängstigen oder dich mit meinen Worten bedrücken. Wir stehen und fallen doch demselben Herrn!« Wer Seelsorge betreiben muss oder will, beherzige die Einstellung dieses Mannes! Soll mein Rat, meine Hilfe ankommen, muss ich erst das Herz des anderen gewinnen. Nur wer sich mit dem Gefährdeten eins machen kann, wird wirksame Unterstützung anbringen können.

Mit Vers 8 begann Elihu seine Unterweisungen: *»Fürwahr, du hast vor meinen Ohren gesprochen und ich hörte die Stimme der Worte: Ich bin rein, ohne Übertretung; ich bin makellos und keine Ungerechtigkeit ist an mir. Siehe, er (Gott) erfindet Feindseligkeit wider mich, er hält mich für seinen Feind ... – Siehe, darin hast du nicht recht, antworte ich dir; denn Gott ist erhabener als ein Mensch. Warum haderst du wider ihn? Denn über all sein Tun gibt er keine Antwort.«*

Es fällt nicht schwer festzustellen, dass auch Elihu die Gedanken Gottes über Hiob nicht verstand. Hiob stand nicht unter der Prüfung Gottes, weil er unrein, sündig und voll Ungerechtigkeit war, sondern weil seine Gottesfurcht unter Gottes Zulassung durch Satan geprüft wurde.

Beim Überdenken der Geschichte dieses »Mannes nach den Gedanken Gottes« müssen wir immer von den Anfängen her beurteilen. Wenn es sich um die Heiligkeit, Gerechtigkeit und Unnahbarkeit Gottes handelt, wer kann dann bestehen? Wie konnte Hiob wagen, sich für rein und unfehlbar zu erklären bei seinem sündigen Zustand? Auch er müsste vor der Majestät des Höchsten vergehen. Wenn Gott Sünde zurechnet, wer könnte vor ihm bestehen? Mose wurde als Knecht Gottes der »sanftmütigste Mann auf Erden« genannt. Abraham bekam den Titel »Freund Gottes«. Viele empfingen die Anerkennung Gottes. Waren sie deshalb unfehlbar? Waren sie »Übermenschen«? In Hebräer 11 finden wir eine von Gott aufgestellte Armee von Glaubensmännern. Hell leuchten sie als Vorbilder. Waren sie deshalb von der ihnen angeborenen Sünde befreit und fehlerfrei? Gott stellte diese Menschen heraus, weil sie im Glauben Proben bestanden, weil sie in ihren Prüfungen auf Gott schauten und zu Überwindern wurden.

Über den Ausgang der Schule Gottes für Hiob schreibt Jakobus: *»Vom Ausharren Hiobs habt ihr gehört und das Ende des Herrn (mit Hiob) habt ihr gesehen.«* Somit erkennen wir, dass Gott auch mit Hiob sein Ziel erreichte. Noch waren seine Examen nicht beendet, noch hatte Gott nicht persönlich mit ihm gesprochen und ihn in sein heiliges Licht gestellt oder ihn von seiner persönlichen Unvollkommenheit überführt. So sind auch die nächsten Worte Elihus zu werten: *»Im Traum, im Nachtgesicht, wenn tiefer Schlaf die Menschen befällt, im Schlummer auf dem Lager: dann öffnet er das Ohr der Menschen und besiegelt die Unterweisung, die er ihnen gibt, um den Menschen von seinem Tun abzuwenden, und auf dass er Übermut vor dem Mann verberge; dass er seine Seele zurückhalte von der Grube und sein Leben vom Rennen ins Geschoss.«*

Der Hinweis, dass Gott alle Mittel zur Verfügung stehen und dass er alles einsetzt, um einen Sünder zu überführen und ihn durch das Evangelium zu retten, ist eine herrliche Wahrheit. Wenn wir diese und auch frühere andere Aussprüche der vier Männer an Hiob als Botschaft des Heils benutzen, treffen sie sicher ins Schwarze und verfehlen ihre Wirkung nicht; doch bei Hiob konnten sie nichts ausrichten, weil das Motiv der Freunde nicht stimmte. Auch Elihu hielt Hiob für einen Sünder, der wegen seiner Schuld die gebührende Strafe empfing. Darum konnten seine Worte trotz vieler Wahrheiten, die sie bargen, ihr Ziel nicht erreichen. Deutlich kommt das in Elihus Spruch zum Ausdruck: *»Sollte auch herrschen, wer das Recht hasst? Oder willst du den Allgerechten verdammen«* (34,7). Klar wurde die Beschuldigung, die Hiob zu einem Gesetzlosen stempelte, formuliert: *»Aber du bist mit dem Urteil des Gesetzlosen erfüllt: Urteil und Gericht werden dich ergreifen. Denn der Grimm, möge er dich ja nicht verlocken zur Verhöhnung, und die Größe des Lösegeldes verleite dich nicht!«* (36,17).

Elihu stimmte in vielem mit den drei Freunden in seinem Urteil überein. Da alle den Plan Gottes nicht erkannten, redeten sie abfällig über den Schwergeprüften, wie wir das in unserem Text weiterlesen können: *»Auch wird er gezüchtigt mit Schmerzen auf seinem Lager und mit beständigem Kampf in seinen Gebeinen ... sein Fleisch zehrt ab, dass man es nicht mehr sieht, und entblößt sind seine Knochen, die nicht gesehen wurden; und seine Seele nähert sich der Grube und sein Leben den Würgern.«* Noch unüberhörbarer klingt der Gedanke der Strafe an, wenn Elihu weiterspricht: *»Er wird vor den Menschen singen und sagen: Ich hatte gesündigt und die Geradheit verkehrt und es ward mir nicht vergolten; er hat meine Seele erlöst, dass sie nicht in die Grube fahren und mein Leben erfreut sich des Lichts.«*

Wunderbare Wahrheiten! So können wir ausrufen. Hiob aber vermögen sie nicht zu helfen, er litt nicht wegen seiner Sünden, sondern stand in der Prüfung Gottes, die Satan mit ihm durchführen durfte. Für einen Menschen, der unter dem Kreuz auf Golgatha Frieden und Vergebung findet, sind das froh machende Worte. Ebenfalls war es der Freuden- und Jubelgesang aller Zeiten von solchen, die sich des Heils, der Sündenvergebung bewusst wurden. Hiskia freute sich: *»Siehe zum Heil ward mir bitteres Leid ... alle meine Sünden hast du hinter deinen Rücken geworfen. Der Lebende ... der preist dich wie ich heute ... Der Herr war bereit mich zu retten, und wir wollen mein Saitenspiel rühren alle Tage unseres Lebens«* (Jes 38,17- 20). Auch David rühmte das Erbarmen Gottes: *»Errette mich von Blutschuld, du Gott meiner Rettung, so wird meine Zunge jubelnd deine Gerechtigkeit preisen. Herr, tue meine Lippen auf und mein Mund wird dein Lob verkünden.«* Israel wird nach Buße und Umkehr zu seinem Gott jubeln: *»Hoch erfreue ich mich in dem Herrn; meine Seele soll frohlocken in meinem Gott! Denn er hat mich bekleidet mit Kleidern des Heils ...«* (Jes 61,10).

Eine weitere Wahrheit erwähnte Elihu in Bezug auf den Menschen, indem er auf die Warnungen Gottes an den Sünder hinwies: *»Siehe, das alles tut Gott zwei-, dreimal mit dem Mann, um seine Seele abzuwenden von der Grube, dass sie erleuchtet werde von dem Licht der Lebendigen.«* Aus diesen Worten strahlt die Liebe und Langmut Gottes, der den Sünder warnt und zur Buße leiten will. Zwei- bis dreimal versucht er durch einschneidende Ereignisse in unserem Leben neben allen »normalen« Gnadenangeboten, einen Menschen vor dem kommenden Gericht zu bewahren.

Was Elihu mit seiner Rede bei Hiob erreichen wollte, ist uns wiederholt bewusst geworden: »Hiob, du bist ein schuldiger Mann. Dich trifft das, was du verdient hast!« Elihu war sich seiner Sache so sicher, dass er dem Gezeichneten zurief: *»Merke auf, Hiob, höre mir zu, schweige, und ich will reden. Wenn du Worte hast, so antworte mir; rede, denn ich wünsche dich zu rechtfertigen. Wenn nicht, so höre du mir zu; schweige, und ich werde dich Weisheit lehren.«*

Für Hiob muss es fast unzumutbar gewesen sein, auf diese Vorwürfe zu schweigen. Doch dass er sich jetzt beherrschen konnte, ist ein Zeichen innerer Ausgeglichenheit. Er ließ sich für das Reden Gottes an ihn zubereiten. Solange ein Gotteskind sich selbst rechtfertigen will, muss Gott zuschauen, kann es aber bei erlittenem Unrecht schweigen, übernimmt Gott die Rechtfertigung. Auf Gott hören und stille sein, birgt großen Segen in sich.

Tersteegen schrieb:

Du durchdringest alles;
lass dein schönstes Lichte,
Herr, berühren mein Gesichte!
Wie die zarten Blumen,
willig sich entfalten,
und der Sonne stille halten,
lass mich so, still und froh,
deine Strahlen fassen
und dich wirken lassen.

Kapitel 34

Elihus große Gotteserkenntnis

Wieder folgte ein neuer Angriff auf Hiob. Um den Hinweisen einen besonderen Nachdruck zu geben, rief Elihu alle Beteiligten zum Aufmerken und Hinhören auf: *»Höret, ihr Weisen, meine Worte, und ihr Kundigen, gebt mir Gehör ... Erwählen wir für uns, was recht ist, erkennen wir unter uns, was gut ist!«*

Elihu suchte wohl Verstärkung bei den drei Freunden, um seine Argumente gegen Hiob untermauert vortragen zu können. Denn der Tadel lautete: *»Denn Hiob hat gesagt: Ich bin gerecht, und Gott hat mir mein Recht entzogen. Trotz meines Rechtes soll ich lügen; meine Wunde ist unheilbar, ohne dass ich übertreten habe. – Wer ist ein Mann wie Hiob, der Hohn trinkt wie Wasser und in Gesellschaft geht mit denen, die Frevel tun, und wandelt mit gottlosen Menschen? Denn er hat gesagt: Keinen Nutzen hat ein Mann davon, dass er Wohlgefallen an Gott hat.«*

Wir staunen bei solchen Vorhaltungen über die Wechselhaftigkeit in den Ausführungen Elihus. Einmal waren seine Worte wie scharfe Treibnägel, dann waren sie wieder von Mitleid erfüllt. »Hiob trinkt den Hohn wie Wasser; er wandelt mit den Frevlern und gottlosen Menschen!« Welchen Hohn? Kann hier die Verhöhnung Gottes gemeint sein? Elihu übertrieb in seinem Formulieren stark, aber er kannte Motive und Zusammenhänge der Prüfungen Hiobs nicht. Hätte er um die geheimen Vorgänge im Himmel gewusst, wäre sein Urteil völlig anders ausgefallen.

Wie wichtig sind auch für uns solche Belehrungen! Man kann wie Elihu die Größe und Allmacht Gottes rühmen und einen tiefen Einblick in göttliche Gedanken offenbaren, gleichzeitig aber einen Schwergeprüften ganz falsch beurteilen oder gar verurteilen. Wir wollen uns gegenseitig zurufen: »*Du aber, was richtest du deinen Bruder? Oder auch du, was verachtest du deinen Bruder? Denn wir werden alle vor den Richterstuhl Gottes gestellt werden ... Also wird nun jeder von uns für sich selbst Gott Rechenschaft geben. Lasst uns nun nicht mehr einander richten, sondern richtet vielmehr darüber, dass dem Bruder kein Ärgernis gegeben wird*« (Röm 14,10-13).

Natürlich bleibt auch das Wort des Herrn bestehen: »*Wenn du deinen Bruder sündigen siehst, so überführe ihn ...*«, aber »*indem du auf dich selbst Acht gibst, dass nicht auch du versucht werdest*« (Gal 6,1).

Beides müssen wir beim Überdenken der Leidensgeschichte Hiobs berücksichtigen: Seine vier Freunde kannten den Plan Gottes mit Hiob nicht und Hiob hatte keine Ahnung, dass die Reden der Freunde Teil seiner Prüfungen waren. Wenn auch Gott über Hiob wachte, dass Satan die ihm gesteckten Grenzen nicht überschritt, so waren doch alle Details des Vorgehens vom Gegenspieler bewirkt. »*Er ist in deiner Hand!*« Das war Gottes Zulassung. »*Aber taste sein Leben nicht an!*« Das war die Grenze, die Gott dem Satan gesteckt hatte. Wir können uns vorstellen, dass der Ränkeschmied nichts unternahm, was den Tiefgedemütigten irgendwie ermuntert hätte. Gott selbst bewahrte es sich auf, dem Geprüften Licht über seine Wege zu bringen. In diesem Licht musste dann auch Satan das völlige Scheitern seiner teuflischen Machenschaften erkennen.

In Vers 10 rief Elihu die Freunde erneut zum Hinhören auf. Wieder verband er versteckte Anschuldigungen mit einer tiefen Gotteserkenntnis: *»Darum hört mir zu, ihr Männer von Verstand! Fern sei Gott von Gesetzlosigkeit und der Allmächtige von Unrecht! Sondern des Menschen Tun vergilt er ihm und nach seinem Weg lässt er ihn finden* (wie ihr es bei Hiob beobachten könnt!). *Ja Gott handelt wahrlich nicht gesetzlos und der Allmächtige beugt nicht das Recht ... Wenn er sein Herz auf sich selbst richtet, seinen Geist und seinen Odem an sich zurückzöge, so würde alles Fleisch insgesamt verscheiden, und der Mensch zum Staube zurückkehren.«*

Welch eine erhabene Herausstellung der Größe und Allmacht Gottes! Diese Tatsache wird von den Menschen oft gar nicht erkannt und bedacht. *»In ihm leben, weben und sind wir; wir sind auch sein Geschlecht!«*, verkündigte Paulus den Weisen in Athen. Würde der Schöpfer und Erhalter nur für einen Augenblick seine Hand zurückziehen, würde nicht nur der Mensch vergehen, sondern auch das ganze All in sich zusammenbrechen. Darum strahlt die allumfassende Gnade des Höchsten in ihrer ganzen Fülle täglich in unser Leben. Über Gute und Böse lässt Gott die Sonne scheinen und die Erquickung des Regens niedergehen. Wenn das doch die Menschheit einsehen könnte, würde manch dankbarer Blick sich zum Thron des Allmächtigen erheben.

Tiefe Wahrheiten – nur falsch angebracht

Ergriffen lauscht man den Worten dieses weisen Redners. Er verstand es, den ewigen, alles durchdringenden Gott groß zu machen. Leider begann Elihu wieder mit Anschuldigungen gegen Hiob, nachdem er aufgefordert hatte, auf die Stimme seiner Worte zu lauschen: *»Sollte der herrschen, der das Recht hasst? Oder willst du den Allgerechten verdammen? Sagt man zu dem König: Belial (du Nichtswürdiger)? Wie viel weniger zu ihm, der die Person der Fürsten nicht ansieht und den Vornehmen nicht vor dem Armen berücksichtigt!«* Dann sprach Elihu neu von der Macht und Herrlichkeit Gottes, der den Menschen beobachtet, der seine Wege beurteilt, der Gewaltige zerschmettert, der die Übeltäter schlägt und ins Gericht bringt. *»Schafft er Ruhe, wer will beunruhigen? Und verbirgt er das Angesicht, wer kann ihn schauen? ... damit der ruchlose Mensch nicht regiere, damit sie nicht Fallstricke des Volkes seien.«*

Diese Hinweise enthalten wunderbare Wahrheiten. Wie müsste der Mensch erschreckt aufwachen, wenn er sie liest! Die Souveränität und Gewalt des Ewigen zu preisen ist ein unvergleichbares Vorrecht.

Der letzte Abschnitt dieses Kapitels enthält weitere Angriffe gegen Hiob, als sei er ein großer Sünder, der eine gerechte Strafe empfing: *»Denn hat er wohl zu Gott gesagt: Ich trage meine Strafe, ich will nicht mehr verderbt handeln?«* Der dann folgende Rat war einleuchtend und wichtig zum Überdenken: *»Was ich nicht sehe, zeige du mir; wenn ich Unrecht verübt habe, so will ich es nicht mehr tun!«* Wer möchte sich hier nicht einreihen? Dieses

Überprüfen sollte jeder Christ täglich vornehmen, denn wie David müssen wir beten: »*Und von verborgenen Sünden reinige mich!*«

Abschließend stellte Elihu neue Fragen an Hiob. Diese basierten auf der schon bekannten Grundlage: »*Soll nach deinem Sinn er es vergelten? Denn du hast seine Vergeltung verworfen, und so musst du wählen und nicht ich, was du weißt, rede denn! Männer von Verstand werden zu mir sagen …: Hiob redet nicht mit Erkenntnis und seine Worte sind ohne Einsicht. Ach, dass doch Hiob fort und fort wegen seiner Antworten nach Frevler-Art geprüft würde! Denn er fügt seiner Sünde Vermessenheit hinzu, klatscht unter uns in die Hände und mehrt seine Worte gegen Gott.*« Auch diese Vorwürfe bargen etwas Gutes. Gott ließ alles zu zum Heil, zum inneren Wachstum. Wenn auch manche Behauptung Elihus übertrieben war, weil die Absicht Satans, Hiob zur Verzweiflung und zum Abfall von Gott zu bewegen, nach wie vor sein Ziel war, barg doch alles auch einen Segen für Hiob. Man könnte ihn in die Worte Davids kleiden: »*Bevor ich gedemütigt war, irrte ich, jetzt aber bewahre ich dein Wort.*« Die Worte Elihus sollten eine Brücke, eine Überleitung zu dem Anruf Gottes an Hiob sein. Gott selbst griff ja nach Elihu ein, um Hiob die letzte Selbstsicherheit zu nehmen und ihn da zu sehen, wo jeder Mensch hingehört: in den Staub vor dem Allmächtigen. Wohl allen, die sich vor dieser Größe, dieser Majestät beugen und demütigen und aus tiefstem Verlangen mitsingen:

> Herr, beuge mich! Mach aus dem Ton,
> der doch zu nichts sonst für dich wert,

ein dir gebräuchliches Gefäß,
das dich gebeugt, zerbrochen ehrt!

Kapitel 35

Elihu weist Hiob auf das Unrecht
in dieser Welt hin

In seinen weiteren Darlegungen ging Elihu auf die Ungerechtigkeit in dieser Welt ein. Was er aufdeckte, bezog sich
auf das schreiende Unrecht, das dem Armen und Un-
terdrückten von den Reichen widerfuhr. Der Mann geißel-
te Tatsachen, die zu allen Zeiten sichtbar wurden und dem
Auge Gottes nicht entgingen. Wie viel wurde und wird bis
zum heutigen Tag auf dem sozialen Bereich gesündigt!
Gott wird alles Unrecht einmal ahnden, denn ihm entgeht
das Seufzen der Witwe und die Träne der Waise nicht.

Elihu umrahmte das Aufzeigen dieses Unrechts mit er-
neuten Vorwürfen an Hiob. Immer wieder suchte er nach
Bildern und Gleichnissen, um dem Angefochtenen seine
falsche Einstellung vorzuhalten. Elihu war sicher, dass alles
von Hiob zu tragende Unheil auf Selbstverschulden be-
ruhte. Darum fuhr er auch fort: »*Hältst du das für recht?
Du hast gesagt: Meine Gerechtigkeit ist größer als diejeni-
ge Gottes. Denn du fragst, was sie dir nütze; was gewinne
ich mehr, als wenn ich gesündigt hätte?*«

Ob Hiob solche Behauptungen aufgestellt hatte, ist
doch sehr fraglich. Wie schnell wird ein Mensch nach dem
äußeren Eindruck beurteilt! Wenn uns die Liebe fehlt,

kommt man trotz großer Gotteserkenntnis zu falschen Rückschlüssen. Vor allen Ratschlägen, die wir geben, und vor allen Urteilen, die wir fällen müssen, sollten wir zuerst 1. Korinther 13 lesen.

Elihu fuhr fort: *»Ich will dir Worte erwidern und deinen Genossen mit dir. Blicke gen Himmel und sieh und schaue die Wolken an – sie sind höher als du. Wenn du sündigst, was tust du ihm an? Und mehren sich deine Übertretungen, was fügst du ihm zu? Wenn du gerecht bist, was gibst du ihm oder was empfängt er aus deiner Hand? Für einen Mann wie du gilt deine Gesetzlosigkeit etwas und für ein Menschenkind deine Gerechtigkeit.«*

Mit diesem Hinweis wollte Elihu die Größe Gottes mit dem kleinen, armseligen Menschen vergleichen. An Gottes Majestät und Vollkommenheit kann der Sünder nichts schmälern, sein Tun kann den Gewaltigen nicht beeinflussen, wenn auch jede Sünde eine Beleidigung des Höchsten ist. Alle Vergehungen sind inneres Aufbegehren, sind eine Unabhängigkeitserklärung, die der Sünder Gott entgegenschleudert. Dadurch wird Gottes Gerechtigkeit herausgefordert, doch das Wesen Gottes, der in sich selbst alles Genüge hat, kann der Winzling im Staub der Erde nicht beeinträchtigen.

»Hiob, deine Gesetzlosigkeit Gott gegenüber gilt schon etwas! Bedenke und erwäge deine Einstellung einmal im Licht der Größe Gottes. Du wirst schnell zu einer besseren Überzeugung gelangen. Gott sieht ins Verborgene, während der Mensch nach dem Äußeren urteilt, denn für ein Menschenkind gilt deine Gerechtigkeit, dein Betragen, dein Zeugnis, das du abgibst!«, so lauteten sinngemäß die Worte Elihus.

Anschließend kam er auf das Unrecht in der Welt zu sprechen: »*Wegen der Menge der Bedrückungen schreit man; man ruft um Hilfe wegen des Armes der Großen ... Alsdann schreibt man wegen des Hochmuts der Bösen, aber er antwortet nicht. Auf nur Eitles hört Gott nicht, und der Allmächtige schaut es nicht an ... Und nun, wenn sein Zorn nicht heimgesucht hat, sollte er nicht sehr wohl um den Übermut wissen?*«

Elihu wollte sagen: »Hiob, Gott entgeht nichts! Er kennt die geheimsten Vorgänge und die Überlegungen der Herzen! Auch dein Verhalten, deine Äußerungen, dein Aufbegehren ist ihm nicht entgangen. Wenn Gott auch schweigt und alles ausreifen lässt, so entgeht ihm doch nicht das Geringste!« Hierauf wies auch der Vers hin: »*Wenn du auch sagst, du schauest ihn nicht – die Rechtssache ist vor ihm; so harre sein.*«

In diesen Sätzen lag Verantwortung und Trost, der Hinweis auf die Allwissenheit und die Hilfsmöglichkeiten Gottes, Anklage und Ausweg aus der Not, besonders aber die Ermunterung: »Harre auf ihn, auf den Gott des Ausharrens und alles Trostes!« Einen besseren Rat konnte Elihu dem Hiob nicht geben. Das ist auch der von David gewiesene Weg, den er selbst beschritt und den er prophetisch auf unseren Herrn Jesus deutete: »*Beharrlich habe ich auf den Herrn geharrt und er hat sich zu mir geneigt und mein Schreien gehört. Er hat mich heraufgeführt aus der Grube des Verderbens, aus kotigem Schlamm; und er hat meine Füße auf einen Felsen gestellt, meine Schritte befestigt; und in meinen Mund hat er ein neues Lied gelegt, einen Lobgesang unserem Gott. Viele werden es sehen und sich fürchten und auf den Herrn vertrauen*« (Psalm 40,1-2).

Nach diesem Mut machenden Wort kam sofort für Hiob eine neue kalte Dusche. Elihu merkte an: »*Und so sperrt Hiob eitler Weise seinen Mund auf, häuft Worte ohne Erkenntnis.*«

Wir können den treuen Dulder nur ermuntern in dem Hinweis auf Gott:

> Er hat noch niemals was versehn
> in seinem Regiment.
> Nein, was er tut und lässt geschehn,
> das nimmt ein gutes End'.

Kapitel 36

Die Verdächtigungen Elihus gehen weiter

Bevor Elihu zu neuen Attacken schritt, stellte er sich selbst ins Rampenlicht. Im Brustton der Überzeugung bekundete er dem Angeschlagenen: »*Harre mir ein wenig und ich will dir berichten; denn noch sind Worte da für Gott. Ich will mein Wissen von weither holen und meinem Schöpfer Gerechtigkeit geben. Denn wahrlich, meine Worte sind keine Lüge; ein an Wissen Vollkommener ist bei dir.*«

Bei solchen Einleitungen überwiegt das ungute Gefühl, dass Elihu sich haushoch über den stellen wollte, der zu belehren war. Wenn eine Beschreibung des Handelns Gottes folgt, wie auch in diesem Kapitel, staunen wir über das Wissen dieses Mannes. Wenn wir jedoch jemanden gewinnen wollen, müssen wir uns mit dem Betroffenen eins machen. Jede Belehrung durch einen »im Wissen Vollkommenen« erreicht das Ziel nicht. Leider stellte sich Elihu erst am Ende seiner langen Rede einmal neben Hiob, indem er sprach: »*... den Allmächtigen, den erreichen wir nicht, den Erhabenen an Kraft ...*«

Nachdem Elihu auf sich selbst aufmerksam gemacht hatte, beschäftigte er sich mit dem mächtigen Gott, der niemanden verachtet, der den Gesetzlosen richtet und dem Elenden sein Recht gewährt. Gott richtet seine Augen auf den Gerechten, Könige setzt er auf den Thron und unterweist sie in ihrer Not über ihr Tun und ihre Übertretungen. Hören sie auf seine Zurechtweisungen, folgen Tage der Wohlfahrt. Missachten sie seine Hinweise, rennen sie ins Geschoss, d. h. ins Gericht des Unbestechlichen. »*Den Dulder aber rettet er in seinem Elend, und in der Drangsal öffnet er ihnen das Ohr.*«

Für alle Zeiten gültige Tatsachen nannte Elihu, denn Gott ist heilig und gerecht. Wehe dem Menschen, der glaubt, den Unbestechlichen leichtfertig herausfordern zu können! Doch mit seinen Erlösten handelt Gott anders; sie unterweist er in der Zucht, in den Prüfungen. Elihu stellte dann Hiob wieder neben den Gesetzlosen: »*So hätte er auch dich aus dem Rachen der Bedrängnis in einen weiten Raum geführt, wo keine Beengung gewesen, und die Besetzung deines Tisches würde voll Fett sein. Aber du bist mit dem Urteil des Gesetzlosen erfüllt: Urteil und Gericht werden dich ergreifen. Denn der Grimm möge dich ja nicht verlocken zur Verhöhnung und die Größe des Lösegeldes verleite dich nicht.*« Wir sind überrascht, dass Hiob alle Angriffe über sich ergehen ließ, ohne sich noch zu wehren. Dadurch wird uns der Dulder sympathisch; es ist auch besser, Unrecht zu leiden als Unrecht zu tun. Leider kannte Elihu den Gott der Barmherzigkeit und den hohen Wert des Lösegeldes nicht, sonst hätte er Hiob tröstender belehren können. Wir dürfen heute die Menschen unterweisen: »*Wenn deine Sünde blutrot ist, sie wird weiß werden wie Schnee! Wenn die Sünde überströmend geworden, so ist die Gnade noch überschwänglicher geworden!*« Für Gott gibt es keinen hoffnungslosen Fall, immer rühmt sich die Gnade wider das Gericht. Wer sich zur Buße führen lässt, den taucht Gott in den Strom seines Erbarmens.

Anschließend hob Elihu die Erhabenheit Gottes hervor. In eindrucksvoller Weise schilderte er seine Weisheit, denn wer ist ein Lehrer wie er? Alle Menschen schauen die Werke Gottes, besingen sein Tun und preisen ihn, der die Wolken bildet, den Regen schenkt und den Menschen Speise im Überfluss bereitet. Seine Hände halten den Blitz und den Donner; er hält alles in seiner Gewalt, und das Rollen der Gewitter kündigt ihn an.

Bei solchen Worten kommt man unweigerlich zu dem Ausruf: »Herr, wie groß, wie groß bist du! Öffne doch allen Menschen das Verständnis für deine Herrlichkeit! Wohin das Auge blickt, was das Ohr vernimmt und das Herz empfindet: Es ist deine Größe und Allmacht, deine Stärke und Herrlichkeit!«

Viermal rief Elihu seinem Gegenüber das Wort »siehe« in diesem Kapitel zu. »Siehe, schau hin, lass dir nicht entgehen, was ich dir sage!« Sein erstes Thema war Gottes Allmacht: Siehe, Gott ist mächtig! Siehe, Gott handelt erhaben! Er steht hoch über allem menschlichen Vorstellungsvermögen. Er benötigt keinen Berater. Niemandem muss er Rechenschaft von seinem Tun und Lassen geben. Diese Aussage wurde nochmals bekräftigt: *»Siehe, Gott ist zu erhaben für unsere Erkenntnis, die Zahl seiner Jahre, sie ist unerforschlich.«*

Verständlich ist das für jedes Gotteskind. Würden wir Gott in seinem Wesen erkennen und sein Handeln verstehen, müsste er auf menschlichem Niveau stehen, wäre dann aber nicht mehr Gott. Wir verstehen von Gott nur, was er uns selbst von sich geoffenbart hat. Deshalb ist der Satz wahr: Gott kann nur durch Gott (seinen Geist) gedient und Gott kann nur durch Gott angebetet und verherrlicht werden. Alles, was vom Menschen stammt, ist für ihn nicht akzeptabel. Weiter heißt es: *»Siehe, er breitet sein Licht um sich aus!«* Der Psalmist hält fest: *»Denn bei dir ist der Quell des Lebens; in deinem Licht werden wir das Licht sehen«* (Psalm 36,9). David wusste um die Notwendigkeit der Erleuchtung von oben, darum betete er: *»Sende dein Licht und deine Wahrheit; sie sollen mich leiten und bringen zu deinem heiligen Berg und zu deinen Wohnungen«* (Ps 43,3).

Elihu ermunterte Hiob: *»Gedenke daran, dass du sein Tun erhebst.«* Bewundere die Führungen deines Gottes, und preise ihn auch für das, was du nicht verstehst!

Kapitel 37

Die letzten Worte Elihus an Hiob

Die Anklagen hatten aufgehört. Elihu war von der Größe und Erhabenheit des Schöpfers und Erhalters des Weltalls so überwältigt, dass er nur noch dessen Macht und Herrlichkeit rühmen konnte. Sein Rühmen begann mit dem Bekenntnis: *»Ja, darüber erzittert mein Herz und bebt auf von seiner Stelle. Hört, hört das Getöse seiner Stimme ... das aus seinem Mund hervorgeht.«*

Elihus tiefer Einblick in die Geheimnisse der Natur malte Hiob das Reden Gottes in Blitz und Donner, in Sturm, Hagel und Schnee zu einem eindrucksvollen Gemälde. Dabei begründete er den Zweck dieser Demonstrationen der Macht des Allmächtigen: *»Mit Wasserfülle beladet er das Gewölk und breitet weithin aus seine Blitzwolken. Und unter seiner Leitung wenden sie sich ringsumher zu ihrem Werk, zu allem, was er ihnen gebietet, über die Fläche des Erdkreises hin, sei es dass er sie zur Geißel oder für seine Erde oder zur Erweisung seiner Gnade sich entladen lässt.«*

Welch eine wichtige Belehrung! Was wir heute als selbstverständlich hinnehmen, was in unseren Tagen in den Wetterberichten vorausgesagt und uns als Naturereignisse ausgelegt wird, sind wunderbare Absichten des großen Gottes. Hinter allem Geschehen steht er, der alles souverän lenkt nach seinem heiligen Willen. Eine dreifache Wirkung der Naturgewalten deckte Elihu auf. Sturm und Regen, Blitz und Donner werden von Gott entweder als Geißel (Gericht) oder zur Bewässerung und Erqui-

ckung seiner Erde oder als einen besonderen Gnadener-
weis von ihm eingesetzt.

Diese Gedanken sind weithin verloren gegangen. Wer
gibt sich bei Sturm und Unwetter, bei Blitz, Hagel und
Wolkenbrüchen noch Rechenschaft darüber, was der
Höchste damit sagen will? Wir sind ja heute so klug, so
intelligent, dass wir alles wissenschaftlich erklären können. Wer glaubt noch, dass Gott die Blitze schleudert,
dass er durch Katastrophen sich Gehör verschaffen oder
auf den Ernst einer Begegnung mit ihm aufmerksam
machen will? Das Entladen der Wolken dient also nicht
nur der Befruchtung des Erdbodens, sondern auch
zum Gericht, zur Warnung oder als Beweis der Langmut und Gnade Gottes. Wir wollen uns neben Hiob stellen, denn der Zuruf gilt auch uns: *»Nimm dieses zu
Ohren, Hiob; stehe und betrachte die Wunder Gottes!«*
Die Sprache Gottes durch die Natur hat ihre tiefe Bedeutung. Wohl uns, wenn wir dieses Reden neu verstehen
lernen.

Elihu stellt nun Frage über Frage in Bezug auf das Wirken Gottes in den Naturereignissen an Hiob. »Weißt du,
verstehst du, kannst du?«, so lauteten seine Erkundigun-
gen in den Versuchen, die Größe und Allmacht Gottes zu
schildern. Hiob hatte nichts zu erwidern. Was wollte er
auch dieser Beschreibung der Größe Gottes hinzufügen.
In seinem Herzen musste er dieser Hymne auf die Herrlichkeit des Allmächtigen zustimmen.

Der Respekt vor dieser Heiligkeit Gottes kam in den
Worten Elihus zum Ausdruck: *»Tue uns kund, was wir
sagen sollen! ... Soll ihm gemeldet werden, dass ich reden
wolle? Wenn jemand zu ihm spricht, er wird gewiss ver-*

schlungen werden.« Die Majestät des Erhabenen hatte die kühnen Redner zum Schweigen gebracht. Es gab nichts mehr, was beigetragen werden sollte. Viele Bereiche waren angesprochen worden. Wenn alles nichts gefruchtet hatte, war jede weitere Bemühung zwecklos. Eine weise Einsicht war eingekehrt. Hätten die Männer früher so gedacht, wäre manche Wunde im Herzen des Angefochtenen nicht geschlagen worden. Doch späte Einsicht ist besser als gar keine. Man kann sich irren, im Irrtum zu verharren ist aber gefährlich und muss sich als Torheit erweisen.

Elihu kam deshalb zu dem erfreulichen Abschluss: *»Darum fürchten ihn (Gott) die Menschen; er sieht keine an, die weisen Herzens sind.«* Der »an-Wissen-Vollkommene«, wie Elihu sich selbst genannt hatte, war nun auch mit seinem Latein am Ende. Zu diesem Ergebnis kommt jeder, der die Herrlichkeit, Allmacht und Größe des Ewig-Bleibenden angeschaut hat. Was will der kleine Mensch denn noch hervorbringen? Wie nichtig, wie leer, wie armselig wirkt all sein Gestammel, wenn Gottes Wort ein Herz ausfüllt! Hiob schwieg, und er würde weiter schweigen, denn nun redete Gott selbst mit ihm. Hiob schwieg, aber er hörte zu. Wohl ihm! Denn nur wer Gott zuhört, kommt zu der hilfreichen Erfahrung: *»Ich will meine Hand auf meinen Mund legen ... ich bereue in Staub und Asche.«*

Was Gott tut, das ist wohlgetan;
muss ich den Kelch auch schmecken,
der bitter ist nach meinem Wahn,
lass ich mich doch nicht schrecken.

205

Weil doch zuletzt
ich werd' ergötzt
mit süßem Trost im Herzen;
da weichen alle Schmerzen.

TEIL IV

(Kapitel 38 – 42)

Kapitel 38

Gott redet mit seinem Knecht aus dem Sturm

Dass Hiob nach der Rede Elihus schwieg, lässt uns aufhorchen. Wenn seine drei Freunde gesprochen hatten, folgte prompt eine scharfe Entgegnung. Nun aber war in ihm etwas Besonderes vorgegangen. Durch sein Schweigen überließ Hiob endlich Gott seine Rechtfertigung. Gott würde seine Sache klären; dabei verbindet er jedoch seine Hilfe nie mit unserer Weisheit.

Wiederholt hatte Hiob in seinen Reden Gott persönlich angesprochen und zum Dialog aufgefordert. In Kapitel 13,22 lasen wir: *»So rufe denn, und ich will antworten, oder ich will reden, und erwidere mir!«* Noch deutlicher kam der Ruf nach Gottes Eingreifen im 31. Kapitel, in dem der Angefochtene sein gerechtes Wirken aufzählte und zu dem Aufschrei kam. *»O dass ich einen hätte, der auf mich hörte, – hier ist meine Unterschrift; der Allmächtige antworte mir!«* (Vers 35). Hiob forderte von Gott eine Antwort auf seine Darstellung guter Leistungen, damit er endlich von seinen Freunden verstanden und vor ihnen gerechtfertigt wäre. Ihre Angriffe waren für ihn untragbar geworden. Seine Einstellung könnte unter das Wort aus Römer 2,6-7 eingestuft werden: *»Welcher einem jeden vergelten wird nach seinen Werken: denen, die mit Ausharren in gutem Werk Herrlichkeit und Ehre und Unverweslichkeit suchen, ewiges Leben.«*

Nun lesen wir im 1. Vers unseres Kapitels: *»Und der Herr antwortete Hiob!«* Auf das Verlangen seines Knechtes reagierte der unfassbare Gott. Welch eine Herablassung zu einem schwachen Menschen! Doch diese Erniedrigung fiel ganz anders aus, als Hiob dachte. Gott erwähnte Hiobs gute Taten mit keinem Wort. Er antwortete ihm im Gegenteil aus dem Sturm. Das ist für unser Verständnis bedeutungsvoll. Wenn Gott sich mit einem Sturm umhüllt, wird sein Reden sehr ernst, seine Heiligkeit, Gerechtigkeit und Unnahbarkeit überaus deutlich. So ist Sturm vielfach mit einem Eingreifen Gottes zum Gericht verbunden, wogegen leises Säuseln auf Gnade und Wirkung des Heiligen Geistes hinweist. Von der Gesetzgebung lesen wir: *»Ihr seid nicht gekommen zu dem Berge, der betastet werden konnte, und zu dem entzündeten Feuer ... dem Sturm und dem Posaunenschall und der Stimme der Worte ...«* (Hebr 12,18). Als Jona vor seinem Auftrag mit einem Schiff floh, warf Gott einen Sturm auf die See, und Jona landete im Bauch eines Fisches. Als Elia mutlos in der Höhle am Horeb lag, wurde er aufgefordert, sich auf den Berg vor Gott zu stellen. Und Gott ging vorüber, und ein großer, starker Wind (Sturm) zerriss die Berge und zerschmetterte die Felsen vor dem Herrn her; der Herr war nicht in dem Wind, auch nicht im Erdbeben und im Feuer, doch als Elia den Ton eines leisen Säuselns hörte, hüllte er sein Angesicht in seinen Mantel. Hiob hatte schon früher verkündet: *»Du hebst mich empor auf den Wind, du lässest mich dahinfahren und zerrinnen im Sturmesgetöse.«* Doch nun rief Gott ihn aus dem Sturm an – Rechenschaft und Antwort fordernd. Nicht Hiob kann um Aufschluss bitten, sondern der Höchste stellte ihm Frage um Frage, die das Geheimnis der Schöpfung betreffen und dem menschlichen Verständnis verschlossen sind.

»Und Gott sprach!« Wie oft begegnet uns diese Aussage in der Bibel. Er gibt Anordnungen! Er schenkt Verheißungen und Zusagen, er sucht den Kontakt mit den Menschen und liebt den Dialog: *»Vielfach und auf vielerlei Weise hat er zu den Vätern geredet durch die Propheten.«* Doch alles Reden Gottes wird in den Schatten gestellt vom Reden seines Sohnes Jesus Christus, unserem Herrn und Erlöser. Heute besitzen wir das geschriebene, vollständige, von Gott eingehauchte Gottes-Wort. Heilige Männer wurden getrieben durch den Heiligen Geist. Im Alten oder im Neuen Testament standen die Redenden und Schreibenden, die Gott benutzt, unter Gottes Autorität, unter seiner Einwirkung. Gott redete und schrieb durch diese Männer. David konnte bezeugen: *»Der Geist des Herrn hat durch mich geredet, und sein Wort war auf meiner Zunge. Es hat gesprochen der Gott Israels, der Fels Israels zu mir geredet ...«* (2Sam 23,2-3). Dieser Gottesmann war ein Sprachrohr Gottes; unter anderem sind seine Psalmen ein Beweis der Inspiration des Allweisen. Die Männer waren offen für den Anruf Gottes; sie überhörten ihn nicht. So konnte Jeremia ebenfalls niederschreiben: *»... da geschah dieses Wort von Seiten des Herrn zu Jeremia also: Nimm dir eine Buchrolle und schreibe darauf alle die Worte, welche ich zu dir geredet habe ...«* (Jer 36,2).

Dankbar müssen wir sein, diesen wertvollen Schatz besitzen zu dürfen! Lieben wir die göttlichen Aussprüche? Haben wir ein inneres Gemerk für diese Zusprüche oder leiden wir bereits an geistlicher Taubheit? Das wäre doch fatal! Es gibt für Kinder Gottes nichts Köstlicheres als den Dialog mit dem Vater im Himmel: Er spricht zu uns durch sein Wort und wir antworten ihm im Gebet.

Sein Wort ist Geist und Leben

Der Herr Jesus rief seinem Volk Israel zu: »*Der Geist ist es, der lebendig macht ... Die Worte, welche ich zu euch geredet habe, sind Geist und Leben ...*« (Joh 6,63). Paulus hielt fest: »*Alle Schrift ist von Gott eingegeben (eingehaucht, inspiriert) und nütze zur Lehre, zur Überführung, zur Zurechtweisung, zur Unterweisung in der Gerechtigkeit*« (2Tim 3,16). Ohne die Wirkung des Geistes bleibt das Wort toter Buchstabe. Wie wichtig ist es daher, diesen Geist Gottes in uns nicht zu hemmen, zu betrüben oder gar in seinen Wirkungen auszulöschen!

In 1. Thessalonicher 2,13 notiert Paulus ein wichtiges Wort: »*Und darum danken auch wir Gott unablässig, dass, als ihr von uns das Wort der Kunde von Gott empfinget, ihr es nicht als Menschenwort aufnahmet, sondern, wie es wahrhaftig ist, als Gotteswort, das auch in euch, den Glaubenden, wirkt.*«

Diese Machtwirkung, diese lebendig machende Kraft des Wortes hat nicht im Geringsten nachgelassen, sie wird und kann auch nicht gemindert werden. Das gottgehauchte Wort ist lebendig und wirksam. In Hebräer 4,12 wird es personifiziert. Gottes-Wort kann nie von dem getrennt werden, der es ausgesprochen hat: »*Denn das Wort Gottes ist lebendig und wirksam und schärfer als jedes zweischneidige Schwert und durchdringend bis zur Scheidung von Seele und Geist, sowohl der Gelenke als auch des Markes, und ein Beurteiler der Gedanken und Gesinnungen des Herzens; und kein Geschöpf ist vor ihm unsichtbar, sondern alles bloß und aufgedeckt vor den Augen dessen, mit dem wir es zu tun haben.*« Das Wort Gottes muss nicht verteidigt werden, das können wir auch nicht. Wer das Wort liest und hört, erlebt es als »die Kraft Gottes«. Lehnt jemand die Botschaft ab, setzt er sich gegen die Wirkung des Geistes zur Wehr, kann eine neues Leben vermittelnde Wiedergeburt nicht sichtbar werden. Hier helfen auch keine menschlichen Mittel, wie sie oft angewandt werden, indem man meint, Überredungskunst oder das Vorstellen von Worten großer Männer und Frauen könnte im Herzen etwas bewirken. Wir sollten nie versuchen, mit menschlichen Argumenten das Wort Gottes zu untermauern. Dadurch wird allenfalls die Kraft der Wirksamkeit des Wortes geschwächt.

Das Wort ist »wirksam«! Als Mose dem Volk Gedanken und Aussprüche Gottes vorgestellt hatte, rief er: »*Ich nehme heute den Himmel und die Erde zu Zeugen gegen euch: das Leben und den Tod habe ich euch vorgelegt, den Segen und den Fluch! So wähle das Leben, auf dass du lebest, du und dein Same ...*« (5. Mose 30,10). Paulus schrieb: »*Wenn aber auch unser Evangelium verdeckt ist, so ist es in denen verdeckt, die verloren gehen, in welchen der Gott dieser Welt den Sinn der Ungläubigen verblendet hat, damit ihnen nicht ausstrahle der Lichtglanz des Evangeliums der Herrlichkeit des Christus, welcher das Bild Gottes ist*« (2 Kor 3-4). »*Wenn jemand redet, so rede er Aussprüche Gottes, wenn jemand dient, so sei es aus der Kraft, die Gott darreicht*«, hielt Petrus fest. Gott erwartet, dass wir in heiliger Ehrfurcht das uns Anvertraute über alles schätzen und dass wir aufhorchen wie Hiob, wenn er zu uns redet!

Gottes Fragen an Hiob

Die erste Frage scheint besonders wichtig zu sein. Wir dürfen sie nicht nur als Einleitung zu den vielen anderen Fragen, die Gott an Hiob richtet, sehen, sondern als eine den alles menschliche Denken übersteigenden Rat des Höchsten betreffend. Sie lautet: *»Wer ist es, der den Rat verdunkelt mit Worten ohne Erkenntnis?«*

Dass Gott mit dieser Anrede Hiob stellen wollte, geht aus dem Zusatz hervor: *»Gürte doch wie ein Mann deine Lenden; so will ich dich fragen und du belehre mich!«* Der Angesprochene muss enttäuscht aufgehorcht haben: »Gott meint mich und ich habe den Rat verdunkelt? War mein Reden ohne Erkenntnis? Hat Gott sein Urteil über mich revidieren müssen? Sind meine Werke für ihn unwichtig?« Solche und ähnliche Gedanken werden den in der Asche Sitzenden beschäftigt haben.

Hiob konnte den »Rat seines heiligen Willens« noch nicht in der Tiefe erkennen wie solche, die hinter dem Kreuz stehen. Doch Gott zeigte ihm, dass das Wissen um seinen Heilsvorsatz alle Prüfungen überschattet. In allem Tun Gottes liegt die Absicht, seine Heilsgedanken deutlicher werden zu lassen. Wer die Bibel liest und versteht, findet vom Paradies an die Heilslinie aufgezeichnet, bis im letzten Buch dieses wunderbaren Wortes Gottes alles zur Vollendung gelangt. Die Erlösung des Menschen dürfen wir als »Rat des Willens Gottes von Ewigkeit zu Ewigkeit« in der Bibel aufgezeichnet finden. Leider wurde von vielen zu allen Zeiten dieser »Rat« verdunkelt durch Worte ohne Erkenntnis. Wie mancher, der sich Seelsorger nennt, hat keine Ahnung von dem Heilsplan dessen, der als Gott der Liebe in Erscheinung getreten ist. Würden wir den Epheserbrief und das »*Geheimnis seines Willens*« stets vor uns stellen, wie ganz anders würden unsere Dienste sein.

Vorbildlich ist das Gebet des Paulus: »*... ich gedenke eurer in meinen Gebeten, dass der Gott unseres Herrn Jesus Christus, der Vater der Herrlichkeit, euch gebe den Geist der Weisheit und Offenbarung zur Erkenntnis seiner selbst. Er erleuchte eure Augen des Herzens, damit ihr wisst, was die Hoffnung eurer Berufung, was der Reichtum der Herrlichkeit seines Erbes in den Heiligen und was die überschwängliche Größe seiner Kraft an uns, den Glaubenden, ist, nach der Wirksamkeit der Macht seiner Stärke*« (Eph 1,17-19).

Hiob hatte wiederholt nach einem Mittler, einem Schiedsmann gerufen. Auch hatte er die Überzeugung geäußert, dass sein Erlöser lebt und als Letzter seine Angelegenheit regeln würde. Nur seine Kurzsichtigkeit ließ es nicht zu, dass ihm der Heilsplan Gottes erhellt wurde. Hiob hatte nur sich und das vermeintliche Unrecht gesehen, das ihm durch seine Leiden widerfuhr. Losgelöst von sich selbst hätte Gott Hiob weitere Offenbarungen schenken können, denn der Allweise suchte zu allen Zeiten treue Knechte, in deren Leiden, Liebe und Hingabe er ein Vorbild von seinem geliebten Sohn prägen konnte. Ein Gott ehrender Wandel steht immer mit rechter Erkenntnis in Verbindung. Hinzu gehört die Liebe, die in unsere Herzen ausgegossen ist. Erkenntnis ohne Liebe bläht auf und führt zum Hochmut; Liebe ohne Erkenntnis kann zur Schwärmerei führen. Paulus bekannte: »*Um dieses bete ich, dass eure Liebe noch mehr und mehr überströme in Erkenntnis* und aller Einsicht, damit ihr prüfen möget, was das Vorzüglichere sei, damit ihr lauter und unanstößig seid auf den Tag Christi« (Phil 1,9). In Kolosser 1,9-12 betete der Diener seines Herrn um diese Gnade, damit die Erlösten durch die Zunahme an Erkenntnis und Weisheit einen würdigen, Gott wohlgefälligen Wandel führen. Viele Bibelstellen sprechen in ähnlicher Weise von dieser Erkenntnis des göttlichen Heilswaltens. Warum? Das will uns der wichtige an Hiob gerichtete Vorwurf Gottes verdeutlichen: »Wer ist es, der den Rat verdunkelt mit Worten ohne Erkenntnis?« Unwissenheit über die Ratschlüsse Gottes ist verhängnisvoll und hat im Reich Gottes schon großen Schaden angerichtet.

»Ich will dich fragen und du belehre mich!«

Beschämt wird Hiob diese Worte aus dem Mund Gottes entgegengenommen haben. Bisher war er der »Besserwisser« gewesen, der alles, was die Freunde vorgebracht hatten, widerlegen konnte. Doch nun wurde er vom Herrn in die Enge getrieben. Nichts von dem, was Gott ihm vorlegte, vermochte der Angefochtene zu beantworten. »Wer hat die Erde gegründet? Wer hat ihre Maße bestimmt? In was wurden ihre Grundfesten eingesenkt? Wer hat das Meer mit Toren verschlossen? Hast du, seitdem du lebst, einem Morgen geboten, die Morgenröte ihre Stätte wissen lassen? Bist du bis zu den Quellen des Meeres gekommen? Wurden dir die Pforten des Todes enthüllt? Hast du Einsicht in die Breiten der Erde genommen? Kennst du den Weg zur Wohnung des Lichtes und wo die Finsternis ihre

Stätte hat?« Weitere Fragen folgten über den Schnee, den Hagel, den Regen, den Tau, den Reif des Himmels.

Wie gewaltige Schläge ließ Gott seinen Anruf aus dem Sturm herniederprasseln. Hiob muss dieses Reden ganz erschüttert entgegengenommen haben. Sein Selbstvertrauen schmolz wie Wachs vor dem Feuer. Wenn Gott seine Stimme erhebt, wird die ganze Torheit und der Unverstand des Menschen sichtbar. Auch Hiob musste seine Selbstherrlichkeit begraben, denn manches unbedachte Wort der Rechtfertigung war über seine Lippen gekommen. In manchen Äußerungen hatte er selbst Gott belehren wollen. Doch nun stellte Gott seine Fragen, denen Hiob hilflos gegenüberstand. Dabei sind Gottes Motive lauter und wahrhaftig; er wollte seinen Knecht nie bloßstellen. Seine Erhebungen entsprangen der göttlichen Liebe zu seinem leidenden Diener. Wer an sich, seinen Übungen und Leiden hängen bleibt, verliert unsagbaren Segen. Darum nahm Gott den Dulder mit in die himmlische Sphäre. Hier zeigte er ihm Herrlichkeiten der Schöpfung, das Gewaltige, was durch das Wort seiner Macht entstanden ist. In wunderbarer Ordnung und Harmonie drehen sich die Planeten, diese gewaltigen Welten, um ihre Sonnen. Alles durchläuft die vom Allmächtigen ihnen gebotenen Bahnen. Als Gott die Grundfesten legte, jubelten die Morgensterne, und die Söhne Gottes jauchzten. Alles pries den Gewaltigen, Heiligen und Unerklärbaren! Wer könnte beim Anschauen der herrlichen Gottesmacht auch schweigen? Ein Tor ist, wer nicht einstimmen kann: »Wie groß bist du, wunderbarer Gott!«

Wenn jene himmlischen Wesen, die die Herrlichkeit der Himmel anschauten, beim Anblick der Urerde in solches Entzücken gerieten, welch ein Prachtwerk muss diese Welt gewesen sein, ehe sie zum Chaos wurde, aus dem Gott dann unseren heutigen Lebensraum entstehen ließ!

Diese Enthüllung, die uns heute noch in Bewunderung versetzt, ist ein weiterer Beweis für die göttliche Inspiration der Bibel. Wie hätte auch sonst ein Mensch um diese einmaligen Vorgänge im Kosmos wissen können, wenn Gott es nicht mitgeteilt hätte.

Für Hiob war dieser Anruf des Höchsten und seine Offenbarungen in der Schöpfung eine starke Ermunterung. Aber auch uns, den Erlösten, wird durch diese Hinweise ein Grundsatz Gottes vermittelt. Gott erzieht die Seinen in aller Weisheit, lässt jedoch in den Unterweisungen seine Kinder nicht allein. Das Hineinschauen in verborgene Herrlichkeiten schenkt dem Erlösten Trost, Kraft und Überwindermut. Elia, der mutlos unter dem Ginsterstrauch lag, erlebte einen Einblick in die Gedanken Gottes; auch durfte er Gott an sich vorüberziehen sehen. Als Paulus in den Tiefen seiner Leiden duldete, ließ der Herr ihn einen Blick in den dritten Himmel tun. Gideon, der mit dreihundert Männern ohne Waffen ein gewaltiges, bis an die Zähne gerüstetes, feindliches Heer besiegen sollte, empfing in seinen Ängsten und Sorgen eine Schau über den Sieg, den Gott ihm schenken wollte, und eine völlige Anweisung, wie der Kampf geführt werden musste. So könnten wir fortfahren, den Beweis zu führen, dass keine Prüfung, keine Leidensschule über unsere Tragkraft geht. Der uns in die Schule nimmt, sorgt auch dafür, dass wir das Examen bestehen. Darum: »Aufwärts froh den Blick gewandt, unser Herr geht mit!«

Hiob erhält Zoologie-Unterricht

Nachdem Gott Hiob auf die Wunder der Schöpfung hingewiesen hatte, ging er zu neuen Fragen über, die die Tierwelt betrafen: *»Erjagst du der Löwin den Raub und stillst du die Gier der jungen Löwen, wenn sie in den Höhlen kauern, im Dickicht auf der Lauer liegen? Wer bereitet dem Raben seine Speise, wenn seine Jungen zu Gott schreien, umherirren ohne Nahrung?«*

Der Löwe, ein Bild des Mutes, der Kraft, der Majestät und Raubgier, nimmt in der Bibel einen breiten Raum ein. Er, vor dem sich alle Tiere fürchten, der sich seinen Raub nie entreißen lässt, ist auch auf Gott angewiesen, der ihn mit seinen Fähigkeiten ausgerüstet hat. Denn Gott sättigt alles nach seinem Wohlgefallen. Wenn schon der Gerechte sich seines Viehs erbarmt, wie viel mehr der große Schöpfer und Erhalter des Weltalls!

Neben dem Löwen wies Gott auf den Raben hin, dem er ebenfalls seine Speise bereitet. Er versorgt die unreinen, fressgierigen Vögel mit dem, was sie benötigen, denn sie schreien zu ihm und fordern ihre Nahrung. Gerade der Rabe, der fast alles frisst, was er findet, wird geschildert als ein Tier, das von der Fürsorge Gottes erhalten wird. Noah ließ diesen Vogel einst als erstes Geschöpf aus der Arche fliegen; er kehrte nicht zurück – im Gegensatz zur Taube –, sondern fand überall einen Ruheplatz und genügend Nahrung in dem Aas, das überall auf der Wasserfläche schwamm.

Warum stellte Gott diese Fragen an Hiob? Gott musste seinem Knecht die völlige Hilflosigkeit und Ohnmacht zeigen und gleichzeitig die Größe und Allmacht des

Schöpfers. Der Angefochtene sollte lernen: »Siehst du, Hiob, alles bis ins Letzte liegt in meiner Hand. Da du nicht das Geringste vermagst und in allem auf mich angewiesen bist, warum wirst du nicht ruhig bei meiner Führung. Siehst du nicht deine Ohnmacht im Vergleich zu meiner Schöpfung? Wenn du nicht einmal den Raben ernähren kannst, wie willst du mit deinen Übungen allein fertig werden? Überlass dich mir, und du wirst Wunder schauen, gerade in deiner Hilflosigkeit! Ich habe sogar die Haare deines Hauptes gezählt! Kannst du eines davon schwarz oder weiß machen? Wenn du aber das Geringste nicht vermagst, warum rebellierst du gegen meine Absicht, dich mehr als bisher zu segnen?«

Wie kleingläubig sind wir Menschen! Als Erlöste wissen wir doch um unsere Ohnmacht, dass wir nicht vermögen, uns aus heiklen Situationen zu retten, und sind ständig voller Unruhe. Warum lassen wir uns nicht in Gottes Erbarmen fallen? Warum beten wir nicht: »Hier bin ich, Herr, ich kann allein nicht gehen, nicht einen Schritt; wo du wirst geh'n und stehen, da nimm mich mit! An deinem liebenden Herzen darf ich ausruhen und meine Ängste ausweinen. Du bist der Gott alles Trostes, du tröstest wie eine Mutter! Hier hast du meine beiden Hände, nun mache mit mir, was du willst!«?

Kapitel 39

Hiob erhält weitere Einblicke in die Wunder der Schöpfung

Auch in den jetzt folgenden Belehrungen wird uns die Herablassung Gottes so groß. In Langmut und Geduld ließ er seinen leidenden Knecht in die Herrlichkeit des Erschaffenen blicken. Wir sehen einen schweigenden, staunenden Hiob, wir beneiden ihn um sein Vorrecht, aus dem Mund Gottes Aufklärung über dessen Wunderwerke in der Tierwelt zu empfangen. Hiob durfte lauschen und sich vor der Majestät des Schöpfers beugen.

Gewiss hätte der Allmächtige seinen Knecht auch in überirdische Sphären mitnehmen können, um ihm seine gewaltige Größe zu zeigen. Er hätte ihn wie Paulus einen Blick ins Paradies oder in den Himmel tun lassen können, doch der endliche Geist Hiobs hätte hier nicht folgen können. Paulus wusste nicht, ob er bei seiner Entrückung im Leib oder außerhalb des Leibes war, als Gott ihn zur außergewöhnlichen Stärkung im Geist in den dritten Himmel und ins Paradies mitnahm. Es ist bemerkenswert, dass Paulus nicht berichtete, was er sah, sondern nur erwähnte, was er gehört hatte. Das aber waren Worte, die ein Mensch nicht aussprechen darf.

Wir werden in keiner Weise verkürzt. Das abgeschlossene Wort Gottes ist in unseren Händen. Wohl allen, die mit den Gedanken Gottes vertraut sind und denen der Geist jene Herrlichkeiten erschließt, weil sie in großer Ehrfurcht das Wort auf sich wirken lassen. Göttliche Aussprüche gelangen so in unser Herz, und unsere Seele jubelt über die Kostbarkeiten, die der Welt ohne Gott verborgen bleiben. Dreimal lässt der Herr uns mitteilen, dass die Leser und Täter des Wortes glückselig sind und im Leben Gelingen haben.

Josua erhielt, als er seine schwere Aufgabe, das Volk Israel zu führen, übernahm, den Zuspruch: *»Dieses Buch des Gesetzes soll nicht von deinem Munde weichen, und du sollst darüber sinnen Tag und Nacht, auf dass du darauf achtest zu tun nach allem, was darin geschrieben ist; denn alsdann wirst du auf deinem Weg Erfolg haben und alsdann wird es dir gelingen. Habe ich dir nicht geboten: Sei stark und mutig? Erschrick nicht und fürchte dich nicht! Denn der Herr, dein Gott, ist mit dir überall, wohin du gehst«* (Josua 1,8-9).

Eine andere Zusage steht im Psalm 1: *»Glückselig der Mann, ... der seine Lust hat am Gesetz des Herrn und über sein Gesetz sinnt Tag und Nacht! Er ist wie ein Baum an Wasserbächen gepflanzt, der seine Frucht bringt zu seiner Zeit, ... und alles, was er tut, wird gelingen.«* Ähnliches lesen wir in Jakobus 1,25: *»Wer aber in das vollkommene Gesetz der Freiheit hineingeschaut und dabei geblieben ist, indem er nicht ein vergesslicher Hörer, sondern ein Täter des Werkes ist, der wird in seinem Tun glückselig.«*

Wir dürfen mit Hiob lauschen

Gottes Reden ging weiter. Er sprach über die Geburt der Steinböcke und das Kreißen der Hindinnen, deren Jungen in der Freiheit aufwachsen und sich erstarkt von den Eltern trennen.

»Wer hat den Wildesel frei entsandt, zu dessen Zuhause ich die Steppe gemacht ... Was er auf den Bergen erspäht, ist seine Weide ...« stellte Gott vor Hiob. Als Nächstes beschrieb der Schöpfer die Stärke des Büffels, die Sorglosigkeit der Straußin, die der Erde ihre Eier anvertraut. Sie macht sich keine Gedanken um ihren Nachwuchs, denn Gott »ließ sie der Weisheit vergessen und keinen Verstand teilte er ihr zu«. Dennoch ist sie nicht verkürzt, denn in ihrem Lauf lässt sie das Ross zurück: »Sie lacht des Rosses und seines Reiters.« Die nächste Lektion galt dem stolzen Ross, seiner Kraft, Schnelligkeit und Unerschrockenheit, mit der es allen Gefahren trotzt.

Mit einer Frage über den Weitblick und die Schnelligkeit des Habichts und des Adlers, die ihre Beute aus weiter Ferne erspähen und mit tödlicher Sicherheit schlagen, um ihre Brut zu ernähren, schließt das Kapitel.

Jedes Geschöpf Gottes besitzt seine Vorzüge. Alles ist nach Gottes Weisheit geplant und es funktioniert. Wer in die Werkstatt des Schöpfers Einblick hat, kommt zu dem staunenden Bekenntnis: »O Gott, wie groß bist du.«

Der Höchste rief nicht nur Hiob zu: »Will der Tadler rechten mit dem Allmächtigen? Der da Gott zurechtweist antworte darauf!«, sondern auch allen Menschen. Die Zweifler, die Wissenschaftler und besonders die Anhänger der Evolutionstheorie sollten sich neben Hiob stellen, der Gott nur antworten konnte: »Siehe, zu gering bin ich. Was soll ich dir erwidern? Ich lege meine Hand auf meinen Mund. Einmal habe ich geredet und ich will nicht mehr antworten, und zweimal und ich will es nicht mehr tun.« Jeder, der Gottes Schöpferweisheit und Macht anzweifelt, muss einmal für immer verstummen, wenn er der prachtvollen Herrlichkeit Gottes begegnen wird.

Niemand sollte seiner verfinsterten Phantasie Raum geben und die Weisheit des Schöpfers in Frage stellen oder der Allmacht Gottes sein begrenztes Gehirn entgegensetzen. Wollen wir nicht endlich die kindischen Vorstellungen der Entwicklungstheorie vergessen und in tiefer Bewunderung die Schöpfermacht Gottes anbeten? Kann es etwas Größeres und Erhabeneres geben, als in den Gedanken des Allmächtigen zu ruhen und seinem Wort zu vertrauen? Wollen wir uns anmaßen, weiter den Höchsten zurechtzuweisen, indem wir mit unserem geringen Verstand die Rätsel der Natur zu lösen glauben? Wie verhängnisvoll würde für solche ihr Ende und ihre Begegnung mit dem Unerklärbaren sein!

Auch Hiob verlor seine Sprache beim Ausruf des großen Gottes. Wie überzeugt hatte er vorher noch ausgerufen: *»O dass ich ihn zu finden wüsste, dass ich kommen könnte bis zu seiner Wohnstätte! Ich würde meine Rechtssache vor ihm darlegen und meinen Mund mit Beweisgründen füllen. Ich würde die Worte wissen, die er mir antworten, und vernehmen, was er mir sagen würde«* (Hi 23,3-5).

Wo blieb sein mutiges Vorhaben? Hiob tat das einzig Richtige: Er verstummte vor der Majestät des Redenden und beugte sich unter seine eigene Torheit. Er brauchte auch nicht bis zu den Wohnstätten Gottes vorzudringen, der Herausgeforderte kam großmütig zu ihm. Die Selbstsicherheit, die ihn zu der Aussage erkühnte: *»Siehe doch, ich habe die Rechtssache gerüstet! Ich weiß, dass ich Recht behalten werde. Wer ist es, der mit mir* *rechten könnte? Denn dann wollte ich schweigen und verscheiden*«, hatte großer Ehrerbietung Platz machen müssen. Die erste Erziehungsfrucht wurde in Hiobs Antwort sichtbar: Allein Gottes Langmut hatte dem Dulder bei der Aufzählung seiner Vorzüge und guten Werke zugehört, ohne ihn zu unterbrechen. Wäre der Herr auf seine Angeberei eingegangen, hätte die notwendige Selbsterkenntnis nicht zum Tragen kommen können. Nun hatte Gott sein Ziel erreicht. Der große Landesfürst war ein kleiner, unbedeutender Mann geworden. Der seine Freunde in Zucht nahm: »*Wendet euch zu mir und entsetzt euch und legt die Hand auf den Mund*« (Hi 21,5), legte nun selbst die Hand auf seinen Mund. Die Größe und Herrlichkeit Gottes brachte ihn zum Verstummen. Wie heilsam! Vorher war Hiob völlig überzeugt, dass er Recht behalten würde, jetzt erkannte er sein Unrecht und handelte nach Sprüche 30,32: »*Wenn du töricht gehandelt hast, indem du dich erhobst, oder wenn du Böses ersonnen – die Hand auf den Mund*« (als Zeichen, dass man sich schämt).

Lässt Gott uns nur ein wenig in seine Schöpferwerkstatt schauen, können wir die Reaktion des Mannes verstehen, der niederschrieb:

Allmächtiger, ich beuge mich im Staub vor dir.
Ebenso beugen sich verschleierte Cherubim.
In ruhiger und stiller Andacht bete ich dich an,
allwissender, allgegenwärtiger Freund.

Der Erde hast du ihr smaragdgrünes Gewand gegeben
und sie in Schnee gehüllt.

Und die helle Sonne und der sanfte Mond am Himmel
beugen sich vor deiner Erscheinung.

(Sir John Bowring)

Kapitel 40 – 41

Gott zeigte Hiob seine Ohnmacht

Hiobs Bekenntnis genügte dem Herrn noch nicht. Nochmals wandte er sich an seinen Knecht: »*Gürte doch wie ein Mann deine Lenden; ich will dich fragen, und du belehre mich! Willst du gar mein Recht zunichte machen, mich verdammen, damit du gerecht seiest! Oder hast du einen Arm wie Gott, und kannst du donnern mit einer Stimme wie er? Schmücke dich doch mit Erhabenheit und Hoheit und kleide dich in Pracht und Majestät!*«

Armer Hiob! Wie muss bei dieser Aufforderung sein Herz gezittert haben. Es gab kein Ausweichen mehr. Gott holte zum letzten Schlag aus. All das törichte Gerede zur Selbstverteidigung und die Darstellungen der Selbstgerechtigkeit müssen in Hiobs Innern wie Feuer gebrannt haben. Was würde geschehen? Ob der Herr ihn wohl verwerfen musste? In das göttliche Licht gestellt musste der so hart Leidende bekennen: »Ich habe töricht geredet, ich habe Dinge ausgesprochen, die ich nicht kannte.« Unter neutestamentlichem Verständnis hätte für Hiob gegolten: »*Mein Sohn, achte nicht gering des Herrn Züchtigung und ermatte nicht, wenn du von ihm zurecht-*

gewiesen wirst! Denn wen der Herr liebt, den züchtigt er« (Hebr 12,5- 6).

Bei den gewichtigen Vorhaltungen hätte Hiob leicht mutlos werden und verzweifeln können. Doch Gott ließ seinen Knecht nicht ermatten, denn er handelte mit ihm in Liebe. Diese Zuneigung sorgte dafür, dass Hiob unter der Anklage nicht zusammenbrach. Der die Prüfung schickte, sorgte auch für die Tragkraft. Allein der Herr ist es, der einen Ausweg schafft. Gott sucht Früchte aus seinen Unterweisungen.

Er bleibt treu, und Hiob durfte erfahren: *»Ich wohne in der Höhe und im Heiligtum und bei dem, der zerschlagenen und gebeugten Geistes ist, um zu beleben den Geist der Gebeugten und zu beleben das Herz der Zerschlagenen«* (Jes 57,15).

Dann geht der Herr dazu über, Hiobs Ohnmacht zu demonstrieren, indem er ihm zwei Tiere in ihrer gewaltigen Stärke vorstellt. Vorher hatte er seinen Schüler erinnert: *»Sieh an alles Hoffärtige, beuge es und reiße nieder die Gesetzlosen auf ihrer Stelle! Verbirg sie allesamt in den Staub, schließe ihre Angesichter in Verborgenheit ein! Dann werde auch ich dich preisen, dass deine Rechte dir Hilfe schafft.«* Diese eigenartige Formulierung führt zur Beschreibung des Behemoth und des Leviathan, wobei Gott Letzterem mehr als ein ganzes Kapitel widmete. (Nach heutigen wissenschaftlichen Erkenntnissen handelte es sich bei diesen Tieren um Dinosaurier.) In Hiob 28,8 werden die wilden Tiere in der Anmerkung mit »Söhne des Stolzes« bezeichnet. Ob der Herr mit den Worten: *»Sieh an alles Hoffärtige, beuge es ...«* die Gefangennahme und Zähmung dieser gewaltigen Geschöpfe der Natur meinte, können wir nicht entscheiden. Auf jeden Fall wollte Gott Hiob die Grenzen seiner Möglichkeiten aufzeigen. Was ist er schon in seinem rechthaberischen Wesen, dieser kleine Mensch, dieses Staubkorn im Universum? Ganze Völker wertet der Allmächtige wie »*ein Tropfen am Eimer*«.

Hören wir, was Gott sagte: »*Sieh doch den Behemoth, den ich mit dir gemacht habe; er frisst Gras wie das Rind. Sieh doch, seine Kraft ist in seinen Lenden und seine Stärke in den Muskeln seines Bauches. Er biegt den Schwanz gleich einer Zeder, die Sehnen seiner Schenkel sind verflochten. Seine Knochen sind Röhren von Erz ... Er ist der Erstling der Wege Gottes; der ihn gemacht, hat ihm sein Schwert (riesige Schneidezähne?) beschafft ... Er flieht nicht ängstlich davon; er bleibt wohlgemut, wenn ein Jordan gegen sein Maul hervorbricht. Fängt man ihn wohl vor seinen Augen, durchbohrt man ihm die Nase mit einem Fangseil?*«

Der große Gott wollte bei Hiob damit klarstellen: »Wenn die Geschöpfe aus meiner Hand bis ins Letzte durchdacht geschaffen wurden, wenn ich sie mit Kraft, Mut und Entschlossenheit ausgerüstet habe, wie könnte ich deiner vergessen! Ist dir, Hiob, nie der Gedanke gekommen, dass du auch mit allem ausgerüstet bist, dass du auf eine erstaunliche Weise aus meiner Hand hervorgegangen bist? Wenn ich schon um die Kreatur besorgt war, wie weitaus mehr um dich. Die Übungen, in denen du dich befindest, kommen von mir, und den Ausgang darfst du mir überlassen. Schau, wie ohnmächtig du diesen Geschöpfen gegenüber bist. Wie willst du deine Lage ändern? Überlass dich ganz mir, und du wirst ein wunderbares Ergebnis aus allen Nöten vorfinden.

Schau dir den Leviathan an! Lerne von diesem Riesen, diesem ausgerüsteten Ungeheuer! Kannst du ihn mit der Angelschnur herbeiziehen? Wird er dich anflehen, mit dir einen Bund schließen? Kannst du mit ihm spielen, ihn vielleicht anbinden für deine Kinder zum Zeitvertreib? Lege deine Hand an ihn – du tust es nie wieder. Wer will ihn aufreizen, wütend machen?« Dann zeichnete der Schöpfer die Schönheit dieses Tieres und sein Benehmen auf, um Hiob weiter zu unterrichten und ihm zu beweisen, wie töricht seine Denkweise war. In die Größe, Majestät und Allmacht seines Gottes sollte Hiob tiefer eindringen. Dem vollkommenen Schöpfer ist nichts unmöglich, deshalb konnte auch Hiob ihm voll vertrauen.

Solche Schulstunden sollten auch uns in allen Zulassungen Gottes stille verharren lassen. Nie kann er sich in seinem Tun irren. Er liebt es, die Seinen zu unterweisen und zu segnen, damit sie zum völligen Ruhen kommen in seinen Wegen. Wir sind in jeder Weise von allen Seiten sicher geborgen.

Einen weiteren Grund, warum Gott Hiob die Größe und Gefährlichkeit dieser beiden Tiere so ausführlich beschreibt, finden wir in dem Hinweis: *»Niemand ist so kühn, dass er ihn (den Leviathan) aufreize. Und wer ist es, der sich vor mein Angesicht stellen dürfte? Wer hat mir zuvor gegeben? Und ich werde ihm vergelten. Was unter dem ganzen Himmel ist, ist mein.«*

Wenn die Geschöpfe aus seiner Hand so furchteinflößend sind, wer will sich mit Gott anlegen? Wer kann vor dem Allgewaltigen bestehen oder ihn gar mit leerem Geschwätz angreifen und ihm Vorschriften machen wollen? »Hiob, hast du mir irgendetwas gegeben, das dich zu einer Forderung an mich berechtigte? Dass du vor mir stehen darfst, ist ein Beweis ganz besonderer Gnade. Meine Wege mit dir sind eine große Gunst für dich, weil ich dich tiefer, reicher segnen möchte! Wenn du nun Gegenstand meiner Liebe bist, warum deine unüberlegten Worte? Warum die ständigen Rechtfertigungsversuche? Warum überlässt du dich nicht völlig und ganz mir?«

Nach dieser Einschaltung fuhr Gott fort, die Stärke und Schönheit, die Unerschrockenheit und die Kühnheit dieses Leviathans zu schildern, und schloss mit der Feststellung: *»Auf Erden ist keiner ihm gleich, ihm, der geschaffen ist ohne Furcht. Alles sieht er an; er ist König über alle wilden Tiere (Söhne des Stolzes).«*

Beim Lesen dieser Verse muss man mit dem Dichter ausrufen: »Du großer Gott, wenn ich die Welt betrachte, die du erschaffen durch dein Allmachtswort ..., dann jauchzt mein Herz dir, großer Herrscher, zu: Wie groß bist du!«

Wir haben heute keine rechte Vorstellung mehr über die Riesen in der Tierwelt, die der Schöpfer durch das Wort seiner Macht ins Dasein rief. Wir wissen auch nicht recht, die Beschreibung des Behemoths und des Leviathans zu deuten. Die Seeungeheuer, die Meersaurier und die Landsaurier sind längst wie viele andere Tierarten ausgestorben.

Professor F. Bettex schreibt in seinem Buch »Das Lied der Schöpfung«: »Unter den Landsauriern ist der auch in Amerika gefundene Maassaurier zu erwähnen. An die zehn Meter lang, zeigt er schon den Typus der Landechsen. Noch größer war der Iguanodon, wegen seiner Ähnlichkeit mit der jetzigen nur einen Meter großen Ignans so genannt, der bis einundzwanzig Meter lang, vorn so hoch wie ein Elefant, durch die damaligen Prärien strich, ein unschädliches, Pflanzen fressendes Ungeheuer, vielleicht ebenso buntgrün beschuppt wie seine winzigen Nachfolger ... Der Riese unter den Eidechsen ist der in den Juraschichten von Wyoming (Amerika) gefundene Dinosaurier, dem Professor Need eine Länge von vierzig Metern (!) beimisst ... Hier sind Balken, Pfeiler, auf denen Knochengewölbe sitzen; mächtige, ein Meter lange Pratzen mit fußlangen Krallen. Mit welcher Urgewalt klammert und krallt sich der Riese mit diesen seinen unproportionierten Füßen an den Boden, während der Kopf noch klein ist, aber mit großen, meißelförmigen Zähnen zum Zerkauen von saftigen Baumästen. Das dazu mit einer dicken, hornartigen Haut gepanzerte Tier, eine unangreifbare, lebendige Festung, die mit einem Fuß den Löwen oder Tiger zermalmt hätte, muss sich äußerst langsam und gewichtig bewegt haben. Anders das Dinotherium (Schreckenstier), dessen dreieinhalb Fuß langer und zwei Fuß breiter Schädel uns wie ein gelbliches Felsstück anmutet, und das mit starken, nach unten gebogenen Hauern an Flussufern sich geankert haben mag, um mit elefantenartigem Rüssel die herabhängenden Äste zu erreichen.«

Wenn man in diese Urwelt schaut, versteht man die Schilderungen des Allmächtigen besser.

Doch wie sehr hat sich der Mensch an dieser Schöpfung versündigt! Die Tiere, die ihm dienen und teilweise zur Speise gereichen sollten, hat er geschunden, misshandelt und aus Geldgier teilweise fast oder schon völlig ausgerottet. Bis heute geht das schonungslose Morden weiter. Die in ihrer Eitelkeit prahlende Dame kleidet sich in die kostbarsten Pelze, behängt sich mit Elfenbein, ohne auch nur einen Gedanken an die fast verschwundenen Geschöpfe zu verschwenden. Hören wir noch das stille Seufzen der Kreatur? Oder reagieren wir uns in unmenschlicher Weise an der unschuldigen Natur ab? Gott wird in seinem gerechten Gericht auch hierüber einmal Rechenschaft fordern.

Die ganze Schöpfung liegt als Folge der Sünde des Menschen im Verfall. Bald wird der Herr durch sein Rechtsprechen die Erde reinigen. Das Seufzen ist dann vorbei. Dieses kommende Erleben möchte ich in die Verse kleiden:

Herr, deine Schöpfung liegt im Bösen
und ängstlich seufzt die Kreatur.
Doch bald kommst du, sie zu erlösen
aus aller Furcht und Angsttortur.
Dann wird der Löwe mit dem Lamme
in froher Eintracht friedlich ruh'n.
Der Fluch, er weicht der Liebesflamme,
und alles rühmt und preist dein Tun.

Kapitel 42

Hiobs Einsicht und zweite Antwort an Gott

Gott hatte sein Ziel erreicht. Der so vorschnell geredet hatte, stand im Licht der Herrlichkeit des unfassbaren, gewaltigen Schöpfers. Kein Wort der Rechtfertigung hatte noch Raum, Hiob war zur Erkenntnis gebracht, dass Gottes Wege recht sind. Seine vertiefte Einsicht bezeugte Gottes Unfehlbarkeit, denn die Worte, die nun unaufgefordert über Hiobs Lippen kamen, gaben Kunde von seinem inneren Zerbruch.

Es ist wunderbar, wenn der Höchste einen Menschen zum Umdenken bringen kann. Seine Absicht ist es, uns zu einem vertieften Frieden und einer verklärten Freude zu führen. Nie stellt er die Seinen bloß oder macht ihnen ihre Torheit deutlich, ohne sie auch dadurch innerlich weiterzuführen, damit sie seinen Gottesfrieden genießen, der alles Denken und Verstehen übersteigt.

Die Worte Hiobs, des Dulders, zeugten davon, dass der Allweise mit ihm zu einem Abschluss gelangt war. Darum gab er seine Empfindungen weiter: »*Ich weiß, dass du alles vermagst und kein Vorhaben dir verwehrt werden kann.*« Diese Aussage bewies ein Ruhen in den Wegen und Führungen Gottes. Hiobs schwere, schmerzvolle Lage hatte sich noch nicht geändert, doch mit dem inneren Genesen kam auch die äußere Heilung Schritt um Schritt. Hiob wusste sich völlig in den starken Händen seines Gottes geborgen, er schaute nicht mehr auf sich, auf seinen zerschundenen Leib, sondern auf den, der ohne Fehler ist. Wie David konnte er mit Überzeugung beten: »*Herr, lass mich in deine Hände fallen, denn deine Erbarmungen sind nicht zu Ende! Lass mich nicht in die Hände der Menschen fallen.*«

Hiobs Selbstvertrauen war zerbrochen und hatte dem Gottvertrauen Platz gemacht. Die Ängste waren verschwunden, der verzweifelte Blick in die Zukunft gebannt, und ein seliges Ruhen in dem Barmherzigen hätte ihn wie Paul Gerhardt singen lassen können:

Weg hast du allerwegen,
an Mitteln fehlt dir's nicht;
dein Tun ist lauter Segen,
dein Gang ist lauter Licht;
dein Werk kann niemand hindern,
dein' Arbeit darf nicht ruhn,
wenn du, was deinen Kindern
ersprießlich ist, willst tun.

Neutestamentlich kann man Hiobs Erfahrung mit den Worten aus Römer 8 beschreiben: *»Wer wird uns scheiden von der Liebe Christi? Drangsal oder Angst oder Verfolgung oder Hungersnöte oder Blöße oder Gefahr oder Schwert?«* Wie wenig wird diese Geborgenheit, dieses selige Ruhen genossen! Theoretisch wissen wir alles, doch in der Praxis versagen wir oft! Wir sind nur Verwalter auf Erden, und wenn Gott sagt: *»Mein ist das Gold und das Silber und das Vieh auf tausend Bergen«,* warum ängstigen wir uns und machen uns Sorge um etwas, das uns nicht gehört? Sollte der große Lenker in unserem kurzen Leben nicht auch alles geordnet haben, da doch alles Geschehen allein von ihm kommt?

Hiob hat das Examen bestanden

Die Aussprüche Hiobs vor Gott gehen weiter: *»Wer ist es, der den Rat verhüllt ohne Erkenntnis? So habe ich denn beurteilt, was ich nicht verstand, Dinge, zu wunderbar für mich, die ich nicht kannte. Höre doch, und ich will reden; ich will fragen und du belehre mich! Mit dem*

Gehör des Ohres hatte ich von dir gehört, aber nun hat mein Auge dich gesehen. Darum verabscheue ich mich und bereue in Staub und Asche.«

Wessen Herz jubelt nicht bei diesen Worten? Hiob ist dort angelangt, wo nicht nur er, sondern alle, die Eigentum des Herrn Jesus sind, hinkommen müssen.

In seinen bisherigen Reden stand das Ich Hiobs im Vordergrund. Seine eigene Gerechtigkeit, seine guten Werke bildeten den Mittelpunkt. Zutiefst war er überzeugt, dass er unberechtigt leiden musste, denn die Segnungen Gottes waren ihm verborgen. Doch nun trat der Herr ins Zentrum seines Denkens. Der rechten Schau war zum Durchbruch verholfen worden. Die Größe, Allmacht und Allgenugsamkeit des Höchsten stand vor Hiobs Seele. Deshalb wurde er sehr klein und gering in seinen Augen. Wie konnte das einzige Ergebnis lauten? *»Ich verabscheue mich und bereue in Staub und Asche.«*

Das ist es, lieber Leser, was der Herr heute und morgen bei uns erreichen will! Wohl allen, die das immer wieder praktizieren! Nur wenn uns Gottes Majestät im Bewundern seiner Einmaligkeit auf die Knie zwingt, kommen wir zu diesem ehrlichen Ausruf.

Die Bibel nennt uns manches Beispiel vom Segen des Herrn, den treue Gottesknechte in seiner Schule empfingen. Mose musste drei »Klassen« durchlaufen, ehe er Gottes Vorstellungen erfüllt hatte. Der erste Abschnitt dauerte vierzig Jahre; in dieser Zeit meinte er, für Gott in eigener Kraft wirken zu können. Ein gesundes Selbstvertrauen erfüllte ihn, bis er erkennen musste, dass nur die Flucht ihn vor einer Bestrafung als Mörder durch den Pharao retten konnte. Die nächsten 40 Jahre brachte er in der Wüste bei den Viehherden seines Schwiegervaters zu. Hier lernte er verstehen, dass er für Gott völlig wertlos und unbrauchbar war. Im Verabscheuen der eigenen Werkgerechtigkeit und in der Einsicht seiner Untauglichkeit machte Mose Fortschritte. Deshalb betraute Gott ihn mit einer schönen und schwierigen Aufgabe. In weiteren 40 Jahren wollte Mose nichts mehr für Gott tun, sondern ihn durch sich wirken lassen. Gott muss der Handelnde und sein Knecht ein Werkzeug in seiner Hand sein. In der Ausübung seines Auftrags konnte der Mann Gottes ausrufen: »*... du sollst wissen, dass niemand ist wie der Herr!*«

Gottes Einmaligkeit und Einzigartigkeit müsste eigentlich jeder erkennen, der sich nur ein wenig mit der Herrlichkeit seiner Schöpfung beschäftigt. Ob man die kleinste Wunderwelt bestaunt, die durch ein Elektronenmikroskop sichtbar gemacht werden kann, oder die gewaltigen Bergmassive, die Weite des Weltalls oder die Schönheit einer Blume, alles spricht von der Größe seines Schöpfers. Es ist eine stumme, wortlose Predigt des Universums, die deutlich und unmissverständlich den Menschen mahnt. Der lächerliche »große Knall«, der planlose Zufall, die Zelle, die irgendwann durch Zufall entstand und sich zufällig weiterentwickelte, wird von dieser einmaligen Harmonie der Schöpfung ins Land der kindischen Märchen verwiesen. Alles, was besteht, zeugt laut von einer faszinierenden Schöpferpersönlichkeit, von dem großen, unbegreifbaren Gott, der sprach und es stand da.

Ihn, den Gewaltigen, zu beschreiben, ihn zu erklären ist keinem endlichen Geist möglich. Wir dürfen uns an seiner dreifachen Offenbarung orientieren: Gott offenbarte sich in seinem Sohn Jesus Christus, in seinem inspirierten, eingehauchten Gotteswort und in der Herrlichkeit seiner Schöpfung. Hinzu kommt noch, dass Gott sich nicht unbezeugt lässt in unserem Gewissen. Hier wird der Mensch beunruhigt und aus seiner Selbstsicherheit aufgeschreckt.

Jeder sollte sich von dem Gedanken lösen, Gott sei eine unpersönliche Kraft. Was der Mensch sich noch ausdenkt, sehen wir daran, dass mancher sogar das »Göttliche« in sich selbst erkennt. Es muss nicht ein Tappen im Dunkeln bleiben, wie Paulus es in Athen verkündigte: »... er hat *festgesetzte Zeiten und die Grenzen ihrer Wohnung bestimmt, dass sie Gott suchen, ob sie ihn wohl tastend fühlen und finden möchten, obgleich er nicht fern ist von jedem von uns. Denn in ihm leben und weben und sind wir*« (Apg 17,26-27). Dann warnte der Apostel eindringlich davor, das Göttliche dem Gold und Silber oder Stein, einem Gebilde der Kunst und der Erfindung des Menschen gleichzusetzen. Gott ist der Unerklärbare, eine unvorstellbar herrliche Person. Würde man ihn in ein menschliches Klischee pressen können, wäre er nicht Gott. Alle Vorstellungen, die unser Gehirn sich von ihm, dem Erhabenen, machen kann, sind Götzendienste und sündhafter Kult.

Wer Gott erkennen und anerkennen will, muss der Botschaft des Paulus folgen, die er bei obiger Gelegenheit predigte: »*Nachdem nun Gott die Zeiten der Unwissenheit übersehen hat, gebietet er jetzt den Menschen, dass sie alle überall Buße tun sollen, weil er einen Tag gesetzt hat, an dem er den Erdkreis richten wird in Gerechtigkeit durch einen Mann, den er dazu bestimmt hat, und er hat allen dadurch den Beweis gegeben, dass er ihn auferweckt hat aus den Toten*« (Apg 17,30-31).

Die einzige Informationsquelle über den Allerhöchsten ist die Bibel, das wunderbare Wort Gottes. Matthias Claudius sagte einmal sehr richtig: »Die Wahrheit richtet sich nicht nach uns, sondern wir müssen uns nach der Wahrheit richten, die uns in Christus und seinem Wort geoffenbart worden ist.« Nicht unsere Sinne können den Erhabenen fassen, sondern nur der Glaube, der von den Erleuchtungen durch Gottes Geist lebt. Da Gott ein persönlicher Gott ist, wird er erst dann für uns erfahrbar, wenn wir ihn als ohnmächtige, verlorene Sünder aufrichtig suchen. Solche erfahren seine Zusage: *Wer mich findet, hat das Leben gefunden und Wohlgefallen erlangt von dem Herrn.* Der nächste Vers deutet das Gericht an, das alle treffen wird, die das Angebot der Gnade nicht ernst nehmen: »Wer aber an mir sündigt, tut seiner Seele Gewalt an; alle, die mich hassen, lieben den Tod« (Sprüche 8,35-36).

Glückselig alle, die staunend vor dem Erbarmen Gottes stehen, die sich wie Hiob in sein untrügliches Licht stellen lassen und ihre eigene totale Armut und Untauglichkeit einsehen! Wohl denen, die sich wie dieser Dulder in den Staub beugen und mit Manfred Siebald bezeugen:

> Komm in unser dürres Leben!
> Jesus, nur wenn du es füllst,
> kann es wachsen, kann es blühen,
> Früchte tragen, wie du willst.
> Gott, der uns nicht nötig hätte,
> will doch ohne uns nicht sein,
> auch wenn wir oft lieber unsre eignen Wege gehn.
> Er lässt uns nicht laufen,

lädt uns immer wieder zu sich ein.
Kann uns eigentlich denn etwas Besseres geschehn?

Hiob wird durch Gottes Wort
zur Einsicht gebracht

In Psalm 12,6 sagt David: »*Die Worte des Herrn sind reine
Worte – Silber, das geläutert in dem Schmelztiegel zur
Erde fließt, siebenmal gereinigt.*« Deshalb kann bei dem,
der recht hinhört, die Wirkung des Wortes nicht ausbleiben. Hiob hatte gut gelauscht. Alle Argumente, die er vorher angeführt hatte, waren verschwunden, denn Gott hatte ihm jede Beweisführung zerschlagen. Mit der Enthüllung seiner Schöpferherrlichkeit konnte er die Verkramp-
fung seines Knechtes lösen. Der Allmächtige hatte Hiob
im 38. Kapitel schon aus seinem göttlichen Bauplan vorgestellt. Die Erschaffung der Erde, der Meere und des
Lichtes waren von Gott dem Dulder erläutert worden.
Der Höchste hatte ihm die Naturereignisse Schnee, Hagel, Wind und Wolken vorgestellt, ihn mitgenommen zu
den Gestirnen und zu ihm von den Gesetzen des Him-
melszeltes gesprochen. Ein einzigartiges Zeugnis des gewaltigen Schöpfers stand vor den Augen des Bevorzugten.

Im weiteren Teil der Rede Gottes hatte Hiob etwas
erfahren von der Schöpfung der Tierwelt in ihrer Vielsei-
tigkeit und ihrer Eigenart, aber auch von der erhaltenden
Fürsorge Gottes für diese Wesen.

Gott stehen viele Mittel zur Verfügung, der Torheit des
Menschen zu begegnen. Eine nüchterne Erklärung über
den Kosmos und einige seiner Lebewesen bringt Hiob

zum inneren Zerbruch, denn Gottes Wort überführt, weil in sämtlichen Aussprüchen die Kraft Gottes wirkt.

Samuel Hebich, jenes originelle Werkzeug Gottes, wirkte als Evangelist unter den englischen Soldaten in Indien. Er erzählt, wie er einen Offizier, der ein großer Spötter war, zum Verstummen und zur Buße bringen konnte, indem er ihn aufforderte, die Bibel zu nehmen und 1. Mose 1, Vers 1 zu lesen. Mit dem Wort »*Im Anfang schuf Gott Himmel und Erde*«, ließ er den Gottlosen stehen und ging weg. Am folgenden Tag musste dieser Mann den zweiten Vers vernehmen. So ging es Tag um Tag weiter. Bei dem Vers: »*Und Gott sprach: Es werde Licht! und es ward Licht … und Gott schied das Licht von der Finsternis*« brach der Spötter unter der Wucht dieses Ausspruchs zusammen, bekannte seine Schuld vor Gott und wurde ein überzeugter Christ.

Paulus bringt in Römer 1 ebenfalls den Hinweis auf die Schöpfung, um zu zeigen, dass der Mensch vor Gott ohne Entschuldigung ist: »*Das von Gott Erkennbare ist unter ihnen offenbar, denn Gott hat es ihnen geoffenbart. Denn sein unsichtbares Wesen, sowohl seine ewige Kraft als auch seine Göttlichkeit, wird von Erschaffung der Welt an in dem Gemachten wahrgenommen und geschaut, damit sie ohne Entschuldigung seien.*«

Hiob liefert uns eines der schönsten Zeugnisse von der Wirksamkeit unseres Gottes. Bewundernd stehen wir vor seiner Langmut und Güte, die einen Verblendeten zur Umkehr führt. Die Frucht seines Geistes brachte den Angefochtenen aus der Selbstgerechtigkeit zur Gotteserkenntnis. Nur die Gnade vermochte diesen Mann zu solchen Glaubenshöhen zu leiten. Das Wort: »*Ich weiß, dass* du alles vermagst und kein Vorhaben dir verwehrt werden kann«, zeugte vom Ruhen in den Wegen Gottes. Endlich war Hiob so weit, dass er wusste: »Mein Gott kann sich nie irren, und sein Tun ist stets gesegnet, auch wenn es hart mir scheint. Keine Macht im Himmel und auf Erden kann dem Wollen des Allmächtigen und seinem Heilsplan entgegenwirken.« Nun hatte der Schwergeprüfte keine Angst mehr vor neuen Leiden und Beschwerden. Die Gewissheit, dass hinter allem Geschehen der liebende, segnende Gott stand, verlieh ihm tiefen Frieden.

Hiob war durch seine Leidensschule in eine viel innigere Gemeinschaft mit dem großen Gott gelangt. Diese Entwicklung bedeutete aber auch eine schwere Niederlage für Satan, der Gott herausgefordert hatte, den Mann in diese Übungen zu bringen, um dabei dessen Lossagen von Gott und seine Verleugnung Gottes zu erleben. Nun war das Gegenteil eingetreten. Hiob hatte eine weit höhere Glaubensstufe erreicht.

Hiob ist bereit zum Lernen

Noch einmal wiederholte Hiob die Frage, die Gott im 38. Kapitel an ihn gestellt hatte: »Wer ist es, der den Rat verhüllt ohne Erkenntnis?« Aus einer ganz neuen Sicht der Dinge gab er nun selbst die Antwort: »So habe ich denn beurteilt, was ich nicht verstand, Dinge, zu wunderbar für mich, die ich nicht kannte.«

Es ist hilfreich, wenn jemand mit sich am Ende ist, wenn er seine Unwissenheit über die Pläne Gottes eingesteht. Solchen kann und wird geholfen werden. Hiob erfuhr die überströmende Gnade, die auch Paulus rühmte, als er schrieb: »... *ich war zuvor ein Lästerer und Verfolger und Gewalttäter; aber mir ist Barmherzigkeit zuteil geworden, weil ich es unwissend im Unglauben getan hatte; überströmend aber war die Gnade unseres Herrn Jesus Christus mit Glauben und Liebe*« (1 Tim 1,13-14).

Hiob öffnete sich ganz für den Willen seines Herrn. Mit der Bitte »*Höre doch, ich will reden; ich will dich fragen, und du belehre mich!*« bekannte er sein voreiliges Urteil und seine Unwissenheit. Dabei wandte er sich an die richtige Adresse. Vermehrte Gotteserkenntnis, ein Eindringen in seine Heilsratschlüsse und Führungen waren Hiobs Wünsche. Welch eine Wende durch Gottes Erbarmen, denn in Kapitel 12,7-8 hatte er den Freunden noch zugerufen: »*Aber frage doch das Vieh, und es wirds dich lehren; und das Gevögel des Himmels, und es wird's dir kundtun ... und die Fische des Meeres werden es dir erzählen.*«

Die Geschöpfe können uns viel über die Größe und Schöpferherrlichkeit Gottes vermitteln, aber Hiob musste von Gott persönlich ergriffen sein, nur dessen Belehrung und die vertiefte Gemeinschaft mit ihm konnten genügen. Damit wurde Hiob ein Mut machendes Vorbild für die Erlösten aller Zeiten. Jakobus schreibt: »*Wem Weisheit mangelt, der bitte Gott, der allen willig gibt und nichts vorwirft, und sie wird ihm gegeben werden.*« Dieser Apostel stellt den Dulder auch als ein beredtes Zeugnis für das Ausharren und die Geduld vor: »*Vom Ausharren Hiobs habt ihr gehört, und das Ende des Herrn (das er dem Hiob bereitet hat) habt ihr gesehen, dass der Herr voll innigen Mitgefühls und barmherzig ist.*« Hiobs Leiden waren unsagbar hart. So steht er vor den Leidgeprüften aller Zeiten. Aus den Prüfungen gelangte er in ein solches Meer von Segnungen und Vorrechten, dass der Mann beneidet werden könnte. Wenn er sagt: »*Mit dem Gehör des Ohres hatte ich von dir gehört, aber nun hat mein Auge dich gesehen*«, weist das auf besondere Offenbarungen Gottes hin. In Kapitel 9,11-12 hatte Hiob noch gesagt: »*Siehe, er geht an mir vorüber, und ich sehe ihn nicht, und er zieht vorbei, und ich bemerke ihn nicht. Siehe, er rafft dahin, und wer will ihm wehren?*« Jetzt war ein gewaltiger Wandel eingetreten. Hiob durfte das Gewaltige erleben, Gott als einer sichtbaren Gestalt zu begegnen.

Will der Höchste sich einem Menschen auf irgendeine Weise zeigen, muss er das immer in einer für uns schaubaren Gestalt tun, denn niemand kann Gott sehen und am Leben bleiben. Die höchste und kostbarste Offenbarung Gottes ist die in der Menschwerdung seines eingeborenen Sohnes Jesus Christus; in ihm ist er ein Gott voller Gnade und Wahrheit. Wenn wir einst bei unserem Herrn sein werden, dürfen auch wir uns sättigen an seinem Anblick.

Hiobs Zeugnis über sich selbst

Der letzte Satz des Ausspruches Hiobs war ein Wort voller Demut und Selbsterkenntnis. Das Auge wurde ihm geöffnet über die Größe und Heiligkeit Gottes. In dem Licht der Begegnung mit dem Unvorstellbaren war dem Dulder seine ganze sündige Erbärmlichkeit und Unwissenheit klar geworden. Auf dem Tiefpunkt angelangt, blieb ihm nur, sich vor dem Höchsten zu beugen: »*Darum verabscheue ich mich und bereue in Staub und Asche.*«

Diese Buße und Beugung, diese Demütigung vor seinem Gott macht den Mann in unseren Augen besonders groß. Hiob gewinnt durch sein Verhalten eine viele höhere Glaubensstufe. Wurde der Angefochtene im 1. Kapitel als ein rechtschaffener, vollkommener und gottesfürchtiger Mann vorgestellt, finden wir ihn jetzt als einen gereiften, an Weisheit und Einsicht gewachsenen Mann des Glaubens. Hiob, der im eigentlichen Sinn unschuldig litt, rechtfertigte Gott in dessen gerechtem, vollkommenen Tun.

Auch waren die Fragen Hiobs nach der Ursache der Leiden grundsätzlich berechtigt. Der Ausgang der Geschichte zeigte, dass die tieferen Gedanken Gottes dahin gehen, den Geprüften vermehrt zu segnen. Man könnte den Abschluss der Worte Hiobs mit der Paulusaussage beleuchten: *»Denn die Betrübnis nach Gottes Sinn bewirkt eine nie zu bereuende Buße zum Heil«* (2Kor 7,10). Gottes Güte leitet durch Betrübnis zur Buße. Wir wollen überdenken:

> Herr, wie gut, dass du es bist,
> der die Seele zubereitet.
> Und der auch zu seiner Frist
> Menschen hin zur Buße leitet.
> Lehr' uns, dass wir's endlich fassen
> und allein dich wirken lassen.

Zur Buße aufzurufen ist die schönste Aufgabe auf Erden. Leider werden in unseren Tagen die Begriffe Sünde, Übertretung, Buße, Umkehr missbilligt. Ohne Hinweis auf Buße und Umkehr ist aber die Verkündigung der frohen Botschaft völlig sinnlos. Auch kann kein Prediger die Buße bei den Zuhörern bewirken. Immer muss der Herr das Herz des Sünders öffnen.

Das will uns der Verlauf der Geschichte Hiobs lehren. Wir finden hier die richtige Reihenfolge des Geschehens. Zunächst wurde Hiob von Gott zurechtgebracht. Die Übungen des Dulders hatten seinen wirklichen inneren Zustand offenbart. Als alle menschlichen Versuche, Hiob zur Selbsterkenntnis zu bringen, gescheitert waren, griff Gott ein. Das Ergebnis stand vor uns: »*Ich verabscheue mich und bereue in Staub und Asche.*«

Den gleichen Ablauf schildert die Bibel in Jeremia 31,18-19: »*Bekehre mich, dass ich mich bekehre, denn du bist der Herr, mein Gott. Denn nach meiner Bekehrung empfinde ich Reue, und nachdem ich zur Erkenntnis gebracht worden bin, schlage ich mich auf meine Lenden. Ich schäme mich und bin auch zu Schanden geworden ...*« In den Klageliedern 5,21 lesen wir: »*Herr, bringe uns zu dir zurück, dass wir umkehren.*«

Auch von der Purpurkrämerin Lydia wird berichtet, dass der Herr ihr das Herz auftat, dann achtete sie auf die Worte des Paulus. Der Hauptmann Kornelius, ein suchender Mann, bekam von Gott den Auftrag, Petrus rufen zu lassen. Bei jeder Bekehrung, die zum Ziel führen soll, muss Gott den ersten Schritt tun. Ein Mensch, der tot ist in Vergehungen und Sünden, kann sich unmöglich nach dem göttlichen Leben ausstrecken. Der Geist Gottes, der durch Gottes Wort wirkt, stellt den Sünder ins Licht Gottes. Öffnet der Mensch sich dieser Wirkung, gelangt er zur Selbsterkenntnis und zur Erkenntnis der Heiligkeit Gottes. Von Gott erhellt kann es nicht ausbleiben, dass

Buße, Beugung und Bekenntnis der Sündenschuld folgen. Lehnt der Mensch die Wirkung des Geistes ab, kann nie eine Umkehr zu Gott möglich sein. Nicht die Versuche eines Evangelisten führen einen Sünder zur Buße, sondern das Wirken Gottes.

Hiob bindet sich allein an Gott

Hiob erteilt allen, die mit Gott über die Leiden in ihrem Leben hadern, eine wichtige Lektion. Als er sich unter Gottes Weg und sein eigenes Versagen beugte, saß er noch in der Asche und schabte mit einem Scherben seine eiternden Geschwüre. Jetzt kam kein Vorwurf mehr über seine Lippen. Gott, der seinen Knecht gestellt hatte, ließ ihn die zurechtbringende Gnade erfahren. Wenn je einer Ursache zur Klage hatte, dann dieser Mann, der so unvorstellbar gelitten hat.

Wenn wir doch verstehen würden, dass wir nie einem Zufall oder Schicksal ausgeliefert sind! Wie manche Klage würde verstummen, wenn wir mit Hiob die Stimme des Herrn vernehmen könnten: *»Will der Tadler rechten mit dem Allmächtigen? Der da Gott zurechtweist antworte darauf!«* Wir alle würden unsere Hand auf den Mund legen und dem Allgütigen antworten: *»Siehe, zu gering bin ich, was soll ich erwidern. Einmal habe ich geredet und ich will nicht mehr antworten.«*

Wenn Gott stets sofort eingreifen und mit uns reden würde, wie schnell wären die Rollen vertauscht und wir, die Ankläger, würden zu Verklagten. Auch von uns erlebbare Gottesoffenbarungen wollen uns stärken. Paulus schreibt zu unserer Warnung: »*Ja freilich, o Mensch, wer bist du, der du das Wort nimmst gegen Gott?*« (Röm 9,20). Den Römern muss er weiter im Auftrag Gottes mitteilen: »*Vielmehr ist es so: Gott ist wahrhaftig, jeder Mensch aber ein Lügner, wie geschrieben steht: Damit du gerechtfertigt werdest in deinen Worten und obsiegst, wenn man mit dir rechtet*« (Röm 3,4).

Wer ist hier ohne Schuld? Wir müssen uns alle beugen und mit Hiob unser Unrecht bekennen. Dann würden wir wie er in den Leiden überströmenden Segen empfangen. Das Bestehen der Übungen machte aus Hiob einen »Mann nach dem Herzen Gottes«. Aber erst nachdem ihm alle Stützen zerbrochen waren und nichts Sichtbares, Greifbares mehr geblieben war, klammerte sich der Geprüfte an seinen Gott. Allein in Gott fand er das volle Genüge.

Es ist manchmal ein langer Weg, bis der Herr uns nur an sich ganz allein gebunden hat. Wir machen ihm viel Mühe. Letztlich sind wir alle so eingestellt, dass wir annehmen, der Herr sei verpflichtet, uns auf Grund unseres Glaubens mit Wohltaten, Gesundheit und Gütigkeiten zu überhäufen. Wenn stattdessen Schwierigkeiten und Nöte eintreffen, sehen wir berechtigten Grund zur Klage, weil wir uns ungerecht behandelt fühlen. Wie viel Segen geht uns dadurch verloren! Es wird uns kaum möglich, aus innerer Überzeugung mit dem Dichter zu singen:

> Herr, beuge mich! Mach aus dem Ton,
> der doch zu nichts sonst für dich wert,
> ein dir gebräuchliches Gefäß,
> das dich gebeugt, zerbrochen ehrt!

Dem Demütigen gibt Gott Gnade

Hochmut und Stolz sind Kern des Sündenfalls des Menschen. Die Verführung des ersten Menschenpaares gelang auf Grund des Versprechens: *»Ihr werdet sein wie Gott, erkennend Gutes und Böses.«* Dieses Ziel will bis heute jeder erreichen. Weil Adam und Eva auf den Teufel hörten und gegen Gottes Gebot handelten, brach die Sünde ein und zerstörte das innige Verhältnis zum Schöpfer. Seit dieser tragischen Katastrophe jagt der Gott-lose Mensch jener Fata Morgana nach, wie Gott sein zu wollen. Geltungsbedürfnis hat sich wie eine Seuche ausgebreitet und alle in diesen krankhaften Teufelskreis hineingezogen.

An dieser faulen Wurzel setzt das Evangelium an. Seine Annahme fällt so überaus schwer, weil der Mensch sich nicht innerlich zerbrechen lassen will. Die Botschaft fordert jeden auf, im Tod des Herrn Jesus seinen Bankrott zu erklären und sein persönliches Todesurteil anzuerkennen. Am Kreuz muss der Sünder sein Ende finden und in der Verurteilung seiner Schuld sich von Gott mit dem ewigen Leben beschenken lassen.

Hier wird Gottes Herablassung zu uns so groß. Er, der Gewaltige, der Unbegreifliche, der in sich vollkommen ist, sucht Gemeinschaft mit seinen Geschöpfen. Wie anbetungswürdig ist eine solche Liebe!

Beim Überdenken der Schöpfung, die durch das Wort seiner Macht ins Dasein gerufen wurde, werden uns die Aussagen der Bibel verständlich, wie unbedeutend die Menschheit angesichts dieses Schöpfers ist.

Die Wissenschaft rechnet heute im Kosmos mit rund einhundert Milliarden Milchstraßensystemen. Zu einem

Milchstraßensystem gehören etwa einhundert Milliarden Gestirne. Wenn wir multiplizieren, kommen wir auf zehn Trilliarden, das ist eine Eins mit 22 Nullen. Wie kann das alles »aus sich selbst« entstanden sein. Nur jemand, der Gott nicht anerkennen will, weil er die Verantwortung vor ihm fürchtet, kann solche Wahnvorstellungen entwickeln. Niemand kann Gott, den gewaltigen Schöpfer, der sprach und alles stand da, begreifen.

Der erlöste Mensch beugt sich in den Staub vor dieser Majestät und bewundert Gottes Größe und Erhabenheit. Er wird zur Anbetung gedrängt, wenn er darüber nachsinnt, dass der Erhabene, der einst Hiob Anschauungsunterricht erteilte, sich herabließ und das Staubkörnlein »Erde« erwählte, um hier seine Liebe, Gnade und Herrlichkeit in Christus Jesus, seinem Eingeborenen Sohn, zu offenbaren. Am Kreuz von Golgatha wurde eine Liebe sichtbar, die noch weniger als die Schöpfung erklärbar ist. Sie kann den staunenden Betrachter nur noch in den Ausruf in Hebräer 2 einstimmen lassen: »*Was ist der Mensch, dass du seiner gedenkst!*«

Gott widersteht dem Hochmütigen, den Demütigen aber gibt er Gnade. Paulus schrieb den Galatern (6,3): »*Wenn jemand meint etwas zu sein, während er doch nichts ist, so betrügt er sich selbst.*« Noch drastischer sprach Salomo über die Torheit des Eingebildeten in Sprüche 26,12: »*Siehst du einen Mann, der in seinen Augen klug (weise) ist, – für einen Toren ist mehr Hoffnung als für ihn.*« Die Bibel mahnt an vielen Stellen, dass wir uns in Demut fest umhüllen und zu den Niedrigen gesellen sollen. Demut kommt aus dem Herzen des Herrn Jesus, von dem wir lernen dürfen. Das Wort bedeutet von seiner Wurzel her: Mut zum Dienen haben. Der natürliche Mensch, der kein Leben aus Gott hat, ist hier überfordert. Er strauchelt nicht nur wegen seiner Ohnmacht, ihm sind die Forderungen Gottes utopische Hirngespinste. Darum steht er auch schon hilflos vor der gewaltigen Aussage: *»Im Anfang schuf Gott die Himmel und die Erde!«*

Doch Gottes Kinder, die staunend erfassen durften: *»Von ihm, durch ihn und für ihn (zu ihm hin) sind alle Dinge. Ihm sei die Herrlichkeit in Ewigkeit! Amen«*, können es sich schenken lassen, dass die Demut als eine Frucht des Geistes in ihrem Leben sichtbar wird.

Hiob will uns dafür ein Beispiel geben. Bei ihm kam schließlich die Herzensdemut zum Tragen. Gott wertete die geänderte Haltung seines Knechtes und goss überströmenden Segen in sein Leben aus. Hiob konnte und wollte Gott nicht mehr entgegentreten. Gott hatte zu ihm gesprochen und tiefe Beugung bei ihm bewirkt. Aus Gottes Worten erwuchs ihm die Kraft zum Überwinden, zum Sieg. Gottes Wort ist Geist und Leben, zum Licht und Heile uns gegeben, so singt ein Dichter; aus unserer Erfahrung dürfen wir das unterstreichen. Hiobs Demut blieb nicht ohne Auswirkungen. Gott griff auch sichtbar ein und befreite den Schwergeprüften von seinen Leiden und Übungen. Vorher benutzte Gott ihn noch zu einer sehr wichtigen Aufgabe an seinen Freunden. Wir aber wollen für uns wünschen und beten:

Herr, lass mich werden so wie du,
so lieb, so treu, so gut und mild;
gib du mir doch die Kraft dazu,
dass alle sehen nur dein Bild.

In wahrer Demut übe mich,
um ganz zu leben, Herr, für dich!

Die Freunde Hiobs im Licht Gottes

Die leidigen Tröster mussten nun auch ihre Lektion lernen. Wie erhaben hatten sie sich über den Angefochtenen gestellt und Hiob vorgehalten, dass nur verborgene Sünde ihn in ein solches Gericht gebracht hatte.

Wir haben uns bereits damit beschäftigt, wie Hiob sich selbst zu rechtfertigen suchte. Es gelang ihm aber nicht, die Freunde eines Besseren zu belehren. Das übernahm nun Gott persönlich. Hiob hätte schweigen sollen. Der Herr Jesus ist auch in dieser Frage in seiner Haltung in einer ungleich schwereren Probe ein vollkommenes Vorbild. Von ihm schreibt Petrus die ergreifenden Worte: *»Er tat keine Sünde, noch wurde Trug in seinem Munde gefunden. Der, gescholten, nicht wiederschalt, leidend, nicht drohte, sondern sich dem (Gott) übergab, der recht richtet.«* Aus seinem heiligen Mund kam keine Gegenrede.

Gott wandte sich an Eliphas, den Temaniter. Warum gerade an ihn? War er der Hauptschuldige? Wir wissen es nicht. Allerdings enthielten seine Anschuldigungen besondere Schärfe. Gläubige sollten das Beschuldigen anderer überhaupt vermeiden. Wer gibt uns das Recht, den Bruder, die Schwester mit harten Worten zurechtzuweisen? *»Euer Wort sei allezeit in Gnade, mit Salz gewürzt«*, ordnete die Bibel an. Ein Seelsorger darf die Wahrheit gewiss nicht verbiegen, er muss sich aber mit dem, dem er helfen will, eins machen; er darf sich nicht über ihn stellen und sollte das Wort beherzigen: *»Brüder, wenn auch ein Mensch von einem Fehltritt übereilt wird, so bringt ihr, die Geistlichen, einen solchen im Geist der Sanftmut wieder zurecht. Und dabei gib auf dich selbst Acht, dass nicht auch du versucht werdest«* (Gal 6,1).

Die Angriffe Eliphas sind uns noch gegenwärtig, als er sich erdreistete, Hiob vorzuhalten: *»Ist es wegen deiner Gottesfurcht, dass er dich straft, mit dir ins Gericht geht? Ist nicht deine Bosheit groß und deiner Missetaten kein Ende?«* (Kapitel 22,4-5). Viele ungerechte Behauptungen musste Hiob über sich ergehen lassen.

Jetzt wurde er persönlich mit seinen Freunden von Gott angerufen. Er vernahm das Urteil Gottes und die Rechtfertigung Hiobs. Der Herr sprach zu Eliphas: *»Mein Zorn ist entbrannt wider dich und wider deine beiden Freunde; denn nicht geziemend habt ihr von mir geredet wie mein Knecht Hiob.«*

Beachten wir genau, dass Gott sagte: *»Nicht geziemend habt ihr von mir (Gott) geredet wie mein Knecht Hiob!«* Damit waren die Antworten des Leidenden auf die Herausforderungen der unbrauchbaren Tröster für Gott annehmbarer als das scheinfromme Gerede dieser Männer. Wie demütigend war das für ihre Rechthaberei! Die ganze Verkehrtheit ihrer Beurteilungen brachte der Herr in sein göttliches Licht. Die Handlungsweise Gottes, die zum Segen Hiobs wurde, war seinen Freunden völlig verborgen geblieben. Sie hatten den Allgütigen als rücksichtslosen Rächer dargestellt, der nur forderte, aber keine Gnade kannte. Ihre erbarmungslosen Anschuldigungen entsprachen ihrer Meinung über Gott. In ihrer Verblendung hatten sie dem Gott der Gnade ihre eigenen

251

törichten Ansichten unterschoben. In ihren Verleumdungen, die sie dem Dulder Hiob vortrugen, wurde der Herr völlig verzerrt. In ihr böses Reden zogen sie stets Gott mit hinein, denn sie wähnten sich als berufene Rechtfertiger des Allmächtigen.

Auch wir stehen in der Gefahr, ein allgemeines Vorurteil zu übernehmen. Bei Leiden und Übungen, bei Krankheiten und Missgeschick unserer Mitmenschen taucht schnell der Gedanke auf: Sind Verfehlungen und Sünden die Ursache einer Züchtigung durch Gott? So fragten schon die Jünger in Johannes 9 den Herrn Jesus wegen eines Blindgeborenen: *»Rabbi, wer hat gesündigt, dieser oder seine Eltern, dass er blind geboren wurde?«* Sie meinten, nur ein schuldhaftes Betragen könne der Grund für die Blindheit sein. Unzweideutig rückte unser Herr die Sache zurecht: *»Weder dieser hat gesündigt noch seine Eltern, sondern damit die Werke Gottes an ihm offenbar würden.«* Die Herrlichkeit Gottes sollte wie bei Hiob auch an diesem Blinden sichtbar werden.

Gott weist den Freunden Hiobs den einzigen Ausweg

Wenn Gott eingreift und als Richter sichtbar wird, muss eine Reaktion eintreten. Bei Hiob erlebten wir den inneren Zerbruch mit. Er bereute und fand Gnade in seiner Beugung vor Gott. Seinen Freunden verschlug es die Sprache, als Gott forderte: *»Und nun nehmt euch sieben Farren und sieben Widder und geht zu meinem Knecht Hiob und opfert ein Brandopfer für euch. Und Hiob, mein*

Knecht, möge für euch bitten; denn ihn will ich anneh-
men, damit ich nicht an euch tue nach eurer Torheit; denn
nicht geziemend habt ihr von mir geredet wie mein
Knecht Hiob.« Sie sahen sich in die unbestechliche Gegenwart des heiligen Gottes gestellt. Hier wurde ihre
Hartherzigkeit offen gelegt. Hätte Gott ihnen nicht einen
Ausweg aus ihrer Notlage gezeigt, hätten sie mit einem
schwer belasteten Gewissen unter der Anklage Gottes ihr
Dasein fristen müssen.

Eliphas hatte schon in seiner ersten Antwort an Hiob
in liebloser Weise versucht, Misstrauen gegen Gott in das
Herz Hiobs zu säen: *»Siehe, auf seine Knechte vertraut er*
nicht, und seinen Engeln legt er Irrtum zur Last: wie viel
mehr denen, die in Lehmhäusern wohnen, deren Grund
im Staub ist! Wie Motten werden sie zertreten« (Kapitel 4,18-19). Nun wurde er bloßgestellt mit seinen beiden
Freunden und musste die Rechtfertigung Hiobs durch
Gott erleben: »Hiob hat recht von mir geredet, eure Anschuldigungen waren falsch, sie fordern Sühne.« Gott
ehrte seinen Knecht und erhob ihn über seine Genossen.

Mit sieben Farren und sieben Widdern mussten die
Freunde zu dem von ihnen Verurteilten gehen und ihn
um Vermittlung bitten. Nur dieser Weg der Demütigung
konnte sie vom Urteil des Höchsten freimachen. Sie hatten sich nicht nur bei Gott schuldig gemacht, sondern
auch an Hiob gesündigt.

Die Wege Gottes sind vollkommen. Nicht nur Hiob,
sondern auch seine Freunde wurden von Gott zurechtgebracht. Gott führte sie schrittweise zur Buße. Dieser
Weg nimmt stets denselben Verlauf. In 2. Timotheus 3,16
wird uns das recht verdeutlicht. Zuerst erfolgt die Beleh-

rung durch Gottes Wort; das übernahm bei Hiobs Freunden Gott selbst. Durch das Wort wird der Mensch überführt von seinem unrechten Handeln. Es folgt die Zurechtweisung, d. h. der Weg wird gewiesen, der zur Zurechtbringung des Menschen führt. Der Mensch beugt sich unter das Urteil Gottes und geht im Gehorsam den ihm gewiesenen Weg. Er darf sich dann der Vergebung bewusst sein. Wie Hiobs Freunde werden alle, die sich zur Sündenerkenntnis bringen lassen und sich unter das Urteil Gottes beugen, die Gnade der Annahme durch Gott empfangen. Das Opfer des Herrn Jesus auf Golgatha bildet hierfür die Grundlage. Die sieben Farren und sieben Widder weisen auf dieses vollkommene Erlösungswerk hin. Jesus Christus hat sich in der Fülle der Zeit einmal Gott durch den ewigen Geist geopfert. »*O Tiefe des Reichtums der Gnade und des Erbarmens Gottes! Wie unausforschlich sind deine Wege!*«

Wer diese grenzenlose Liebe selbst erfahren hat, dankt täglich seinem Heiland:

Herr Jesus, o wie liebst du mich!
Auch ich möcht' leben ganz für dich
und recht dich lieben inniglich,
bis ich dich preise ewiglich!

Hiob als Mittler und Fürsprecher

»*Da gingen Eliphas, der Temaniter, Bildad, der Schuchiter, und Zophar, der Naamathiter, und taten, wie der Herr zu ihnen geredet hatte; und der Herr nahm Hiob an.*«

Da standen die drei Freunde vor dem, den sie verleumdet, den sie falsch angeschuldigt hatten. Wie würde der Gescholtene reagieren? Wenn er nach dem Grundsatz *»Auge um Auge, Zahn um Zahn«* gehandelt hätte, was wäre mit ihnen geschehen! Von Hiob hing ihre Wiederherstellung ab: *»Und mein Knecht Hiob möge für euch bitten; denn ihn will ich annehmen, damit ich nicht an euch tue nach eurer Torheit.«*

Das Eintreten der Freunde brachte für Hiob eine neue Prüfung. Wie würde er handeln? Stieg Groll in ihm auf? Nein! Sein Herz war völlig frei von Gedanken der Vergeltung. Keine Wurzel der Bitterkeit kam in ihm auf. Mit größter Freimütigkeit und Freude konnte der Mann für die Freunde beten und Fürbitte tun. Das war eine weitere Niederlage für Satan, weil die Gesinnung Jesu Christi damals schon diesen Freund Gottes zierte. Seine Buße war echt gewesen, so dass die gesegneten Früchte des neuen Lebens gleich sichtbar wurden. Der Herr betete für seine Feinde, als er zwischen den Verbrechern am Schandholz hing, Hiob für die, die ihn beleidigt und verhöhnt hatten. Jesaja durfte niederschreiben: *»Er (der Herr Jesus) hat für seine Feinde Fürbitte getan.«* Hiob aber durfte unseren Herrn in dieser Haltung vorschatten. Die Freunde erfuhren, dass Gott Hiobs Fürbitte gnädig annahm.

Mit Wohlgefallen hat Gott die Fürbitte des Sohnes entgegengenommen und erhört. Diese Liebe des Herrn Jesus öffnete Segensschleusen, die sich durch Jahrtausende auswirkt. Die Ergebnisse des Opfers von Golgatha und der Fürbitte unseres Herrn werden die fernen Ewigkeiten zum Preise der Herrlichkeit der Gnade Gottes füllen.

Weitere Vorbilder der Fürbitte

Gott erhörte seinen Knecht Hiob und verschonte die lieblosen Freunde vor dem Zugriff des Gerichts. Der Zorn des gerechten Gottes wurde von ihnen abgewendet. In dieser Tatsache wird uns klar, in welch einer Gefahr diese Männer durch ihre gehässigen Angriffe auf Hiob lebten. Nun wandelte Gott ihre Verurteilung in Gnade und Freispruch. Hiobs Fürbitte war nach langer Leidenszeit das erste Gebet, das Gott erhörte. Oft hatte der Dulder um Beendigung seines Leidens gefleht, doch der Allweise reagierte nicht, weil die Prüfungen bei Hiob noch nicht zum inneren Zerbruch geführt hatten. Diese Belehrung ist für alle bedeutsam, die sich in der Schule Gottes befinden. Unsere Ängste können nur beendet werden, wenn Gottes Ziel, die friedsame Frucht der Gerechtigkeit, feststeht.

Unser Herr Jesus lehrt uns, unsere Feinde zu lieben und für sie zu beten. Hiob vermochte das schon zu tun, weil er sich den Wirkungen des Redens Gottes geöffnet hatte.

Gott will auch bei uns die Liebe, die er in unsere Herzen ausgegossen hat, sichtbar werden lassen.

In allen Zeiten gab es Zeugnisse, dass dies dem Geist Gottes gelang. Stephanus, der unter den Steinwürfen einer religiösen Horde zusammenbrach, betete: *»Herr, rechne ihnen diese Sünde nicht zu!«* (Apg 7,59-60). Auch Paulus offenbarte diese Gesinnung, als er schrieb: *»Bei meiner ersten Verteidigung stand mir niemand bei, sondern alle verließen mich; es werde ihnen nicht zugerechnet«* (2 Tim 4,16-17).

Nur wenn uns die Haltung unseres Herrn auszeichnet, wenn Gottes erbarmende Liebe uns völlig ausfüllt, kann die Überwinderkraft des Auferstandenen uns zum Sieg verhelfen und Satan empfindliche Niederlagen beibringen.

Und der Herr nahm Hiob an

Dieser kurze Hinweis enthält eine gewaltige Aussage. Hiob war nicht von Gott verstoßen. Nie hätte Gott seinen Knecht enttäuschen können. Hiob hatte Gottes Wohlgefallen erlangt, er war ein von Gott Überwundener. Nicht immer war er bereit zur Fürbitte für andere. Innerlich aufgebracht und über die Worte seiner Freunde verärgert, hatte der Mann sich manchmal in seinem Herzen Luft verschafft und den Redenden scharf erwidert. Nachdem er Gottes Belehrungen angenommen hatte, konnte Gott ihn gebrauchen.

Welche Kraft strömt uns doch aus diesem Wort zu. Lebensverändernd erweist sich dieses »Wort vom Kreuz«. Es ist die Stärke Gottes, es errettet, es gestaltet den Sünder um. Wohl allen, die sich seinen Wirkungen öffnen und sich zur Buße leiten lassen!

Hiobs Prüfungen sind beendet

Endlich konnte Gott sagen: »Es ist genug!« Hiobs Leiden waren beendet. Sein Glaube war sichtbar geworden, der köstlicher ist als Gold und Silber, weil er im Feuer erprobt zur Ehre und zur Herrlichkeit Gottes ausgereift war. Wie tief der Angefochtene gelitten hatte, beweist die Aussage: *»Und der Herr wandte die Gefangenschaft Hiobs, als er für seine Freunde betete.«* Diese Worte machen deutlich: 1. Hiob war ein Gefangener, der sich aus eigener Kraft nie hätte befreien können. 2. Gott beendete die Prüfungen, als sein Knecht durch Buße zu tieferer Erkenntnis gelangt war und nicht auf Vergeltung sann, sondern für die unbrauchbaren Tröster betete. Gottes Stunde bricht an, wenn er mit uns sein Ziel erreicht hat.

Gott hat in Christus Jesus auch unsere Gefangenschaft nicht nur beendet, sondern sie gefangen weggeführt (Eph 4,8). Wir leben in der herrlichen Freiheit der Kinder Gottes, in die der Erlöser uns gebracht hat. Hiob war durch Satan in diese Gefangenschaft gekommen, aber Gott selbst führte ihn heraus. Wenn ein Mensch die Heilsbotschaft annimmt, leitet Gott ihn aus der Knechtschaft in die Freiheit, aus der Gottesferne in seine Nähe, aus der Finsternis in das wunderbare Licht, aus dem Machtbereich Satans in das Reich des Sohnes seiner Liebe. Hier genießen wir tiefen Gottesfrieden.

Auch Satan muss Gott gehorchen und mithelfen, dass die Erlösten im Glauben wachsen und das Reich Gottes gebaut wird. Seine Machenschaften baut Gott ein, und auch alle teuflischen Pläne müssen dazu dienen, den Ruhm Gottes zu erhöhen.

Überströmender Segen wird Hiob zuteil

Das Wort unseres Herrn: »*Trachtet zuerst nach dem Reich Gottes und seiner Gerechtigkeit und alles übrige wird euch hinzugefügt*«, war das eigentliche Ergebnis der Übungen Hiobs. Sein Reichtum musste wohl sein Stolz gewesen sein, denn hier setzte Satan an, um den Knecht Gottes zum Lossagen von Gott zu reizen. Gott ließ es zu, dass Hiob alles, ja restlos alles genommen wurde. Als er sein Ziel erreicht hatte, musste der Gegenspieler zusehen, wie Gott bei Hiob wunderbar alles zurückerstattete und Hiobs Vermögen verdoppelte.

Die Berichterstattung geht nämlich weiter: »*Und der Herr mehrte alles, was Hiob gehabt hatte, um das Doppelte. Und es kamen zu ihm alle seine Brüder und alle seine Schwestern und alle seine früheren Bekannten; und sie saßen mit ihm in seinem Haus, und sie bezeugten ihm ihr Mitleid und trösteten ihn über all das Unglück, welches der Herr über ihn gebracht hatte.*« Alle brachten dem Wiederhergestellten große Geschenke, und Hiob übte seinerseits freigebig Gastfreundschaft. Auch Gott öffnete seine Schatzkammern, und er ließ Hiob das Doppelte von allem, was er vor seinen Übungen besaß, erwerben:

»*Und der Herr segnete das Ende Hiobs mehr als seinen Anfang; und er bekam vierzehntausend Stück Kleinvieh und sechstausend Kamele und tausend Joch Rinder und tausend Eselinnen.*«

Für Hiob unfassbar muss der Strom göttlichen Segens geflossen sein! Sein früherer Reichtum verdoppelte sich, doch das größte Wunder wird für ihn seine schnelle Heilung gewesen sein. Während er für seine Freunde betete,

259

so können wir annehmen, wich die furchtbare Krankheit von ihm.

Die Wunden heilten bald. Er konnte seine Verwandten empfangen, um mit ihnen zu speisen. Eine heilende, befreiende Kraft von oben hatte ihn durchströmt und erneuert. Das müssen für Hiob unvergessliche Augenblicke und Stunden gewesen sein, in denen es an Bewunderung und Anbetung Gottes nicht gefehlt haben wird. Wunder über Wunder werden sichtbar. Seine Frau, die sich als wenig hilfreiche Unterstützung für ihren Mann erwiesen hatte, muss ebenfalls eine tiefe innere Erneuerung erfahren haben, denn sie wurde in den besonderen Segenskreis mit hineingezogen. Wer will einen Stein auf sie werfen? Menschlich war ihre Einstellung zu verstehen. Sie konnte es nicht mehr verkraften, dass sie ihren Weggenossen so unsagbar leiden sah, und ließ sich zu unüberlegten Aussprüchen hinreißen. Nun atmete das ganze Haus wieder die erneuerte Gemeinschaft mit Gott und seinen tiefen Frieden. Gott schenkte Hiob durch seine Frau nochmals sieben Söhne und drei Töchter. Es heißt, dass »so schöne Frauen wie die Töchter Hiobs im ganzen Land nicht gefunden wurden«.

Die doppelte Zahl der Kinder Hiobs wird einmal in der Auferstehung geschaut werden, wenn Hiob mit seiner Frau und zwanzig Kindern zur Ehre seines Gottes offenbar wird. Wir erkennen, dass Leidenszeiten auch Segenszeiten sind. Gott kann den Seinen nach einer Leidensschule durchaus sein Wohlwollen noch mehr bekunden, als vorher. Die Auswirkungen aller Übungen werden in ihrem vollen Ausmaß in der Ewigkeit sichtbar. Das drückt ein Dichter so aus:

Leiden macht das Wort verständlich,
macht gebeugt, barmherzig, gründlich,
Leiden, wer ist deiner wert.
Hier nennt man dich eine Bürde,
droben bist du eine Würde,
die nicht jedem widerfährt!

Hiobs erneuertes Leben und sein Ende

Der biblische Berichterstatter bemerkt: »*Und Hiob lebte nach diesem noch 140 Jahre; und er sah seine Kinder und seine Kindeskinder, vier Geschlechter. Und Hiob starb, alt und der Tage satt.*«

Satan war es nicht gelungen, diesen treuen Zeugen Gottes auszuschalten. Hiob durfte erleben, dass niemand an einer Krankheit stirbt, sondern nur am Willen Gottes. Er hatte einen wichtigen Auftrag empfangen. Nachdem er seine Leiden durchstanden hatte, durfte er von seinen Erlebnissen zur Ehre Gottes erzählen und Gottes Taten an ihm verkünden. Wie Paulus wird auch Hiob laut hinausgerufen haben: »*Denn ich halte dafür, dass die Leiden der jetzigen Zeit nicht wert sind, verglichen zu werden mit der zukünftigen Herrlichkeit, die an uns geoffenbart werden soll*« (Röm 8,18).

Bei ihm war dieses Zeugnis schon in den langen Lebensjahren, die Gott seinem Knecht noch gewährte, gegeben. Was bedeuteten schon die wenigen Tage der Leiden gegenüber der Fülle des Segens, die ihm durch Gottes Gnade zuflossen!

Manches Gotteskind versteht auch heute die Führung

Gottes in seinem Leben nicht. Die Leiden, Krankheiten und Übungen sind oft hart und schwer. Da will sich lange Zeit nichts bessern, nichts ändern. Nur Ängste, Sorgen und Entbehrungen sind an der Tagesordnung. Manchmal bricht ein Seufzen durch: »Herr, ist es noch nicht genug? Muss es immer so bleiben? Warum bekomme ich keine Linderung, keine Besserung? Den anderen geht es doch gut, warum muss ich leiden?«

Mitfühlend sagt die Bibel: *»Lang hingezogenes Harren macht das Herz krank«* (Spr 13,12). Da bricht oft eine große Not auf. Warum hat der Herr die Hiobsgeschichte so ausführlich aufschreiben lassen? Will er uns durch die Erfahrungen dieses Mannes nicht helfen? Sehe ich nur noch auf meine Umstände, muss mich eines Tages Verzweiflung überfallen. Der Feind weiß das. Darum will er unseren Blick auf den Herrn, unseren Helfer und Tröster, verdunkeln, weil er dann leichtes Spiel hat, uns gegen Gottes Führung aufzuhetzen. Hätte Hiob den klaren Glaubensblick behalten, wäre seine Prüfungszeit sicher früher beendet gewesen.

Unsere menschliche Natur ist leidensscheu, sie willigt nie in die geplante Führung Gottes ein. Nur der Glaube ist der Sieg, der die Welt überwindet. Darum wollen wir uns Mut zusprechen und es nochmals betonen:

>»Drum blick' ich nur auf ihn,
> o seliger Gewinn!
> Mein Jesus liebt mich ganz gewiss,
> das ist mein Paradies!«

Hierin liegt allein mein Trost und meine Zuversicht. Paulus schreibt: *»Deshalb ermatten wir nicht, sondern wenn* *auch unser äußerer Mensch aufgerieben wird, so wird doch der innere Tag für Tag erneuert. Denn das schnell vorübergehende Leichte der Drangsal bewirkt uns ein über die Maßen überreiches, ewiges Gewicht an Herrlichkeit,* (jetzt kommt das Wichtige:) *da wir nicht das Sichtbare anschauen, sondern das Unsichtbare; denn das Sichtbare ist zeitlich, das Unsichtbare aber ewig«* (2Kor 4,16-18).

Im Rückblick wird Hiob die Tage der Bitterkeit, wie er sie in der Prüfungszeit nannte, wie dahingeflossenes Wasser betrachtet haben. Im »Hernach« kommt das Begreifen, das Verstehen. Es ist eine herrliche Feststellung, wenn die Seele erkennt: *»Wir wissen aber, dass denen, die Gott lieben, alle Dinge zum Guten mitwirken, denen, die nach Vorsatz berufen sind«* (Röm 8,28).

Nie würde Hiob die Erfahrungen mit seinem Herrn missen wollen. Die traute Gemeinschaft mit ihm, die er nun genießen durfte, lässt uns an das Wort des Apostels denken: *»Mein Gott wird alles, was ihr bedürft, erfüllen nach seinem Reichtum in Herrlichkeit in Christus Jesus«* (Phil 4,19). Welche Tröstungen liegen im Wort Gottes! Hiob und auch wir dürfen in den Führungen Gottes seinen weisen Plan erkennen. Gott selbst überwacht und bringt alles zum gesegneten Ende. Erfasst unser Glaube diese Tatsache, ruht das Herz in dem tiefen Frieden, der allen Verstand übersteigt.

Wie für alle Menschen kam auch für Hiob die Stunde, dass sein reich erfülltes Leben zum Abschluss kam. Das ist der Weg aller Geschöpfe: Geboren werden, das Leben durchlaufen mit allen Übungen und am Ende der Tod. Der gewaltige Unterschied liegt allerdings in dem »Wie« des Sterbens. Begegne ich nach meinem Ableben diesem heiligen, gerechten, liebenden Gott als Rebell oder als sein Kind, als Sünder oder als Ausgesöhnter, als Feind oder als einer, den die Gnade suchte und fand? Wer im Glauben sein verpfuschtes Leben auf den Gekreuzigten und Auferstandenen, auf unseren Retter und Erlöser warf, kann mit Frohlocken der Stunde des Zusammentreffens mit Gott entgegensehen. Am Kreuz auf Golgatha fand die Aussöhnung statt. Dort hat Gott seinen geliebten Sohn an unserer Stelle gerichtet. Der Herr Jesus sühnte die ganze Schuld. Jeder, der an ihn glaubt, kommt nicht ins Gericht. Sein Todesurteil ist an dem Stellvertreter Jesu Christi vollstreckt worden und der Schuldige empfing seinen Freibrief. Hiob starb im Glauben. Er gehörte zu denen, die der Hebräerbrief einordnet: »*Diese alle sind im Glauben gestorben und haben die Verheißungen nicht empfangen, sondern sahen sie von ferne und begrüßten sie.*«

Hiobs Glaube gelangte zur vollen Reife. Das wurde bei ihm sichtbar, indem er bezeugte: »*Ich weiß, dass mein Erlöser lebt, ... und ich werde aus meinem Fleisch Gott anschauen, welchen ich selbst (zu meinen Gunsten) mir anschauen und den meine Augen sehen werden ...*« Er sehnte sich nach dem Augenblick der Auflösung des Sichtbaren nach der Gemeinschaft, dem Zusammensein mit seinem Erlöser. Dadurch brachte er zum Ausdruck, dass die irdischen reichen Segnungen sein Herz nicht befriedigten. »*Und Hiob starb, alt und der Tage satt*«, gibt ein beredteres Zeugnis davon, dass seine Seele nach der Vollendung strebte. Den 140 Jahren unter dem sichtbaren Segen Gottes, so angenehm und genussreich sie auch gewesen sein mögen, fehlte das letzte Glück. Auch im Herzen Hiobs kam zum Vorschein, was Augustinus sagte:

»Herr, wir sind zu dir hin geschaffen, und das Herz ruht nicht eher, bis es ruht in dir, o Gott!«

Satt sein bedeutet, dass kein Begehren, kein Verlangen mehr nach den Dingen dieser Welt besteht, ja, dass jemand der irdischen Güter überdrüssig ist. Kennen wir diesen Zustand? Er sollte keinem Gotteskind fremd sein. Was bietet diese Welt? Wie hohl sind ihre Freuden und wie nichtig ist, was sie zu bieten hat. Wohlstand, Reichtum, Glück und Ehre hatten für Hiob keinen Reiz mehr. Seine Einstellung muss manchen beschämen, der sich als erlöst ausgibt. Hiob kannte noch nichts von den geistlichen Segnungen in den Himmelswelten, die wir in Christus Jesus besitzen, und doch sehnte er sich nach der ewigen Heimat. Wir singen oft Heimat- und Sehnsuchtslieder, doch im Alltag klammern wir uns mit allen Fasern unseres Herzens an die vergänglichen Dinge dieses Lebens.

Hiob möchte uns ermuntern: *»Wenn ihr nun mit dem Christus auferweckt worden seid, so suchet, was droben ist, wo der Christus ist, sitzend zur Rechten Gottes. Sinnt auf das, was droben ist, nicht auf das, was auf der Erde ist; denn ihr seid gestorben, und euer Leben ist verborgen mit dem Christus in Gott. Wenn der Christus, unser Leben, geoffenbart wird, dann werdet auch ihr mit ihm geoffenbart werden in Herrlichkeit«* (Kol 3,1-4). Wenn der zurechtgebrachte Hiob für die ihm in Gesundheit geschenkten Jahre recht dankbar war, hing doch keineswegs sein Herz am Vergänglichen. So meint es auch Paulus, wenn er unser Leben in der Nachfolge anspricht: *»... als die das alles besitzen und doch nichts haben.«* Glückselig, wer Heimweh hat, denn er wird bald nach Hause kommen zu jenen lichten Höhen, wo völlige Freude wohnt und das

Herz nichts mehr begehrt, als den Herrn Jesus zu bewundern und zu preisen. Wer will diese Seligkeit beschreiben? Wie der große, gewaltige, allmächtige Gott in sich höchste Vollkommenheit besitzt, wird auch das Glück, weil der Vater im Himmel es schenkt, unvorstellbare Vollendung besitzen. Kein endlicher Geist kann das fassen oder erklären. *»Allezeit bei dem Herrn zu sein«*, schließt die Seligkeit des Volkes Gottes ein. Wir dürfen bis dahin mit dem Dichter beten: »Herr, lass mich immer Heimweh haben, wenn ich nicht nahe bei dir bin!« Ist das bei uns Wirklichkeit im Alltag, holen wir die Zukunft in die Gegenwart.

Unser Kampf ist nicht wider Fleisch und Blut

Wir haben uns damit beschäftigt, dass Satan, der Menschenmörder von Anfang, mithelfen muss, die Pläne Gottes in der Weltgeschichte und im Leben des einzelnen Gotteskindes zu verwirklichen. Das Buch Hiob hat uns dafür ein deutliches Zeichen gesetzt. Der Widersacher befindet sich aber in der Hand Gottes und darf nur unter der Zulassung des Herrn etwas unternehmen. Sein Ziel ist immer Zerstörung, Gottes Absicht jedoch, uns zu segnen in seinen Erziehungswegen, d. h. tiefere Gotteserkenntnis und beglückende Gemeinschaft mit ihm. Gott benutzte den Feind, seinem Knecht alles zu nehmen, woran dessen Herz hing, ihn von allem zu lösen, was er sehr hoch einschätzte. Nur so konnte Hiob zu größeren Segnungen und Wohltaten gelangen.

Über ähnliche Aufgaben Satans wird in anderen Bibelabschnitten berichtet. Immer ist sein Wirken beschränkt, immer muss er die ihm von Gott zugewiesenen Grenzen einhalten.

So schreibt Paulus von Christen, die mit Streitfragen kommen und Auseinandersetzungen suchen: *»Ein Knecht des Herrn aber soll in Sanftmut die Widersacher zurechtweisen, ob ihnen Gott nicht etwa Buße gebe zur Erkenntnis der Wahrheit und sie wieder nüchtern werden aus dem Fallstrick des Teufels, die von ihm gefangen sind für seinen Willen«* (2Tim 2,24-26). Satan kann solche Gläubige gefangen halten. Er hat Einfluss auf sie, bis sie durch Buße und Rückkehr die Gemeinschaft mit dem Herrn wieder pflegen. Der Teufel muss auch helfen – und das ist eine überaus traurige Angelegenheit – laue und treulose Gotteskinder zur Besinnung zu bringen. Wir lesen: *»... sie haben, was den Glauben betrifft, Schiffbruch erlitten; unter welchen Hymenäus ist und Alexander, die ich dem Satan überliefert habe, auf dass sie durch Zucht unterwiesen würden, nicht zu lästern«* (1Tim 1,19-20).

Satan als Erzieher von Menschen, die der Herr Jesus am Kreuz so teuer losgekauft hat! Wie abschreckend müsste es für jedes Gotteskind sein, den Gegenspieler Gottes zum Eingreifen in sein Leben zu ermuntern. Darum lasst uns wachen, nüchtern sein und den Machenschaften Satans entfliehen! Wohin ein Leichtfertiger kommen kann, erkennen wir in 1. Korinther 5,3-5: *»... den (Hurer), der dieses so verübt hat, wenn ihr und mein Geist mit der Kraft unseres Herrn Jesus versammelt seid – einen solchen im Namen unseres Herrn Jesus dem Satan zu überliefern zum Verderben des Fleisches, damit der Geist errettet werde am Tage des Herrn.«* Diese Zucht hat den Gefallenen zurechtgebracht, denn im 2. Korintherbrief lesen wir in Kapitel 2, dass er unter der Gerichtsvollstreckung Satans zur tiefen Beugung und Buße gelangt ist. Wer seine Bibel kennt, stellt fest, dass es zwei grundverschiedene Ursachen für Angriffe Satans gibt: Einmal bei Gottes Erlaubnis zum Prüfen des Glaubens und des Gehorsams seines Erlösten und wenn jemand durch Lauheit, Trägheit und Sünde das Missfallen Gottes heraufbeschwört. Im ersten Fall erlangt der Leidende Gottes Wohlgefallen im zweiten Fall liegt Verunehrung Gottes und Erregung seines Missfallens vor.

Gnade und Weisheit Gottes liegt in der Zurechtbringung eines Verirrten. Satan darf einen solchen unter seine Knute nehmen, ihn züchtigen, ohne zu ahnen, dass er dessen Zurechtbringung erwirken soll. Alles setzt Gott ein, um den Geist dessen zu erretten, der gefallen ist, mag auch sein Leib dabei zerstört werden. Gottes Liebe will die Wiederherstellung in der Buße; die Gnade soll sich wider das Gericht rühmen. Paulus weist darauf hin, wie weit der Zugriff Satans gehen kann, wenn es um Zucht geht: »*Deshalb sind viele unter euch schwach und krank und ein gut Teil sind entschlafen (gestorben). Wenn wir uns aber selbst beurteilten (das Böse richteten), so würden wir nicht gerichtet. Wenn wir aber vom Herrn gerichtet werden, so werden wir gezüchtigt, damit wir nicht mit der Welt verurteilt werden*« (1 Kor 11,30-32).

Eine vertiefte Gemeinschaft mit dem Herrn ist die einzige Möglichkeit der Bewahrung im Glaubensgehorsam in dieser argen Welt. Nur sie hilft zum Genuss der wahren Gott- und Glückseligkeit.

Prophetische Hinweise

Nochmals wollen wir auf die Handlung Hiobs hinweisen, als er für seine Spötter betete und Gott das Los der Männer wandelte. Wir erinnerten uns bereits, dass uns hier ein prophetischer Strahl auf die Liebe Jesu aufleuchtet. Er, der stets im Gebet, dessen Leben Gebet war, legte die Grundlage zu allen Handlungen der Gnade Gottes für alle Zeit und Ewigkeit. Nicht nur in der Epoche der Gnade wirkt heute sein Erbarmen, sondern auch für Israel und die Nationen hat seine Fürbitte größte Bedeutung. *»Vater, vergib ihnen, denn sie wissen nicht, was sie tun!«*, schallte es vom Kreuz zu den Ohren des Vaters. Unwissenheit schützte der Herr Jesus in seiner Liebe und Gnade vor. Nur das konnte der Heiland zu unserer Entlastung vorbringen. Das Volk Israel hatte einst von Gott sechs Zufluchtsstädte erhalten, in welche ein Totschläger vor dem Bluträcher fliehen konnte. Dort war er sicher, wenn er jemanden nur aus Versehen getötet hatte, z. B. durch einen Unglücksfall und ohne den Getöteten gehasst zu haben.

Diese Unwissenheit des Volkes, das sich an seinem Messias vergriffen hatte, stellte auch Petrus seinen Volksgenossen vor: *»Und jetzt, Brüder, ich weiß, dass ihr in Unwissenheit gehandelt habt, wie auch eure Obersten. Gott aber hat so erfüllt, was er durch den Mund aller Propheten vorher verkündigt hat, dass sein Christus leiden sollte. So tut nun Buße und bekehrt euch, dass eure Sünden ausgetilgt werden«* (Apg 3,17-19).

Auf der Grundlage des Opfers Jesu und seiner Fürbitte wird diesem Volk bald die Decke von den Augen genommen werden. Sie werden ihren Messias sehen und die Wundmale, die sie ihm geschlagen haben. Es kommt zur Volksbuße mit großem Wehklagen. Das Volk entflammt in so großer Liebe zu seinem Retter, dass eine Hingabe entfaltet wird, die Paulus in die Worte kleidet: *»Was wird ihre Annahme anders sein als Leben aus den Toten«* (Röm 11,15). Eine Aktivität bricht auf, indem die Israeliten ausziehen und die ganze Welt missionieren mit dem Evangelium des Reiches. Von nah und fern rufen sie die Nationen nach Jerusalem, zum Mittelpunkt der Erde, wo ihr Messias Jesus Christus auf dem Thron Davids sitzt als der Herrscher der Welt, als der König aller Könige.

Noch ein Gedanke, der in die Zukunft weist

Das Buch Hiob möchte uns noch einen anderen prophetischen Hinweis geben. In Hiobs Geschichte finden wir Ablauf, Sinn und Ziel der Menschheit vorgeschattet. Hiob war ein reicher Fürst Gottes, bevor er durch Satan alles verlor. Unwillkürlich werden unsere Blicke auf die Anfänge der Menschheit gerichtet. Adam lebte in seliger Gemeinschaft mit Gott. Nichts fehlte ihm, nichts war imstande, seine Seligkeit zu erhöhen. Dann trat – wie bei Hiob – der Gegenspieler auf den Plan. Er zerstörte die liebliche Idylle, die Sünde brach ein und zerstörte alles, was Adam an Glück und Herrlichkeit besaß. Wie Hiob sitzt seit dem Sündenfall die ganze Menschheit in der Asche und schabt mit einem Scherben die Wunden der Sündenkrankheit. Unheilbar, verbittert, über Gott schimpfend und ihn lästernd zieht der Mensch seinen

Weg dem sicheren Verderben entgegen. Da trat (wie im Leben Hiobs) Gott in Aktion. Satan hat ein begrenztes Werk tun dürfen, nun wendet Gott in der Gabe seines Sohnes und unseres Heilandes alles in reichen Segen um. Das Ende ist weit herrlicher als der Anfang, Hiob erhielt das Doppelte seines Verlustes wieder. Wenn Gott in der Herrlichkeit den Mittelpunkt bildet, übersteigt diese Herrlichkeit, die eine erneuerte Menschheit besitzen wird, die Seligkeit des Paradieses unvorstellbar weit. Welch ein Gedanke: *»Siehe, ich mache alles neu!«* Erich Sauer schreibt: »Dann ist über uns ein neuer Himmel, unter uns eine neue Erde, um uns das neue Jerusalem, an unserer Stirn ein neuer Name, in uns ein neues Lied und vor uns immer neue Offenbarungen seiner unbegreiflichen Gottesliebe und Herrlichkeit.« Doch alles wird überstrahlt von der Schönheit des Herrn Jesus. Wir werden uns an ihm sättigen und ihm unaufhörlich unsere Huldigung bringen.

Dann sind alle Fragen nach dem »Warum« von Ereignissen in unserem Leben verstummt. Jeder erkennt die Weisheit der Führungen Gottes und dankt ihm für alles, was er benutzte, um uns fester an sich zu binden. Wir wollen ab sofort täglich in jene Zukunft blicken und uns auf den vermehrten Segen freuen, den Gott für uns bereithält; Trübsale, von Gott gewirkt, führen »hernach« zu der Erkenntnis: Gottes Weg ist heilig; ihm allein kommt jeder Ruhm zu.

Der Lobgesang gehört zum Leid, zu den Übungen und Tränen. Unser Herr Jesus sang mit seinen Jüngern ein Loblied, ehe er zum Garten Gethsemane und nach Golgatha schritt. Im Lob Gottes liegt eine ungeheure Kraft, die Mut und Zuversicht vermittelt. Bricht die Gewissheit durch, dass »*die Leiden der Jetztzeit nicht wert sind, verglichen zu werden mit der zukünftigen Herrlichkeit, die an uns geoffenbart werden soll*«, jubelt die Seele in tiefer Dankbarkeit. Diese zukünftige Herrlichkeit empfangen wir nach unserer Auferstehung oder nach unserer Verwandlung beim Kommen unseres geliebten Herrn. Wer will die Tiefe der Aussagen ausloten: »*Wir werden ihm gleich sein, denn wir werden ihn sehen, wie er ist!*«? Wie sehnen wir uns nach diesem Ereignis. Dann wird unsere ewige Seligkeit nicht im Vordergrund stehen, sondern die Verherrlichung unseres Herrn. Endlich wird der heute noch Verachtete Mittel-, Dreh- und Angelpunkt alles Geschehens bilden. Alle Augen sind nur auf ihn gerichtet, die ganze Schöpfung jubelt und jauchzt dem Sieger auf Golgatha zu, der durch seinen Kreuzestod und seine Auferstehung die Grundlage legte zu dieser gewaltigen Erneuerung des ganzen Universums.

Wer über diese wunderbare Vollendung nachsinnt, muss mit Paulus ausrufen: »*Dem aber, der über alles hinaus zu tun vermag, über die Maßen mehr, als wir erbitten oder erdenken, gemäß der Kraft, die in uns wirkt, ihm sei die Herrlichkeit in der Versammlung und in Christus Jesus auf alle Geschlechter hin in alle Ewigkeit! Amen*« (Eph 3,20-21).

Mag die Welt noch so dunkel sein, mag die Gottlosigkeit überhand nehmen, der Sieg wird sichtbar werden. Unser Herr Jesus spricht das letzte Wort, und »*um den Abend wird es licht sein*«. Der helle Morgen ohne Wolken, wie David dichtete, wird kommen. Dann sind alle Rätsel gelöst. In die Nöte des Alltags, in die Leiden der

Jetztzeit wollen wir verkündigen: Ein wenig Leiden noch, ein wenig Tränen noch, dann kommt die Ruhe am kristall'nen Meer!

Das Ausharren habe ein vollkommenes Werk

Gott hat es in seinem Wort festhalten lassen: *»Vom Ausharren Hiobs habt ihr gehört, dass der Herr voll innigen Mitgefühls ist.«* Am Schluss der Hiobsgeschichte verstehen wir die Aussage. Die Bibel spricht oft vom Ausharren. Dieser Begriff bedeutet: unter etwas bleiben. Wer ausharrt, versucht keinen Ausbruch, sondern wartet still auf die Rettung des Herrn. Diese Haltung hat Hiob uns vorgelebt. Paulus schreibt wiederholt zu diesem Thema, denn kaum jemand erfuhr im Dienst für seinen Herrn mehr Trübsal als der Apostel, dessen Alltag mit Verfolgungen und Ängsten ausgefüllt war. Er konnte viele Leiden und Mühen aufzählen. Auch wir sollen uns neu erinnern lassen, dass Nachfolge hinter Jesus Christus her mit Nöten und Übungen verbunden ist. Ob es sich um Leiden für Christus handelt oder um Sorgen und Ängste des täglichen Lebens, wir bedürfen täglich des Ausharrens, denn hier wird die Gesinnung unseres Herrn sichtbar. Paulus konnte anführen: *»Sind sie (die falschen Lehrer) Diener Christi? ... – ich über die Maßen. In Mühen umso mehr, in Gefängnissen oft, in Schlägen übermäßig, in Todesgefahren oft. Von den Juden habe ich fünfmal vierzig Schläge weniger einen bekommen. Dreimal bin ich mit Ruten geschlagen, einmal gesteinigt worden; dreimal habe ich Schiffbruch erlitten ...«* (2Kor 11,23-25).

Wie einfach, wie leicht ist dagegen unser Christsein. Bringt der Herr uns in Schwierigkeiten, will er uns doch nur im Ausharren und Glauben stärken. Hiob will uns ermuntern: »Schaut aufwärts! Wer auf sich und die Leiden der Jetztzeit schaut, wird mutlos und verzagt.«

Paulus durfte sogar bezeugen: »*Wir rühmen uns der Trübsal, da wir wissen, dass die Trübsal Ausharren bewirkt, das Ausharren aber Bewährung.*« Darum geht es auch heute! Die Bewährung des Glaubens wird im Feuer der Versuchungen erprobt und soll zur Verherrlichung des Herrn ausschlagen.

Als Abraham seinen Sohn Isaak opfern musste und Gott dadurch seinen Glauben prüfte, als Gott Abraham einen Widder als Stellvertreter für seinen Sohn zeigte, lesen wir die tiefgründigen Worte: »*Strecke deine Hand nicht aus nach dem Knaben und tue ihm gar nichts! Denn nun weiß ich, dass du Gott fürchtest und deinen Sohn, deinen einzigen, mir nicht vorenthalten hast.*« Eigenartig! Wusste Gott nicht immer schon Bescheid über den Glauben dieses Mannes? Ganz gewiss! Doch durch die Tat Abrahams war vor aller Welt sichtbar geworden, wozu sein Glaube fähig sein konnte. Gott kennt alle Regungen unseres Herzens, doch der Beweis unseres Glaubens in Werken und Taten gereicht zum Ruhm und zur Ehre unseres Herrn. Glaubensgehorsam wird auch heute unter den Gotteskindern gesucht.

Brauchen wir Zeichen und Wunder?

Die Zeit, in der wir leben, ist weithin von der Suche nach Wundern geprägt. In der Welt treibt der Spiritismus traurige Blüten. Die Kinder in den Schulen werden bereits mit Gläser- und Tischrücken, Kartenlegen und anderen dämonischen, von Gott verbotenen Praktiken vertraut gemacht. Die Sucht, in das dem Menschen Verborgene, in das Geheimnisvolle einzudringen hat eine atemberaubende Spitze erreicht. Gott hat über Jenseitiges einen Vorhang gezogen, den niemand ungestraft wegziehen darf. Hinter solch sündigem Treiben steht der Meister der Lüge, der mit raffinierten Tricks die Wundersüchtigen narrt und sie in seinen Bann zieht.

Die Erlösten sind gewarnt vor diesem Treiben des Teufels. Ein alarmierendes Zeichen gegen den Widersacher ist uns auch im Buch Hiob gesetzt. Hält der allweise Gott es für angebracht, Geheimnisse aufzudecken, gibt er *»den Weisen Weisheit und Erkenntnis den Einsichtigen, er offenbart das Tiefe und das Verborgene, er weiß, was in der Finsternis ist, und bei ihm wohnt das Licht«* (Daniel 2,21-22). Das Evangelium hat der Herr Jesus im Anfang seines Wirkens durch Zeichen und Wunder untermauert, doch schnell musste er die Juden rügen: *»Wenn ihr nicht Zeichen und Wunder sehet, so werdet ihr nicht glauben.«* Unsere Gnadenzeit fordert den Glauben, die Zeit des Schauens wird dem Volk Israel vorbehalten sein. Der Herr musste, als er den Jüngern zum zweiten Mal nach seiner Auferstehung erschien, den Thomas zurechtweisen: *»Weil du mich gesehen hast, hast du geglaubt. Glückselig sind, die nicht gesehen und doch geglaubt haben«* (Joh 20,29).

Thomas ist in seiner Einstellung ein Bild von Israel. Als er dann aufgefordert wurde, seine Hand in die Wundmale des Herrn Jesus zu legen, rief er: »*Mein Herr und mein Gott!*« So wird auch Israels Bekenntnis zu hören sein, wenn sie den von ihnen verleugneten Messias vor sich sehen bei seiner Wiederkunft, den Mann, den sie durchstochen haben. Zeichen und Wunder gehören in die Haushaltung des Evangeliums des Reiches. Die heutige Gnadenzeit aber ist ganz auf den Glauben aufgebaut und ausgerichtet: »*Den ihr liebt, obgleich ihr ihn nicht gesehen habt; an den ihr glaubt, obgleich ihr ihn jetzt nicht seht*« (1Petr 1,8).

Wir werden den verklärten Christus in seiner Herrlichkeit sehen. Diese Begegnung findet nach unserer Auferstehung in einem neuen Leib statt. Die Jünger, die ihren Herrn zum Himmel auffahren sahen, schauten ihn in seinem Auferstehungsleib. So wird auch Israel ihn bei der Aufrichtung des Reiches bewundern. Paulus erblickt den Herrn Jesus in der Herrlichkeit, wo er zur Rechten Gottes sitzt. Diese kurze Offenbarung ließ den Mann zu Boden sinken und erblinden. Die unvorstellbare Lichtherrlichkeit des Himmels kann niemand im Leib der Niedrigkeit überleben. Würde der Herr Jesus seinem Volk Israel in solcher Pracht begegnen, müssten alle in Furcht und Schrecken vergehen. Unser Leib der Herrlichkeit, den der Herr uns bei seiner Wiederkunft schenken wird, garantiert ein Schauen der Schönheit und Einmaligkeit unseres verklärten Erlösers und Herrn. Dann ist es endlich erreicht: Der Verherrlichte thront inmitten seiner verherrlichten Gemeinde. Wir erwarten diese Seligkeit, diese Fülle von Herrlichkeiten, die in menschlichen Dimensionen nie auszudrücken ist. Paulus durfte ein wenig bei seiner Entrückung im Leib der Schwachheit davon genießen. Er konnte nun bekennen: »*... ich hörte unaussprechliche Worte, die auszusprechen einem Menschen nicht zusteht*« (2 Kor 12,4).

Gesegnete sind alle, die in dieser glückseligen Hoffnung dieses Tränental durcheilen. Im lebendigen Glauben dürfen sie mit dem Dichter M. Jorissen ihre Dankbarkeit zum Ausdruck bringen:

> Anbetung, Ehre, Dank und Ruhm
> sei unserm Gott im Heiligtum,
> der Tag für Tag uns segnet;
> dem Gott, der Lasten auf uns legt,
> doch uns mit unseren Lasten trägt
> und uns mit Huld begegnet.
> Sollt' ihm, dem Herrn der Herrlichkeit,
> dem Gott vollkomm'ner Seligkeit,
> nicht Ruhm und Ehr' gebühren?
> Er kann, er will, er wird in Not,
> vom Tode selbst und durch den Tod,
> uns zu dem Leben führen.

Merkwürdige Gegensätze

Wenn wir den Bericht über das Leben Hiobs lesen, wird uns aufgefallen sein, dass die Gottesfurcht des Angefochtenen stark herausgestellt wurde. Mancher Ausleger sieht in dem Mann einen Selbstgerechten, der von Gott durch Leiden zum Zerbruch geführt wurde. Der Herr benutzte die Übungen, um Hiob von einer falschen Selbstüber-

277

schätzung zu überführen. Auch er musste sein böses Herz kennen lernen. Die Reden des Leidenden zeigten weiter, dass er daran krankte, die Gaben höher zu werten als den Geber. Gott allein gebührt Verherrlichung. Was ist der Mensch und was hat er, das ihm nicht gegeben wurde? Hiob musste lernen, dass nur die Demut vor Gott etwas gilt.

Gewiss befremdete uns sein Prahlen, wenn er z. B. behauptete: *»Die Fürsten hielten die Worte (vor mir) zurück und legten die Hand auf ihren Mund«* (Kapitel 29,9). Es war ein weiter Weg, bis er selbst zu der Einsicht fand, dass er vor Gott nichts war und die Hand auf seinen Mund legte. Er musste lernen, vor sich selbst zu erschrecken, seine eigene Unfähigkeit vor Gott einzugestehen. Gott wusste, was seinem Knecht fehlte. Die Behandlung durch die Freunde war hart, aber heilsam. Statt der gewohnten Verehrung empfing Hiob Widerspruch, Beleidigungen und falsche Anschuldigungen. Diese Prozedur ließ den Mann endlich erkennen, was in der Tiefe seines Herzens schlummerte. Das Merkwürdige an der Geschichte ist, dass Gott den Widersacher benutzt, um durch die Freunde das wiederherstellende Werk zu vollführen.

Gott wählt diese eigenartige Methode oft. Er will den Geprüften durch Demütigungen zur Aufgabe seines angeerbten Hochmutes zwingen. Mose musste das Volk Israel erinnern: *»Und du sollst gedenken des ganzen Weges, den der Herr, dein Gott, dich hat wandern lassen, diese vierzig Jahre in der Wüste, um dich zu demütigen, um dich zu versuchen, um zu erkennen, was in deinem Herzen ist ...«* (5. Mose 8,2).

Wir lernen nur schwer, dass Gott auch das Böse einsetzt, um seine gesegneten Ziele zu erreichen. Eine ähnliche Situation ist uns in Richter 2,22 aufgezeichnet worden. Der Herr gab die Nationen nicht in die Hand Josuas, *»um Israel durch sie zu versuchen, ob sie auf den Weg des Herrn achten werden, darauf zu wandeln, wie ihre Väter auf ihn geachtet haben, oder nicht«.* Die heidnischen Völker wurden damals von Gott als Prüfsteine für Israel gelassen.

Bis heute hat der Herr noch diese Mühe mit den Seinen; sie sollen ihr böses, verdorbenes Herz erkennen, um dann frei von jeglichem Hochmut und Stolz zu werden. Es gilt die Parole: Gott allein alle Ehre!

Gegensätzliches finden wir auch in den ungestümen Reden und Antworten Hiobs. Zwei Welten werden sichtbar. Wir hören ihn anklagend Gott beschuldigen, wir erleben, wie er sich mit allen Kräften an seinen Helfer klammert. Er war verzweifelt: *»Denn die Pfeile des Allmächtigen sind in mir, ihr Gift trinkt mein Geist; die Schrecken Gottes stellen sich in Schlachtordnungen wider mich auf!«* (Kapitel 6,4) und in seinem Innern durch und durch verwundet. Er bäumt sich auf gegen Gott, im nächsten Augenblick beugte er sich tief vor dem Dreimalheiligen. Er demonstrierte laut seine Unschuld, seine Rechtschaffenheit; plötzlich brach die Sündenerkenntnis durch und führte zum Schuldbekenntnis. Hiob floh vor Gott, er wandte sich zu ihm und flehte um Gottes Gunst. Hiob ist ein Hin- und Hergeworfener, ein Verzagter, der wieder hofft und auf Gottes Zusagen wartet. Wer will ihn verurteilen? Satan zerschlug ihm alles, seine frommen Freunde peinigten ihn, fast sind diese Qualen noch peinigender als seine Krankheit. Wir müssen Hiob Verständnis entgegenbringen. Dieser treue Zeuge hat einen wichtigen Platz unter denen, die von Gott herausgestellt werden. Wer ihn als Außenseiter oder als Rebell hinstellt, liegt falsch. Viele Menschen, die durch Tiefen gegangen sind, die Anfechtungen ertragen haben, dankten Gott von Herzen, dass er Leben und Reden Hiobs hat aufzeichnen lassen.

Ich las von einem Ausleger: »Das Wunder des Hiobsbuches beruht gerade darauf, dass Hiob keinen Schritt tut, um sich zu irgendeinem besseren Gott (Götzen) zu flüchten, sondern dass er mitten im Feuer des göttlichen Zornes ausharrt. Hiob flüchtet sich zu Gott, den er anklagt. Ohne dass er von der anstößigen Behauptung seiner Unschuld und der Feindschaft Gottes ablässt, bekennt Hiob seine Hoffnung und nimmt den zum Verteidiger, der ihn verurteilt. Er hält den für seinen Befreier, der ihn ins Gefängnis bringt, und seinen Todfeind für seinen Freund.«

Wir wollen diese Hinweise beachten und überdenken, denn sie stehen in Übereinstimmung mit dem Urteil Gottes. Zweimal hat Gott das Reden seines Knechtes gerechtfertigt, zweimal hat er den Freunden Hiobs vorgeworfen: *»Nicht geziemend habt ihr von mir geredet wie mein Knecht Hiob.«* Darum ist es gut, wenn wir alle lernen, unsere Hand auf den Mund zu legen und jedes Urteilen dem göttlichen Richter zu überlassen, der allein recht richtet. Wir beten, dass der Herr seinen Segen auf diese Zeilen legen möchte, damit den besonders Angefochtenen Kraft, Mut und Ausharren geschenkt wird, damit sie durchhalten zur Verherrlichung dessen, der alle Fäden unseres Lebens in seiner starken Hand hält. Erreicht Gott es dann noch bei uns, dass wir auch im Leid seine Liebe preisen können, ist der Zweck der Auslegung erreicht.

Eine persönliche Frage

Abschließend möchten wir eine eindringliche Frage an jeden einzelnen Leser richten: Kennen Sie das ewige Erbarmen Gottes, das alles Denken übersteigt? Der große Gott hat seines eingeborenen Sohnes nicht geschont, sondern ihn für uns alle hingegeben. Seine Liebe zu dem Sünder klang auf in den Worten: *»Erlöse ihn, dass er nicht in die Grube hinabfahre; ich habe eine Sühnung gefunden«* (Kapitel 33,24). Haben Sie diese Sühnung, die am Kreuz auf Golgatha geschehen ist, im Glauben angenommen? Sind Sie mit dem heiligen Gott ausgesöhnt? Oder gehören Sie noch zu denen, die dem gerechten Gottesgericht entgegeneilen? Wollen Sie das große Angebot der Gnade Gottes ausschlagen? Schauen Sie zum Kreuz! Dort blutete, litt und starb der Sohn des lebendigen Gottes als unser Stellvertreter. Er hat sich dem gerechten Gott geopfert und wurde die Sühnung für Ihre und meine Sünden. Jetzt ist die ewige Erlösung erfunden, der Weg in die Gottesgemeinschaft freigelegt. Gott hat keine Forderungen mehr an alle, die diesen Erlöser persönlich für sich angenommen haben. Über solche urteilt Gott: *»Erlöse ihn, ich habe eine Sühnung gefunden.«* Auf Grund des für Sünder vergossenen Sühnblutes kann Gott jeden für gerecht erklären, der an dieses vollgültige Opfer des Herrn Jesus glaubt. Was Gott erwarten muss, ist die Einsicht des Sünders: »Ich bin verloren, ich bin hilflos, rettungslos unter die Sünde verkauft. Ich benötige einen Bürgen, einen Stellvertreter, einen Erlöser, der sich über mich erbarmt!« Wer sich im Licht Gottes sieht, die Ohnmacht und Schuld seines Lebens bekennt und Buße tut, findet Gnade, Heil und völlige Vergebung. Gesühnt sind unsere Vergehungen schon lange, als der Herr Jesus das Opfer brachte. Nur muss jeder persönlich dieses Geschenk annehmen. Darum, lieber Leser, schieben Sie keinen Augenblick Ihre Übergabe an Jesus Christus auf. Benutzen Sie diesen Augenblick, beugen Sie Ihre Knie vor dem Erlöser, brechen Sie mit der Sünde und werfen Sie den Unrat Ihres Lebens auf Ihren Heiland. Doch dann säumen Sie keine Minute mehr: Preisen Sie das ewige Erbarmen, das alles Denken übersteigt. Geben Sie dem die Ehre, der sich um Ihres Heils willen zu Tode geliebt hat. Ehren und erfreuen Sie ihn durch eine völlige Hingabe, durch ein Leben der Nachfolge und Dankbarkeit!

Früchte der Erlösung unseres Herrn

Im 33. Kapitel des Buches zeigte uns Hiob die köstlichen Früchte der Erlösung. In Vers 25 lesen wir: »*Sein Fleisch wird frischer sein als in der Jugend.*« Man kann auch übersetzen: »... wird strotzen von Jugendfrische«. Wir werden erinnert, dass der von Gott mit der Erlösung Beschenkte ewiges, göttliches Leben empfängt. Er ist wiedergeboren, ihm wird das heilige, reine, sündlose Leben Jesu angerechnet. Paulus schreibt hierzu: »*Die Gnade Gottes ist erschienen, heilbringend allen Menschen ... Als aber die Güte und die Menschenliebe unseres Heiland-Gottes*

erschien, errettete er uns, nicht aus Werken, die in Gerech-
tigkeit (vollbracht) wir getan hatten, sondern nach seiner
Barmherzigkeit durch die Waschung der Wiedergeburt
und Erneuerung des Heiligen Geistes« (Titus 3,4-5).

Weiter erlebt der Bußfertige und Glaubende, dass Gott
ihn wohlgefällig annimmt (Kapitel 33,26). Warum wohlgefällig? O Wunder der Gnade Gottes! Der Erlöste steht in
der Schönheit, Gerechtigkeit und Heiligkeit des Herrn
Jesus vor seinem Gott, der nun sein Vater geworden ist.
Das Alte ist vergangen, alles ist neu geworden. Der Mensch
wechselte aus der sündigen Abstammung von Adam in
die Vollkommenheit der Abstammung Jesus Christus.
»Wie er, so sind auch wir in dieser Welt«, bezeugt Johannes. Beim Überdenken dieser göttlichen Wahrheit müssen wir mit dem Dichter Krummacher jubeln:

Ich kenne mich nicht mehr im Bilde
der alten, seufzenden Natur.
Ich jauchze unter Gottes Schilde,
er kennet mich in Christo nur.
In Christi Schmuck, Triumph und Schöne
heb' ich getrost mein Haupt empor
und mische meine Harfentöne
schon in den ew'gen Siegeschor.

Eine dritte Frucht nennt Hiob in Kapitel 33,26: *»... und er*
(der Erlöste) wird sein (Gottes) Angesicht schauen mit
Jauchzen; und Gott wird dem Menschen seine Gerechtig-
keit vergelten.« Das ist Gottes Gerechtigkeit, die er den
Menschen am Kreuz erworben hat. Sie ziert den Erlösten
zur Ehre Gottes. Der Mensch, der von Natur aus in Furcht

und Angst vor einer Begegnung mit dem richtenden Gott lebt, hat jetzt die lebendige Hoffnung, in der Herrlichkeit Gott einmal mit Jauchzen entgegenzusehen. Mit Kleidern ewigen Heils angetan, eingehüllt in den Mantel der Gerechtigkeit sind alle Ängste gewichen. Die Seele lebt in heißem Sehnen und betet:

> Amen, Amen! Brich dein Schweigen,
> lass uns nicht getrennt mehr gehn.
> Lass uns bald in sel'gen Reigen
> dort um dich versammelt stehn.
> Komm, Herr Jesus, komm behände,
> zeig uns deiner Liebe Macht!
> Amen, Amen! O vollende,
> was dein kostbar Blut gebracht!

Der Glaube darf die Zukunft ins Diesseits holen und sich jetzt schon an den kommenden Herrlichkeiten erfreuen. Der Erlöste ist täglich zum Aufbruch bereit. Gerechtfertigt steht er im Frieden mit Gott. Er rühmt sich im Tränental schon der Vollendung Gottes, denn die Hoffnung betrügt nicht. Alles ist jetzt bereits unser. Paulus nimmt uns mit und zeigt uns, dass von Gott aus alles schon völlig vorbereitet ist: »*Denn die er zuvor erkannt hat, die hat er auch zuvor bestimmt, dem Bilde seines Sohnes gleichförmig zu sein, damit er der Erstgeborene sei unter vielen Brüdern. Die er aber zuvor bestimmt hat, die hat er auch berufen; und die er berufen hat, die hat er auch gerechtfertigt; die er aber gerechtfertigt hat, diese hat er auch verherrlicht*« (Röm 8,29-30).

Kann der Wiedergeborene von diesen Segnungen

schweigen? Hiob nennt uns eine nächste Frucht: *»Er wird vor den Menschen singen und sagen: Ich hatte gesündigt und die Geradheit verkehrt und es ward mir nicht vergolten; er hat meine Seele erlöst, dass sie nicht in die Grube fahre, und mein Leben erfreut sich des Lichtes«* (Kapitel 33,27-28).

Das ist das Vorrecht aller Erlösten: Sie singen Dankes- und Heimatlieder, sie zeugen von der Liebe ihres Erlösers, sie bekennen vor den Menschen in Wort und Wandel, was Gott an ihrer Seele getan hat.

Unser Herr ist es wert, dass man ihn ehrt und sich in seinem Dienst verzehrt!